História do Português Brasileiro

VOLUME XI
**DIACRONIA DOS PROCESSOS
DE CONSTRUÇÃO DE TEXTOS**

COLEÇÃO
HISTÓRIA DO PORTUGUÊS BRASILEIRO

VOLUME I	O PORTUGUÊS BRASILEIRO EM SEU CONTEXTO HISTÓRICO
VOLUME II	CORPUS DIACRÔNICO DO PORTUGUÊS BRASILEIRO
VOLUME III	MUDANÇA FÔNICA DO PORTUGUÊS BRASILEIRO
VOLUME IV	MUDANÇA SINTÁTICA DAS CLASSES DE PALAVRA: PERSPECTIVA FUNCIONALISTA
VOLUME V	MUDANÇA SINTÁTICA DAS CONSTRUÇÕES: PERSPECTIVA FUNCIONALISTA
VOLUME VI	MUDANÇA SINTÁTICA DO PORTUGUÊS BRASILEIRO: PERSPECTIVA GERATIVISTA
VOLUME VII	TRADIÇÕES DISCURSIVAS DO PORTUGUÊS BRASILEIRO: CONSTITUIÇÃO E MUDANÇA DOS GÊNEROS DISCURSIVOS
VOLUME VIII	HISTÓRIA SEMÂNTICA DO PORTUGUÊS BRASILEIRO
VOLUME IX	HISTÓRIA SOCIAL DO PORTUGUÊS BRASILEIRO: DA HISTÓRIA SOCIAL À HISTÓRIA LINGUÍSTICA
VOLUME X	DIALETAÇÃO E POVOAMENTO: DA HISTÓRIA LINGUÍSTICA À HISTÓRIA SOCIAL
VOLUME XI	DIACRONIA DOS PROCESSOS DE CONSTRUÇÃO DE TEXTOS

Proibida a reprodução total ou parcial em qualquer mídia
sem a autorização escrita da Editora.
Os infratores estão sujeitos às penas da lei.

O presente trabalho foi realizado com apoio do Programa de Pós-graduação
em Estudos Linguísticos (PPGEL) da Universidade Estadual Paulista (Unesp),
via recursos da Coordenação de Aperfeiçoamento de Pessoal de Nível Superior (Capes) –
código de financiamento 001.

A publicação teve apoio financeiro da Fundação de Amparo à Pesquisa do Estado
de São Paulo – Fapesp (Processo n. 2021/12669-9). As opiniões, hipóteses e conclusões
ou recomendações expressas neste material são de responsabilidade do(s) Autor(es)
e não necessariamente refletem a visão da FAPESP.

A Editora não é responsável pelo conteúdo dos capítulos deste livro.
Os Coordenadores e os Autores conhecem os fatos narrados,
pelos quais são responsáveis, assim como se responsabilizam pelos juízos emitidos.

Consulte nosso catálogo completo e últimos lançamentos em **www.editoracontexto.com.br**.

História do Português Brasileiro
Ataliba T. de Castilho
(coordenador geral)

VOLUME XI
DIACRONIA DOS PROCESSOS DE CONSTRUÇÃO DE TEXTOS
Eduardo Penhavel
Marcos Rogério Cintra
(coordenadores)

Copyright © 2022 dos Coordenadores

Todos os direitos desta edição reservados à
Editora Contexto (Editora Pinsky Ltda.)

Montagem de capa e diagramação
Gustavo S. Vilas Boas

Preparação de textos
Daniela Marini Iwamoto

Revisão
Hires Héglan

Dados Internacionais de Catalogação na Publicação (CIP)

História do português brasileiro : diacronia dos processos
de construção de textos / Alessandra Regina Guerra...[et al];
coordenação geral de Ataliba T. de Castilho; coordenação
de Eduardo Penhavel, Marcos Rogério Cintra. –
São Paulo : Contexto, 2022.
304 p. (História do português brasileiro ; 11)

Bibliografia
ISBN 978-65-5541-151-5

1. Língua portuguesa – Brasil – História
2. Língua portuguesa – História social
3. Linguística I. Guerra, Alessandra Regina
II. Castilho, Ataliba T. de III. Penhavel, Eduardo
IV. Cintra, Marcos Rogério V. Série

22-3378   CDD 469

Angélica Ilacqua – Bibliotecária – CRB-8/7057

Índice para catálogo sistemático:
1. Língua portuguesa – Brasil – História

2022

EDITORA CONTEXTO
Diretor editorial: *Jaime Pinsky*

Rua Dr. José Elias, 520 – Alto da Lapa
05083-030 – São Paulo – SP
PABX: (11) 3832 5838
contexto@editoracontexto.com.br
www.editoracontexto.com.br

SUMÁRIO

APRESENTAÇÃO 7

INTRODUÇÃO: ABORDAGEM DIACRÔNICA
DE PROCESSOS DE CONSTRUÇÃO DE TEXTOS 17
Eduardo Penhavel e *Marcos Rogério Cintra*

A ORGANIZAÇÃO TÓPICA EM CARTAS DE LEITOR PAULISTAS 38
Alessandra Regina Guerra

A ORGANIZAÇÃO TÓPICA EM EDITORIAIS PAULISTAS 68
Eduardo Penhavel

A REFERENCIAÇÃO EM ANÚNCIOS MINEIROS 102
Clemilton Lopes Pinheiro

A REFERENCIAÇÃO EM CARTAS DE LEITOR MINEIRAS 124
Marcos Rogério Cintra

O PARAFRASEAMENTO EM CARTAS DE REDATOR BAIANAS 144
José Gaston Hilgert e *Débora Longo Andrade*

O PARAFRASEAMENTO EM CARTAS DE LEITOR BAIANAS 170
Fábio Fernando Lima

A REPETIÇÃO EM CARTAS DE LEITOR CATARINENSES 194
Solange de Carvalho Fortilli

A REPETIÇÃO EM ANÚNCIOS CATARINENSES 218
Solange de Carvalho Fortilli

A PARENTETIZAÇÃO EM EDITORIAIS PERNAMBUCANOS 238
Michel Gustavo Fontes

A PARENTETIZAÇÃO EM CARTAS DE LEITOR PERNAMBUCANAS 268
Joceli Catarina Stassi-Sé

REFERÊNCIAS BIBLIOGRÁFICAS 289

OS AUTORES 299

APRESENTAÇÃO

Eduardo Penhavel
Marcos Rogério Cintra

Entre a década de 1980 e o início dos anos 2000, foi desenvolvido no Brasil o projeto coletivo de pesquisa intitulado *Projeto de Gramática do Português Falado* (PGPF). Coordenado por Ataliba Teixeira de Castilho, o projeto voltou-se ao estudo do português culto falado no país (com base em dados do *Projeto de Estudo da Norma Urbana Culta* – Projeto NURC), relativamente aos níveis fonológico, morfológico, sintático e textual, este último tratado especificamente como o domínio da organização textual-interativa da linguagem. A equipe responsável por esse domínio, liderada por Ingedore Grünfeld Villaça Koch, descreveu aspectos da organização textual-interativa do português, formulando um quadro teórico-metodológico para análise dessa dimensão de organização linguística, denominado de *Perspectiva Textual-Interativa* (PTI) – ou *Gramática Textual-Interativa* (GTI).

A PTI, apresentada com mais detalhes na "Introdução" deste volume, compreende o estudo da construção do texto, sobretudo a investigação dos chamados *processos constitutivos do texto* ou *processos de construção textual*, com foco em processos como organização tópica, referenciação, repetição, parafraseamento, parentetização e correção. Os fundamentos e a arquitetura da abordagem foram sistematizados por Ingedore Koch e Clélia Cândida Abreu Spinardi Jubran, sendo publicados especialmente em Jubran e Koch (2006) e Jubran (2006a, 2007, 2015a).

Desde sua formulação, a PTI tem sido utilizada, como abordagem principal ou auxiliar, em diversos trabalhos realizados no país, dentre os quais podem ser citadas várias dissertações e teses: Pinheiro (2003), Lima (2004, 2009), Penhavel (2005, 2010), Guerra (2007), Vignoli (2007), Lopes-Damasio (2008, 2011), Rodrigues (2009), Cintra (2011), Fontes (2012, 2016), Stassi-Sé (2012), Fortilli (2013), Mariano (2014), Andrade (2015), Oliveira (2016), Valli (2017), Garcia (2018), Hanisch (2019), Souza (2020).

Em meados da década de 2000, Ataliba de Castilho, diante dos resultados da PTI e tendo em vista o que considerou como "*o sucesso obtido nesse empreendimento*" (Castilho, 2018: 123), convidou Clélia Jubran a integrar-se ao *Projeto para a História do Português Brasileiro* (PHPB), particularmente ao *Projeto de História do Português Paulista* (PHPP), para trabalhar com a visão textual-interativa agora nesse outro contexto de pesquisa. Ao convidá-la, seu propósito era o de que "*as formulações da perspectiva textual-interativa fossem examinadas do ponto de vista diacrônico*" (Castilho, 2018: 123). Esse convite e seu aceite representam o começo do percurso que veio a culminar, dentre outros desdobramentos, na elaboração do presente volume.

Clélia Jubran dedicou-se, então, à elaboração de bases teórico-metodológicas para a investigação proposta, dando início ao que passou a ser denominado de *abordagem diacrônica de processos de construção de textos*. Os primeiros fundamentos da abordagem foram publicados em Jubran (2010). A pesquisa textual-interativa foi incorporada ao PHPB/PHPP mediante duas frentes de trabalho interligadas. Em uma delas, Clélia constituiu um grupo de pesquisadores que deram andamento à abordagem no interior do PHPP – equipe referida, aqui e em capítulos adiante, como *Grupo do Texto do PHPP*. Paralelamente, no âmbito do PHPB, vinculando-se à produção da atual série *História do Português Brasileiro*, ela elaborou o plano inicial do presente volume, começando a orientação de pesquisas para a preparação dos capítulos, conforme exposto em Jubran (2010).

Após seu falecimento em 2015, os colegas do Grupo do Texto do PHPP deram prosseguimento aos trabalhos do grupo, e dois de seus membros – Eduardo Penhavel e Marcos Rogério Cintra – assumiram a editoria do livro. Em ambas as frentes, as atividades procuraram testar, corroborar, reformular e ampliar os princípios da abordagem. No âmbito do PHPP, a equipe aplicou a abordagem a análises de dados, verificando o funcionamento dos processos de organização tópica, referenciação, repetição e parentetização em cartas de leitor e cartas de redator/editoriais de jornais paulistas dos séculos XIX e XX. Pôde, assim, realizar também uma primeira sistematização de pressupostos e objetivos da abordagem com base em sua aplicação concreta. Esses resultados foram registrados pelo grupo em relatório de pesquisa (Penhavel, 2017), integrante do relatório final da fase 2 do PHPP (Santiago-Almeida, 2017).

Quanto à produção do livro, os novos organizadores finalizaram o plano da obra, promovendo uma série de ajustes e complementações em função dos desenvolvimentos da abordagem, e deram continuidade ao acompanhamento da preparação dos capítulos (Castilho, 2019: 63). Ao final, o volume ficou estruturado em um conjunto de capítulos que procura abordar diferentes processos constitutivos do texto e certa variedade de gêneros textuais, em amostras linguísticas representativas de diferentes regiões do país, sempre considerando um mesmo recorte da história do português brasileiro.

A diversificação de processos busca naturalmente fazer com que a obra possa ser representativa do funcionamento diacrônico de diferentes processos de construção textual. Nesse sentido, foram selecionados cinco dos processos focalizados pela PTI: organização tópica, referenciação, parafraseamento, repetição e parentetização.

O tratamento de diferentes gêneros alinha-se a um princípio teórico-metodológico fundamental. Conforme detalhado na "Introdução" à frente, a abordagem pressupõe a condução de pesquisas diacrônicas particulares sobre os processos de construção textual e a verificação, a partir delas, da possibilidade de depreensão de generalizações sobre a dinâmica diacrônica desses processos. Em cada pesquisa particular, o percurso diacrônico do processo em estudo deve ser situado no contexto da evolução histórica de algum gênero. É nesse viés que o volume incorpora o exame de diferentes gêneros. Para isso, foram considerados os gêneros contemplados no *corpus* mínimo impresso do PHPB – carta de leitor, carta de redator/editorial e anúncio –, já que o *corpus* fornece, de cada gênero, amostras distribuídas no decorrer de certo espaço diacrônico, propiciando justamente observar a diacronia de um processo no interior da história de um gênero.

A estruturação do livro de modo a abranger amostras linguísticas de diferentes regiões, por sua vez, atende ao propósito da elaboração de um volume direcionado ao português brasileiro de modo mais geral. Para isso, foram escolhidos alguns dos recortes regionais considerados no PHPB, particularmente aqueles relativos aos estados da Bahia, de Minas Gerais, de Pernambuco, de Santa Catarina e de São Paulo.

Já o período diacrônico em pauta abrange principalmente os séculos XIX e XX (abarcando, às vezes, de modo complementar, o início do século XXI). Aqueles dois séculos são focalizados por serem o período contemplado pelo *corpus* mínimo do PHPB, estendendo-se, com efeito, por um intervalo temporal adequado à pesquisa diacrônica, bem como por parte expressiva da história do português brasileiro.

9

Desse modo, o volume encontra-se organizado em dez capítulos que, no conjunto, abordam os processos, os gêneros, as regiões e o período em questão. Cada capítulo seleciona um desses processos e analisa como o fenômeno evolui em um desses gêneros, em uma dessas regiões, no período mencionado. Antecede os dez capítulos a "Introdução" do volume.

Na "Introdução", Eduardo Penhavel e Marcos Rogério Cintra sistematizam a abordagem diacrônica adotada na obra. Os autores reúnem as primeiras formulações da abordagem, contribuições desenvolvidas pelo Grupo do Texto do PHPP e resultados de discussões entre os autores do livro durante sua preparação. Pode-se dizer que o texto apresenta a versão mais recente e completa da abordagem. Como se poderá ver, a sistematização elaborada explica, dentre outros fundamentos teórico-metodológicos, como a abordagem assenta-se, sobretudo, em princípios da PTI e, de modo complementar, em conceitos de outro quadro, a saber, o modelo das Tradições Discursivas (Kabatek, 2006, 2008a).

No capítulo "A organização tópica em cartas de leitor paulistas", Alessandra Regina Guerra examina os dois níveis de funcionamento do processo de organização tópica, o inter e o intratópico, descrevendo aspectos que permanecem estáveis e outros que se alteram, em cartas de leitor de jornais paulistas publicados nos séculos XIX e XX, complementando o estudo com a observação de material do século XXI. Quanto ao primeiro nível, o trabalho identifica, ao longo do período em questão, a passagem do predomínio à exclusividade de cartas com o traço de unicidade tópica. Quanto ao segundo, destaca-se na análise a constatação de que as cartas seguem o que se pode reconhecer como uma mesma regra geral de encadeamento de unidades intratópicas, a qual, porém, experiencia a perda e a incorporação de certas unidades, bem como a variação percentual de uso das que se mantêm. Diante dos fatos descritos, a autora discute correlações com outros aspectos da trajetória da carta de leitor e apresenta hipóteses sobre a sistemática diacrônica da organização tópica, das quais se pode ressaltar a de que a mudança no domínio intratópico tenderia a incidir nas unidades mais externas da regra geral desse nível.

No capítulo "A organização tópica em editoriais paulistas", são abordados os níveis inter e intratópico novamente, em editoriais de jornais paulistas dos séculos XIX e XX, também com a ampliação do trabalho mediante averiguação de dados do século XXI. A análise de Eduardo Penhavel mostra que, no decorrer do período considerado, a organização intertópica manifesta comportamento bastante estável, marcado pelo traço de complexidade intertópica, embora seja perceptível certo aumento de grau de complexidade, a partir do qual são formuladas reflexões sobre a natureza da mudança intertópica. Em relação ao segundo nível, os dados revelam o emprego constante de uma mesma regra geral, atualizada, nas diferentes sincronias comparadas, conforme padrões similares entre si, estabilidade que estaria associada à persistência do propósito de argumentação como aspecto elementar da finalidade do editorial jornalístico. O estudo ainda inclui uma discussão sobre influências que editoriais de jornal teriam recebido da carta de redator, a qual faria parte das raízes daqueles textos. Demonstrando similaridade entre uma unidade intratópica das cartas e a estrutura de editoriais inteiros, o trabalho sugere que tal unidade teria contribuído para o desenvolvimento do editorial e que esse caminho poderia constituir um padrão de efetivação da diacronia da organização tópica.

Clemilton Lopes Pinheiro assina o capítulo "A referenciação em anúncios mineiros", em que fornece uma análise diacrônica do processo de referenciação, particularmente da referenciação tópica, descrevendo-a em anúncios de jornais mineiros. Assim como em todos os capítulos seguintes, o material investigado se refere aos séculos XIX e XX. Inicialmente, Pinheiro aborda a referenciação tópica, explicitando seu caráter de processo de construção textual. Em seguida, apresenta uma discussão sobre elementos teóricos fundamentais a uma abordagem diacrônica de processos constitutivos do texto, articulando especialmente noções concebidas no âmbito da visão de linguagem de Eugenio Coseriu. Dentre outros pontos da reflexão, pode-se destacar a explanação sobre a relevância da distinção entre as dimensões da historicidade da língua e da historicidade dos textos, bem como o reconhecimento da necessidade de situar o estudo diacrônico de processos textuais no segundo desses domínios. Na sequência, o autor apresenta os resultados da análise diacrônica dos anúncios, na qual focaliza a relação entre a instauração do tópico discursivo do texto e a construção de cadeias referenciais. São identificados quatro padrões de cadeias, em termos de sua atuação no estabelecimento do tópico. Dois deles, conforme se demonstra, configuram Tradições Discursivas, uma estável e outra instável, as quais se relacionam ao desenvolvimento do uso social do gênero em questão.

No capítulo "A referenciação em cartas de leitor mineiras", Marcos Rogério Cintra, partindo da consideração de que o funcionamento interacional das cartas de leitor pode ser investigado pelo *diálogo simulado*, examina duas estratégias de referenciação pronominal, o pronome expresso e o pronome elíptico, mencionando também alguns usos das formas nominais referenciais. No período diacrônico analisado, a investigação revela que o grau de envolvimento dos participantes é mitigado, de modo que o escrevente tem de adequar a força interpelativa e emotiva de seu discurso, o que leva à diminuição de marcas de subjetividade e intersubjetividade na amostra novecentista. O capítulo propõe, assim, que mudanças no funcionamento interacional podem provocar variações no uso de estratégias de referenciação, visto que atividades comunicativas transparecem na superfície do texto. Ao final do trabalho, o autor retoma as principais constatações apontadas na análise dos dados, frisando a vinculação das estratégias de referenciação à dinâmica discursiva do gênero.

No capítulo "O parafraseamento em cartas de redator baianas", José Gaston Hilgert e Débora Cristina Longo Andrade oferecem uma detalhada descrição desse processo de construção de textos, mostrando sua atuação nos movimentos semânticos de expansão e condensação associados à progressão textual. O capítulo aborda as paráfrases marcadas e não marcadas, a distribuição dos constituintes parafrásticos, a semântica das relações parafrásticas e a relação entre movimentos semânticos e características formais e funcionais das paráfrases. No percurso diacrônico das cartas examinadas, a análise mostra que o parafraseamento apresenta estabilidade entre cartas de um e outro século. Os autores destacam, ainda, relevantes constatações acerca da atuação dos parafraseamentos nos textos examinados, como a recorrência de paráfrases não marcadas e de paráfrases adjacentes, além do predomínio da *análise* semântica, que se evidencia pelas paráfrases expansivas, e da *síntese* semântica, que se manifesta pelas paráfrases condensadas. O capítulo se encerra sublinhando a relevância das relações parafrásticas como procedimentos inerentes à composição de textos, com grande importância no gênero carta de redator.

Fábio Fernando Lima escreve o capítulo "O parafraseamento em cartas de leitor baianas", no qual focaliza a descrição do processo no que diz respeito à ocorrência da paráfrase em posição adjacente ou não adjacente ao enunciado parafraseado (matriz) e no que tange ao estatuto expansivo, simétrico ou redutor da paráfrase, também em relação a sua matriz. Os dados apurados mostram, dentre outros fatos, que, no decorrer do período investigado, verifica-se diminuição nas frequências de paráfrases não adjacentes, modalidade ligada ao estabelecimento da coesão tópica, e expansivas, tipo envolvido com o acréscimo de informações mais detalhadas sobre a matriz. A constatação estaria relacionada a mudanças na história da carta de leitor que teriam tornado esses textos mais curtos e concisos, o que reduziria a necessidade de contribuição do parafraseamento para a coesão tópica e desfavoreceria as condições para detalhamento de informações. O estudo ainda destaca, por meio dos exemplos discutidos, a relevância do papel argumentativo do processo, lançando mão de conceitos da Teoria da Argumentação (Perelman e Olbrechts-Tyteca, 1996).

No capítulo "A repetição em cartas de leitor catarinenses", Solange de Carvalho Fortilli verifica a constituição formal das repetições, assim como suas funções. Nos dois casos, os dados discutidos indicam, no geral, um funcionamento estável do processo no período analisado, apontando, porém, duas mudanças dignas de nota. Quanto às formas dos segmentos repetidos, observa-se uma tendência de o processo, ao longo do tempo, passar a incidir principalmente sobre segmentos com menos material linguístico, o que, conforme se cogita, poderia estar ligado a determinadas mudanças em padrões editoriais dos jornais e das cartas, incluindo a redução da extensão desses textos. No plano das funções, os resultados atestam certa diminuição na recorrência de repetições de vocativos que ratificam o papel de leitor/destinatário, alteração que estaria vinculada a uma progressiva diminuição no teor interacional das cartas. Além das constatações relatadas e das reflexões sobre suas possíveis relações com a história do gênero, o capítulo ainda esboça hipóteses sobre a própria dinâmica diacrônica do processo de repetição.

No capítulo "A repetição em anúncios catarinenses", também de Solange Fortilli, com base em procedimentos similares aos do capítulo precedente, são verificadas as configurações formais assumidas pelas repetições, bem como suas funções textual-interativas. Os resultados apresentados destacam a estabilidade do processo no período sob exame, a qual, aliás, é mais acentuada do que a apurada quanto ao percurso da repetição em cartas de leitor, podendo-se destacar a alta concentração da repetição em itens lexicais, em detrimento de outros segmentos repetidos, ao longo de todo o espaço de tempo considerado. Ao final do trabalho, Fortilli elabora considerações evidenciando a relevância das constatações relatadas e volta a esboçar reflexões sobre a natureza da diacronia da repetição, com base nos achados do capítulo e em comparação introdutória com dados de seu trabalho anterior.

No capítulo "A parentetização em editoriais pernambucanos", Michel Gustavo Fontes apresenta uma descrição pormenorizada das configurações formais e das funções assumidas pelas inserções parentéticas no material investigado, demonstrando os casos predominantes, e procura situar os resultados no contexto da história do editorial jornalístico. Com base em Gomes (2007), o autor reconhece diferentes traços de mudança no transcorrer da história desse gênero, dos quais se pode ressaltar a redução da extensão dos editoriais e a adoção de um estilo mais conciso, objetivo e padronizado na redação desses textos. Alterações como essas são, então, associadas a constatações como a progressiva diminuição na incidência de parênteses, a passagem do predomínio de parênteses constituídos por frases para a prevalência de parênteses de estrutura sintagmática e a concentração do processo, ao longo do tempo, em usos com função mais textual e menos interacional, particularmente em ocorrências com foco no próprio conteúdo tópico do texto. Nesse sentido, o trabalho enfatiza, no decorrer de toda a discussão, a pertinência do pressuposto de que a implementação específica dos processos de construção de textos se alinha ao funcionamento dos gêneros textuais.

No capítulo "A parentetização em cartas de leitor pernambucanas", de Joceli Catarina Stassi-Sé, também se enfoca a análise das configurações formais e das funções textual-interativas dos parênteses, detectando-se, todavia, em relação a ambos os aspectos, comportamento diacrônico essencialmente estável das inserções parentéticas. O estudo apura que, nas amostras dos dois séculos, verifica-se ocorrência dominante de parênteses constituídos por estruturas simples (sintagmas e frases simples, em prejuízo de frases complexas), ausência, na maioria das vezes, de nexos lógico-semânticos entre o parêntese e o segmento em que se insere, e encaixamento dos parênteses exclusivamente entre constituintes frasais ou entre unidades frasais. O trabalho relata que, nos materiais das duas sincronias, encontram-se parênteses com foco na elaboração tópica e parênteses com foco no escrevente, prevalecendo a primeira dessas classes, especialmente o subtipo de inserção que focaliza o conteúdo tópico. A discussão é, então, concluída com considerações acerca da relação desses fatos com determinados traços de mudança e de permanência percebidos na história das cartas de leitor.

Como se pode notar, os capítulos não contemplam obviamente todos os cruzamentos possíveis entre os processos, os gêneros e as regiões em questão, mas as combinações selecionadas certamente já oferecem uma amostra inicial de como deve funcionar a diacronia desses processos em gêneros e regiões diferentes. Dessa forma, o volume pode ser entendido como uma primeira aplicação mais ampla da abordagem, podendo servir como ponto de partida, como possível modelo, para diversos outros trabalhos.

A esse respeito, aliás, o livro deve evidenciar o potencial de continuidade da aplicação da abordagem, apontando para um amplo terreno de investigação. Como mencionado, a abordagem pressupõe que cada pesquisa particular de um processo seja circunscrita à história de um gênero, para comparações posteriores e depreensão de generalizações. Naturalmente, quanto maior for o conjunto de estudos do tipo, maior será o corpo de dados para se identificar quais fatos vistos nas diacronias dos processos seriam especificidades da evolução dos diferentes gêneros praticados na história do português brasileiro e quais poderiam estar ligados a tendências das próprias naturezas diacrônicas dos processos. Considerando os diferentes processos de construção textual e, principalmente, a grande diversidade de gêneros com os quais os processos podem ser cruzados, visualiza-se a enorme gama de trabalhos realizáveis. Quando se reconhece ainda a interferência de fatores como a região ou a abrangência de circulação do gênero (por exemplo, a influência sobre cartas de leitor advinda de sua publicação em jornais de âmbito nacional ou em jornais de bairro), as opções de pesquisa se multiplicam, oferecendo temas para inúmeras dissertações de mestrado, teses de doutorado e outros trabalhos acadêmicos.

A expectativa dos organizadores e dos autores é que a obra possa fomentar estudos nessas direções, contribuindo para a compreensão do funcionamento diacrônico de processos constitutivos de textos, para a descrição da trajetória dos gêneros textuais e, desse modo, para o traçado da história do português brasileiro. Sobretudo, a expectativa é que o livro faça jus à competência e ao empreendedorismo manifestados por Clélia Jubran, ao lançar as bases da abordagem, e honre o pioneirismo de sua proposta e de sua atuação nos desenvolvimentos iniciais dessa nova empreitada investigativa.

INTRODUÇÃO

ABORDAGEM DIACRÔNICA DE PROCESSOS DE CONSTRUÇÃO DE TEXTOS

Eduardo Penhavel
Marcos Rogério Cintra

CONSIDERAÇÕES INICIAIS

Nesta "Introdução", sistematizamos a abordagem diacrônica de processos de construção de textos que vem sendo formulada no âmbito do Projeto para a História do Português Brasileiro (PHPB), particularmente no interior do Projeto de História do Português Paulista (PHPP), e que é adotada no presente volume. O modelo configura-se como uma ampliação da Perspectiva Textual-Interativa (PTI) – quadro teórico dedicado à investigação de processos de construção textual, sob enfoque sincrônico –, na medida em que propõe o exame diacrônico desses processos. Assim, a proposta funda-se em pressupostos da PTI e em princípios de análise diacrônica que postula como desdobramento desses pressupostos. A definição de tais princípios apoia-se também, de modo complementar, nos estudos sobre o conceito de Tradição Discursiva (TD), área especializada na pesquisa de caráter histórico/diacrônico.

Nesse sentido, esta "Introdução" encontra-se organizada da seguinte forma: na seção a seguir, são sintetizados os fundamentos da PTI e os processos de construção textual investigados nos capítulos seguintes; a seção posterior apresenta a formulação da abordagem diacrônica, destacando seus objetivos e princípios de análise, sua ancoragem auxiliar no paradigma das TDs e seu modo de aplicação; na sequência, a seção final sublinha aspectos do modelo a serem aprofundados e consolidados pelo desenvolvimento de pesquisas futuras.

A PERSPECTIVA TEXTUAL-INTERATIVA

A PTI constitui um quadro teórico que toma o texto por objeto de estudo. Relativamente a outros enfoques textuais, particulariza-se por focalizar a *construção do texto*, tratando-a mediante uma visão integrativa entre a estrutura do texto e o seu processamento interacional. Especificamente, centra-se na investigação de processos de construção textual, abrangendo, dentre outros, a organização tópica, a referenciação, a repetição, o parafraseamento, a parentetização e a correção, bem como o funcionamento de marcadores discursivos, considerados expressões linguísticas que assessoram a efetivação textual-interativa desses processos.

Jubran (2006b, 2015b) explica que a PTI se assenta em uma base teórica que articula pressupostos das áreas da Pragmática, da Linguística Textual e da Análise da Conversação. A Pragmática sustenta a concepção de linguagem adotada e a relevância conferida à esfera comunicativo-interacional. A Linguística Textual fornece subsídios para a conceituação de texto e para a definição de seus processos de construção. A Análise da Conversação fundamenta a compreensão do domínio da oralidade, em situações diversas de intercâmbio verbal.

Jubran (2007) oferece uma contextualização da PTI particularmente em relação à história e a diferentes orientações da Linguística Textual, remetendo às fases dessa disciplina reconhecidas em Koch (2004): uma primeira etapa, iniciada na década de 1960 e marcada por análises que procuravam explicar a estrutura de textos com base em conceitos de gramáticas sentenciais; um segundo estágio, iniciado na década de 1970, caracterizado por uma orientação pragmática nos estudos do texto; um terceiro momento, instaurado na década de 1980, focado no tratamento do texto sob perspectiva cognitivista e, mais adiante, sociocognitivo-interacionista. Jubran (2007) caracteriza a PTI como uma perspectiva filiada à segunda, principalmente, e à terceira dessas fases/orientações.

Nesse cenário epistemológico, a PTI assume a concepção de linguagem como interação social, como forma de ação verbal, pela qual os interlocutores realizam tarefas comunicativas de troca de representações, executam metas, manipulam interesses, sempre no contexto de um espaço discursivo orientado para os parceiros da comunicação, isto é, num contexto em que os interlocutores estão mutuamente situados, em razão de suas visões compartilhadas sobre conhecimento de mundo, papéis sociais, propósitos, atitudes e reações levadas em conta no intercâmbio linguístico (Jubran, 2006b, 2007, 2015b).

Alinhada a essa visão de linguagem, a PTI, segundo Jubran (2007: 313), observa o texto no processo de interlocução, entendendo-o como uma "*atividade sociocomunicativa, que mobiliza um conjunto de conhecimentos não só de ordem linguístico-textual, como também interacional, a respeito do jogo de atuação comunicativa que se realiza pela linguagem*". De acordo com a autora, o texto, na visão da PTI, "*congrega a atividade discursiva, comportando uma análise integrada de sua construção e dos fatores enunciativos que lhe dão existência e se mostram na sua própria constituição*" (Jubran, 2007: 314).

Em consonância com essas noções de linguagem e de texto, a PTI estabelece um conjunto de pressupostos teórico-metodológicos para estudo dos processos de construção textual. Conforme formula Jubran (2007: 315), uma primeira concepção norteadora da PTI é a de que "*os fatos nela considerados têm as suas propriedades e funções definidas no uso, nas situações concretas de interlocução, coenvolvendo as circunstâncias enunciativas*". Tal diretriz representa, dentre outras implicações, o entendimento de que os fenômenos textuais são sensíveis ao contexto particular em que ocorrem.

A PTI é também guiada pela premissa de que os fatores interacionais envolvidos no intercâmbio verbal são constitutivos do texto e inerentes à expressão linguística. Considera-se que as condições enunciativas que sustentam a ação verbal se mostram no próprio texto, por meio de escolhas comunicativamente adequadas à situação interativa. Entende-se que o texto, como realização efetiva da atividade interacional, emerge de um jogo de atuação comunicativa, que se projeta na sua construção. Em outras palavras, a PTI não dissocia características estruturais do texto da dinâmica interacional de sua produção. Nesse sentido, admite a existência de regularidades tanto de estruturação do texto quanto de seu processamento interacional e procura descrever, de modo integrado, as duas dimensões (Jubran, 2006b, 2007, 2015b).

Para a depreensão dessa sistematicidade, assume-se que as regras de construção do texto não se configuram como simples projeção de regras do nível da frase. Como ressalta Jubran (2006b: 31), o texto apresenta propriedades "*fundadas numa ordem própria de relações constitutivas, diferenciadas das que se estabelecem no limite frasal*". De acordo com a PTI, uma análise linguística que inclua a descrição do texto deve levar em conta não apenas regras de natureza categórica, definidoras de padrões mais rígidos de uso linguístico, típicas dos níveis fonológico e morfossintático da linguagem, como também princípios gerais de construção textual, tendências de uso, tipo de regularidade característico do nível textual. Jubran (2007: 316) remete à questão em termos da necessidade de se contabilizar, na análise linguística, fatores responsáveis não só pelo *"caráter determinístico (restrições)"*, mas também pelo caráter *"probabilístico (escolhas facultadas ao falante)"* das expressões produzidas no texto. Nessa direção, a sistematicidade dos processos de construção textual, segundo a autora, é dada por sua recorrência em contextos definidos, por suas marcas formais predominantes e pelas funções proeminentes que realizam.

A PTI orienta-se ainda pela compreensão de que a integração entre as dimensões da estruturação textual e da dinâmica interacional é regulada, em grande medida, por um sistema de gradiência textual-interativa. Concebe-se que, quando um procedimento de construção textual atua preponderantemente na estruturação do texto, decresce a manifestação das contingências da interlocução. Já quando um procedimento textual apresenta tendência mais acentuada para focalizar a atividade enunciativa, sua funcionalidade na estrutura textual passa a segundo plano. Assim, os fenômenos analisados na PTI, normalmente, podem ser situados em escalas textual-interativas, nas quais um polo abriga elementos predominantemente textuais, outro agrupa elementos prevalentemente interacionais e entre eles se distribui um contínuo de classes, conforme o grau de projeção das funções textual e interacional (Jubran, 2007).

Trata-se de um enquadramento teórico no qual se assume que a concretização da ação verbal está vinculada à competência comunicativa de seus interlocutores, caracterizada como a *"capacidade de manter a interação social, mediante a produção e entendimento de textos que funcionam comunicativamente"* (Jubran, 2006b: 28). Essa habilidade dos coparticipantes enunciativos, rotulada como competência comunicativa, aciona complexos conhecimentos coocorrentes, postos em prática no processamento textual. Dentre esses conhecimentos, Jubran (2006b, 2007) destaca dois conjuntos, reunidos em termos de conhecimento sociointeracional e de competência linguística (saber linguístico). O conhecimento sociointeracional abarca os conhecimentos ilocucional, comunicacional e metacomunicativo, bem como conhecimentos concernentes a modelos textuais globais que orientam a adequada identificação e seleção de gêneros em um determinado evento interlocutivo.[1]

A competência linguística, por sua vez, corresponde ao *"conhecimento de um sistema de regras, interiorizado pelos falantes, que lhes permite produzir, interpretar e reconhecer orações"* (Jubran, 2006b: 28), abrangendo, assim, processos de estruturação textual, com mobilização de subsistemas linguísticos (fonológico, morfossintático, semântico) (Koch, 2004; Jubran, 2006b, 2007).

Com base, sobretudo, nesses pressupostos teórico-metodológicos, a PTI conduz sua proposta de investigação de processos de construção de textos, privilegiando um conjunto de processos dos quais sintetizamos aqui os que são abordados neste volume: organização tópica, referenciação, parafraseamento, repetição e parentetização.

Vista como o *"fio condutor"* (Jubran, 2006b: 33) da construção textual, a organização tópica é o processo de estruturação do texto em partes e subpartes. Caracteriza-se por duas propriedades definidoras: organicidade e centração. A primeira refere-se à configuração do texto segundo uma rede de tópicos (temas) hierarquicamente inter-relacionados e ao estabelecimento de uma ordenação linear entre esses tópicos. A segunda diz respeito à construção, para cada tópico, de um conjunto de enunciados concernentes entre si e que o focalizam num dado ponto do texto. São distinguidos dois níveis de funcionamento do processo: a organização intertópica, que é o relacionamento entre tópicos, e a organização intratópica, a estruturação interna dos grupos de enunciados que materializam os tópicos mais específicos do texto. Quanto a esse processo, os textos particularizam-se, dentre outros aspectos, em relação à quantidade de tópicos, ao grau de complexidade hierárquica, às estratégias de linearização empregadas e às funções dos enunciados na construção de segmentos tópicos, como a expressão do próprio tópico de um segmento e sua especificação temática.

Basilar à atividade sociocomunicativa, a referenciação constitui-se também como um processo fundante de construção de textos. Na PTI, corresponde a um conjunto de ações discursivas que, engendradas na situação de interação, promovem a construção e a reconstrução dos sentidos textuais, por meio de operações de ativação, modificação, desativação, reativação, transformação e recategorização de *objetos de discurso*, no desenvolvimento da progressão referencial (Koch e Marcuschi, 1998, 2006; Marcuschi e Koch, 2002; Koch, 2006). Considera-se, assim, que os denominados referentes não são criados numa relação especular com o mundo, na condição de *objetos do mundo*, mas se instauram na prática linguística partilhada e negociada por parceiros comunicativos em situações enunciativas. Desse modo, as atividades de progressão referencial são examinadas em relação a suas funções discursivas, em termos de seus valores semântico-pragmáticos, cognitivo-discursivos, argumentativos, textuais (Koch e Marcuschi, 2006; Koch, 2006).[2]

Tendo em vista a premissa de que os processos de construção são atividades comunicativas que se inscrevem na materialidade linguística, o parafraseamento e a repetição são procedimentos de reformulação que consistem, respectivamente, na reelaboração e na retomada de segmentos textuais. O parafraseamento institui entre dois enunciados (paráfrase e matriz) uma condição de equivalência semântica, assinalada por algum "*deslocamento de sentido*" (Hilgert, 2006: 275), em termos de generalização e especificação entre enunciados, envolvendo expansões, reduções e simetrias parafrásticas (Hilgert, 2006; Jubran, 2006b). Trata-se de um procedimento com diferentes funções na composição macro e microestutural de um texto, com efeitos importantes, por exemplo, na organização tópica e na coesão (Hilgert, 2006). A repetição (fonológica, mórfica, lexical, suboracional ou oracional), como estratégia reformulativa, não se resume à realização do mesmo segmento linguístico duas ou mais vezes em determinada situação sociocomunicativa. Trata-se, na PTI, de uma retomada com implicações na condução dos sentidos textuais e com efeitos na estruturação discursiva e no monitoramento da coerência textual. Consideradas as suas funções, Marcuschi (2006) indica que a repetição colabora em diversos planos de atuação discursiva, concorrendo para o estabelecimento da coesão, da compreensão, da manutenção tópica, da argumentação e da interação (Marcuschi, 2006).

Diferentemente dos processos anteriores, a parentetização é um procedimento de inserção por meio da qual se provocam desvios na continuidade tópica do discurso, pela interposição de informações paralelas ao tema proeminente em desenvolvimento no texto (Jubran, 2006b, 2006d). As inserções parentéticas são um dos expedientes de manifesta introjeção de aspectos pragmático-cognitivos no texto, indicando ações enunciativas com diferentes funções, tais como "*referências à atividade formulativa, alusões ao papel discursivo e interacional das instâncias coprodutoras do texto (locutor e interlocutor), assim como comentários e avaliações sobre o ato verbal em curso*" (Jubran, 2006b: 35).

A articulação teórico-metodológica que viabiliza a investigação diacrônica desses processos, na condição de categorias analíticas de ordem textual-interativa, é o aspecto central da abordagem aqui defendida. O exame comparativo dos modos de organização de um gênero em seu percurso diacrônico permite identificar padrões textuais estruturantes que, arquitetados em razão das finalidades comunicativas da interação, influenciam as formas de manifestação dos processos constitutivos desse gênero. A abordagem focaliza, nesse sentido, o reconhecimento de repetições e regularidades predominantes, por meio das quais se estabelecem padrões composicionais prevalentes na estruturação de um gênero, com efeito nos processos de construção de textos, como será discutido a seguir.

ABORDAGEM DIACRÔNICA DE PROCESSOS DE CONSTRUÇÃO DE TEXTOS

Na abordagem diacrônica aqui formulada, entende-se, como premissa basilar, que a implementação dos processos de construção de textos é uma atividade vinculada ao funcionamento dos gêneros textuais. Duas concepções são aí fundamentais: a noção de *implementação* dos processos e o reconhecimento de sua relação com os *gêneros*.

A ideia de implementação, embora óbvia em certa medida e aplicável também a outros fenômenos linguísticos, é crucial para a abordagem. Significa que cada processo textual se caracteriza por determinadas propriedades definidoras gerais, que são materializadas de formas particulares a cada ocorrência do processo em textos reais. Ou seja, por um lado, podem ser reconhecidas propriedades abstratas caracterizadoras dos processos e, por outro, maneiras específicas de implementação (atualização, manifestação, ocorrência, uso) dos processos em textos concretos. Por exemplo, a organização tópica (como explicado) define-se pela propriedade de centração e pela de organicidade, a qual prevê a configuração do texto mediante uma rede de tópicos hierarquicamente inter-relacionados. As regras dessa hierarquização são comuns a quaisquer textos, mas a quantidade de tópicos, de níveis hierárquicos e outros aspectos variam de um texto para outro. Tal ideia alicerça-se diretamente na assunção da PTI de que os processos textuais têm suas propriedades especificamente estabelecidas no uso, nas situações reais de interlocução, coenvolvendo as circunstâncias enunciativas.

O reconhecimento do vínculo entre a implementação dos processos e os gêneros textuais é também afeito a pressupostos textual-interativos. Como exposto anteriormente, a PTI concebe a linguagem como uma forma de ação no mundo, sendo o texto a unidade linguística que efetivamente realiza essa função. Está implícita nessa concepção, ou se pode dela extrair, a compreensão de que os processos de construção textual, em suas ocorrências em textos específicos, atualizam-se de acordo com as ações particulares que os textos empíricos exercem. Os gêneros textuais, por sua vez, congregam as ações realizadas pelos textos e definem, para cada texto, sua ação nuclear, cuja execução constitui a finalidade sociocomunicativa do texto e do gênero a que pertence. Daí se obtém a relação entre os processos de construção e os gêneros: se os processos se implementam conforme as ações efetuadas pelos textos e se essas ações são determinadas pelos gêneros, então se pode dizer que os processos, ao se materializarem em textos empíricos, implementam-se conforme os gêneros a que pertencem esses textos. Com efeito, pesquisas no âmbito da PTI vêm corroborando empiricamente essa relação, como se vê em Guerra e Penhavel (2010), estudo que mostra como a organização tópica de cartas de leitor se molda à finalidade desse gênero.

Os trabalhos fundadores da PTI não chegam a adotar, de forma explícita, uma noção de gênero textual, mas a teoria é plenamente compatível com a visão de gênero da Linguística Textual em suas orientações pragmática e sociocognitivo-interacionista (tendo em vista o histórico da disciplina referido na seção anterior). Essa visão, que se encontra em autores como Marcuschi (2002, 2008) e Koch (2006) e se ancora, sobretudo, em Bakhtin (2003), assume os gêneros como espécies de texto relativamente estáveis, caracterizadas em termos de conteúdo temático, estilo, construção composicional e, principalmente, finalidade sociocomunicativa. Essa é uma concepção de gênero condizente com a PTI, sendo aqui adotada.

A abordagem diacrônica em pauta apreende a relação entre o uso dos processos e os gêneros, em termos mais específicos, considerando que, embora cada manifestação dos processos em textos empíricos seja um fato singular, os gêneros, normalmente, estabelecem *padrões de uso* dos processos. Essa percepção assenta-se na definição de gênero como tipo relativamente estável de texto, caracterizado, dentre demais traços, por estrutura composicional – isto é, por *padrão* de estrutura composicional –, e no entendimento de que a implementação dos processos integraria a estruturação composicional dos gêneros. Dessa forma, cada gênero comportaria um padrão de uso de cada processo, como parte de sua estrutura composicional característica. Essa é uma assertiva que também vem sendo corroborada em trabalhos da PTI (Oliveira, 2016; Garcia, 2018; Hanisch, 2019) e que, a propósito, fica evidenciada em diversos capítulos deste volume.

Acerca dos padrões de uso dos processos, a abordagem ainda reconhece que, entre o nível da padronização prevista por um dado gênero e o nível das particularidades de cada ocorrência dos processos em textos concretos, possa haver outros padrões de implementação, vinculados a circunstâncias específicas regulares de emprego do gênero. Num caso como o de cartas de leitor, entende-se que, além de padrões de implementação característicos do gênero como um todo, existiriam também padrões mais específicos dependendo, por exemplo, da publicação das cartas em suportes diferentes, como revistas ou jornais; ou padrões ligados à sua veiculação em jornais de circulação nacional ou em jornais de bairro. Essa visão está apoiada, mais uma vez, no posicionamento da PTI segundo o qual os processos textuais se definem, em última instância, no contexto.

Trata-se de hipótese relevante para a abordagem diacrônica (norteadora, inclusive, de capítulos deste volume, como mencionado à frente), a qual, porém, não contradiz a premissa da relação entre a implementação dos processos e os gêneros. Possíveis padrões adicionais cogitados pela hipótese estariam circunscritos, de todo modo, ao âmbito do gênero, configurando-se como particularizações do padrão mais amplo por ele previsto, o que mantém válido o pressuposto do vínculo entre a atualização dos processos e o funcionamento dos gêneros.

Esse pressuposto é fundamental para o estabelecimento da abordagem diacrônica em questão. Permite concluir que, assim como os processos apresentarão, sincronicamente, padrões de uso diferentes de acordo com os diferentes gêneros textuais, o padrão de cada processo em cada gênero vai se comportar, diacronicamente, de acordo com o desenvolvimento histórico do gênero. Essa constatação não só desvela a necessidade de relacionar o estudo diacrônico dos processos textuais aos gêneros, mas também, como um fato ainda mais elementar, significa a própria identificação de um modo possível de estudar diacronicamente os processos de construção textual, no caso, mediante o exame da evolução de seus padrões de uso no âmbito da história dos gêneros.

A mudança histórica estabelece-se como uma consequência natural da constituição dos gêneros textuais. Estes, como salienta Marcuschi (2010), são práticas históricas, estreitamente ligadas às necessidades sociais e culturais dos usuários da língua, reafirmando-se, desse modo, o fato de que os gêneros textuais, nas diferentes esferas de atuação humana, são manifestações discursivas dinâmicas, com estabilidade relativa (Bakhtin, 2003). São pertinentes a esse respeito as considerações de Koch (2006: 54) de que, *"como qualquer outro produto social, os gêneros estão sujeitos a mudanças, decorrentes não só das transformações sociais, como oriundas de novos procedimentos de organização e acabamento da arquitetura verbal"*. Nesse sentido, a variação diacrônica de um processo de construção textual, num dado gênero, seria, pois, parte do fenômeno natural de variação histórica desse gênero, especialmente parte de alterações em sua estrutura composicional característica.

O vínculo do uso dos processos de construção textual com os gêneros e a consequente correlação entre a história do uso dos processos e a dos gêneros mostram, portanto, que a ideia de implementação e o fator gênero são elementos essenciais em uma abordagem diacrônica e evidenciam o que se pode considerar como dois princípios teórico-metodológicos básicos do modelo aqui proposto.

O primeiro deles é, então, o entendimento de que, em relação aos processos de construção de textos, o que pode mudar diacronicamente não são os processos em si, suas propriedades definidoras, mas seus usos, em particular seus padrões de uso. Trata-se de uma máxima cuja explicitação é, de fato, significativa. A concepção de texto da PTI (aparentemente como a de qualquer outra perspectiva) é assumida, conforme a entendemos, não como uma noção relativa a um dado momento histórico de uma língua, mas como uma noção atemporal, aplicável a exemplares de qualquer época. Da mesma forma, os processos de construção textual, postulados pela teoria como processos *constitutivos* do texto, como parte dos aspectos que caracterizam o que é um texto, são também tomados, no que respeita a suas propriedades definidoras, como historicamente invariáveis. A noção de diacronia de processos textuais poderia, assim, parecer improcedente, mas se revela coerente, concebida sob a ótica do princípio em tela. Neste volume, aliás, a expressão *diacronia dos processos de construção de textos*, sempre que aparece, inclusive no título da obra, é um modo simplificado de se referir, na verdade, à diacronia dos *usos* dos processos.

O segundo princípio remete à questão do gênero. Quando se admite o vínculo dos processos com os gêneros, fica evidente que, ao se comparar o funcionamento de um processo em uma sincronia com seu funcionamento em outra, não seria pertinente comparar dados de gêneros diferentes. O comportamento de um processo, em uma dada sincronia, em um dado gênero, seria continuação do uso anterior do processo no mesmo gênero. Ou, ainda, pode-se dizer que a identidade diacrônica do uso de um processo se encontra no interior da história de um gênero. Essa conclusão constitui o segundo princípio essencial da abordagem aqui formulada, o qual pode ser sintetizado nos seguintes termos: a diacronia de um processo de construção de texto deve ser examinada no âmbito da evolução histórica de um dado gênero textual.

Esse princípio está na base de todos os capítulos do presente volume, na medida em que cada um seleciona um processo e estuda o desenvolvimento de seu uso na esfera de determinado gênero. Como se poderá ver, os resultados desses trabalhos parecem ratificar a pertinência do princípio elaborado. Mais especificamente, alguns capítulos utilizam material de um gênero como um todo, sem restrição a uma situação específica de seu uso, enquanto outros delimitam o material a uma circunstância particular, selecionando, por exemplo, um *corpus* composto de textos extraídos de um mesmo tipo de jornal, quase sempre do mesmo jornal, em linha com hipótese anteriomente apresentada. Os dois tipos de análise podem conduzir a resultados diferentes, mas complementares entre si: o primeiro propicia um retrato da diacronia de um processo em termos mais amplos, permitindo verificar fenômenos diacrônicos mais gerais que acompanham a história do gênero; o segundo focaliza rotas diacrônicas particulares no interior dessa história, possibilitando a captação de processos mais específicos. Ambas as formas de pesquisa atendem ao princípio referente ao gênero textual, sendo as duas previstas pela presente abordagem.

Conforme mencionado, além de se ancorar fundamentalmente na PTI, a abordagem encontra respaldo complementar, inclusive no que tange a seus dois princípios básicos, nos estudos sobre TDs, área especializada na pesquisa histórica/diacrônica – o volume VII da série *História do Português Brasileiro* trata especificamente de TDs, sendo sintetizados aqui, a esse espeito, apenas os elementos mais diretamente ligados à nossa abordagem.

De acordo com Kabatek (2006), o conceito de TD nasce no âmbito da Linguística alemã, especialmente no interior da Linguística românica, sendo fortemente marcado pela tradição da escola de Eugenio Coseriu, sobretudo pela distinção coseriana entre três níveis de funcionamento da linguagem: o nível universal, no qual se encontra o dispositivo geral do ser humano para se comunicar por meio de signos linguísticos; o histórico, que diz respeito às diferentes línguas, entendidas como sistemas de significação historicamente construídos; o individual, que remete aos textos ou discursos concretos, atos individuais com finalidade e sentido particulares. Nos estudos da área, normalmente como desdobramento do nível histórico, são reconhecidos dois domínios, o das línguas históricas e, então, o das TDs, sendo inerente a cada um deles um tipo de historicidade: a historicidade das línguas e a dos textos, respectivamente.[3]

O domínio da historicidade das línguas é onde se organizam o léxico e o sistema gramatical de cada língua particular, produtos histórica e continuamente (re)elaborados. Nessa esfera estão as técnicas do *sistema* e da *norma*, o sistema englobando o conjunto de possibilidades léxico-gramaticais de uma língua, e a norma, as possibilidades do sistema que são efetivamente usadas. Nesse plano encontram-se também as variedades linguísticas, mais e menos prestigiadas, identificáveis em termos geográfico, social e estilístico (Longhin, 2014).

Já o domínio da historicidade dos textos, de acordo com Andrade e Gomes (2018a), abrange um acervo textual culturalmente armazenado, reconhecido, utilizado e modificado pela comunidade, o qual serve como um conjunto de modelos linguísticos tradicionais. Esses modelos constituem as TDs. Segundo as autoras, tais modelos são evocados nas diferentes situações comunicativas, que os repetem, total ou parcialmente, em termos de finalidade de dizer, formas e/ou conteúdo. Kabatek (2006) oferece a seguinte definição de TD:

> Entendemos por Tradição Discursiva (TD) a repetição de um texto ou de uma forma textual ou de uma maneira particular de escrever ou falar que adquire valor de signo próprio (portanto é significável). Pode-se formar em relação a qualquer finalidade de expressão ou qualquer elemento de conteúdo, cuja repetição estabelece uma relação de união entre atualização e tradição; qualquer relação que se pode estabelecer semioticamente entre dois elementos de tradição (atos de enunciação ou elementos referenciais) que evocam uma determinada forma textual ou determinados elementos linguísticos empregados. (Kabatek, 2006: 512)

Longhin (2014) explica que a noção de TD é ampla, podendo abarcar gênero textual e discursivo, estilo, tipos textuais, fórmulas conversacionais e atos de fala de todo tipo. Nesse sentido, Jubran (2010: 206) ressalta que os gêneros se firmam como TDs por sua *"relativa estabilidade composicional, decorrente da repetição total ou parcial de uma estrutura textual e, muitas vezes, da recorrência de formas linguísticas e de elementos referenciais"*.

É importante frisar também, conforme menciona Kabatek (2008a), o surgimento de propostas de articulação teórica com o conceito de TD, de modo que uma das atribuições da investigação linguística recente é a de compreender a associação das TDs com as diferentes perspectivas de estudo da linguagem. Como afirma Kabatek (2008a):

> Alguns autores têm visto no conceito de TD uma espécie de sinônimo de *gênero*, outros inclusive têm tentado relacionar a noção de *discurso*, contida no termo TD, com o conceito de discurso foucaultiano. As contribuições que, de diferentes ângulos, têm tentado dar conta da tradição dos textos, desde o *gênero* de Bakhtin até as diferentes tipologias textuais da atualidade, passando por ideias como a "etimologia do texto" de Lausberg, não são incompatíveis com a concepção de TD; muito pelo contrário, é uma das tarefas da investigação atual relacionar os estudos das TDs com as diferentes heranças das distintas escolas. (Kabatek, 2008a: 9, tradução nossa)[4]

Nesse sentido, é possível destacar uma série de contribuições que a perspectiva das TDs pode fornecer para a presente abordagem. Por ora, são especialmente relevantes as postulações daquele quadro que mais diretamente cooperam para a sustentação dos dois princípios básicos da proposta em formulação (a seção final desta introdução retoma o assunto).[5]

A esse respeito, note-se que a noção de *historicidade dos textos* significa que o funcionamento da linguagem envolve uma dimensão histórica que comporta percursos evolutivos de modelos de construção de textos. Portanto, trata-se do reconhecimento de um tipo de trajetória linguística que incorpora a diacronia de processos textuais aqui focalizada. Estando aqui em análise processos *textuais*, sua evolução não integraria a historicidade dos sistemas lexical e gramatical de uma língua; ao mesmo tempo, como ressaltado anteriormente, o que pode mudar com o tempo são os *usos* dos processos na construção de textos (não suas propriedades constitutivas). Desse modo, a noção de uma *historicidade de textos* abriga, de fato, o fenômeno da diacronia dos processos textuais, contribuindo para esclarecer e legitimar seu estudo. E, em particular, o entendimento dos *gêneros* como uma forma dessas tradições textuais coopera para justificar a posição de situar a diacronia dos processos no interior da história dos gêneros.

Enfim, o paradigma das TDs fornece um quadro conceitual e analítico que, complementando os aportes principais advindos da PTI, colabora para sustentar a abordagem aqui elaborada e, em especial, seus dois princípios básicos. A operacionalização da proposta será fundada nesses princípios, bem como em outras diretrizes, novamente depreendidas do arcabouço textual-interativo.

A realização de uma pesquisa conforme a abordagem compreende, assim, em um primeiro passo, selecionar um processo de construção de texto, um gênero textual e amostras desse gênero (*corpus*) representativas de dois ou mais recortes sincrônicos. Como segundo passo, o processo escolhido é analisado da mesma forma no material de cada sincronia. Essa análise envolve as seguintes tarefas:

a. identificar a ocorrência ou não do processo no material e, atestando-se o primeiro caso, apurar sua frequência de uso;

b. descrever as diferentes configurações formais do processo no material e suas respectivas frequências;

c. descrever as diferentes funções do processo e suas frequências.

A descrição de cada processo relativamente a esses aspectos é uma forma de apreender seu padrão de uso em um dado gênero, em uma dada sincronia. A verificação de ocorrência não se aplica aos processos de organização tópica e referenciação, presentes, em princípio, em qualquer texto, mas é válida para os demais, que podem ou não ser empregados em um texto. Nos casos em que é pertinente, a checagem de ocorrência e de frequência de um processo permite averiguar, dentre outros fatos, sua relevância na construção de textos de um gênero, em uma sincronia. Na PTI, as formas e as funções constituem, em geral, os principais aspectos caracterizadores dos processos. A descrição das diferentes manifestações desses aspectos e dos respectivos percentuais de uso representa, pois, uma caracterização essencial dos processos num material observado. Em particular, a medição de frequência, quanto à ocorrência, à forma e à função, alinha-se ao pressuposto da PTI – anteriormente sintetizado – de que os fenômenos textuais se instanciam segundo regras não de caráter determinístico, mas probabilístico. Tal cálculo retrata tendências de uso, traço típico do funcionamento dos processos textuais. A observação de todos os aspectos conjuga-se, ainda, em última instância, com o postulado de Jubran (2007: 316) – também antes recuperado – de que, na PTI, o caráter sistemático dos processos deve ser aferido "*pela sua recorrência em contextos definidos, pelas marcas formais que os caracterizam e pelo preenchimento de funções textual-interativas proeminentes* que os especificam".

Naturalmente, a análise dos aspectos discriminados, projetada em (a)-(c) em termos mais gerais, deve ser ajustada às especificidades de cada processo. A parentetização, por exemplo, pode ser verificada ou não em dado texto ou material, estando apta ao cálculo de frequência de ocorrência, o qual poderá relatar a quantidade total de ocorrências do processo no material analisado, a distribuição desse total pelos diferentes textos da amostra, pelas diferentes partes dos textos, dentre outros parâmetros. As análises de configuração formal e de função referem-se a cada um dos segmentos parentéticos distribuídos no texto, e o cálculo de frequência, em ambos os casos, poderá ser feito, dentre outras possibilidades, em relação ao conjunto total de parênteses. Já a organização tópica, como mencionado, instaura-se em qualquer texto, não se prestando ao levantamento de incidência de uso. O critério da configuração formal remete à estrutura do texto inteiro e à de suas (sub)partes, o levantamento de funções recai sobre as unidades constituintes dessas estruturas, e as frequências de formas e funções devem ser computadas nos âmbitos desses diferentes níveis.

Na condução de uma pesquisa conforme a presente abordagem, realizada, então, a análise do processo escolhido no material de cada sincronia, um terceiro passo é a comparação dos resultados, a qual permitirá identificar manutenções e mudanças diacrônicas no uso do processo sob estudo. Em outras palavras, esse cotejo irá delinear o percurso diacrônico do processo no gênero e no período em apreço.

Finalmente, um quarto passo – que, na verdade, pode acompanhar os dois anteriores – reside em investigar correlações entre a trajetória do processo e a história mais ampla do gênero, reflexão em sintonia com a premissa de que a diacronia dos processos é parte da evolução dos gêneros. Essa etapa consiste em levantar outros elementos da evolução do gênero, relativos, por exemplo, a estilo, conteúdo temático e, sobretudo, finalidade sociocomunicativa, que possam interagir com a trajetória do processo e ajudar a explicá-la. A descrição em si desse trajeto (terceiro passo) é o foco da abordagem, mas, para o entender, a correlação com o gênero é fundamental.

Diferentes capítulos deste volume que se debruçam sobre cartas de leitor admitem que o propósito comunicativo desses textos, no decorrer dos séculos XIX e XX, teria passado da solicitação de resolução de problemas para a expressão de opinião. Esses trabalhos atestam também uma progressiva diminuição da extensão desses textos. Alterações como essas estariam ligadas a mudanças em processos textuais, possivelmente motivando-as, como a redução do uso de determinadas unidades tópicas e de certos tipos de repetição. O levantamento desses outros dados a serem correlacionados à diacronia dos processos textuais pode ser realizado mediante pesquisa empírica no próprio material usado como *corpus* e/ou a partir de resultados de outros trabalhos dedicados à história do gênero em questão – nos capítulos deste volume, as duas formas de recurso metodológico podem ser observadas.

A abordagem prevê, então, que as pesquisas contemplem esses quatro passos elementares. Cada trabalho assim conduzido fornece uma análise do percurso diacrônico de um processo, num gênero, num dado período; revela, assim, diferentes instâncias possíveis de evolução diacrônica dos processos, já que os gêneros são diferentes uns dos outros e cada um, ligado a uma prática social particular, terá uma história específica. Pode-se dizer que investigações desse tipo constituem estudos de caso. Nesse sentido, tais trabalhos, embora não deixem de colaborar com o entendimento geral da diacronia dos processos textuais, pela descrição de diferentes casos de efetivação do fenômeno, contribuem primariamente para o conhecimento de como os processos evoluem em uma dada língua, bem como, por extensão, para o conhecimento da história dos gêneros praticados nessa língua e para a própria descrição da história da língua, como se almeja no presente volume. Com efeito, a execução de tal tipo de pesquisa e o oferecimento dessas contribuições principais constituem um primeiro objetivo central da abordagem.

No entanto, vislumbra-se, como um segundo objetivo fundamental do modelo, a própria compreensão mais geral sobre o funcionamento da diacronia dos processos de construção de textos. Visa-se investigar se, diante de diferentes casos específicos de mudança, seria possível notar que as mudanças ocorreriam (em relação a determinados aspectos) de uma mesma forma, o que poderia significar a existência de padrões gerais de mudança. Ou seja, trata-se de comparar resultados de pesquisas particulares efetuadas conforme os procedimentos anteriormente estabelecidos e averiguar se é possível detectar fatos comuns (similares, correspondentes) entre as diferentes trajetórias diacrônicas descritas (em estudos de caso), fatos que representariam, então, a manifestação de padrões de mudança, regularidades observadas em diferentes percursos de todos os processos, de grupos de processos ou de cada processo. Esses padrões, caso fossem verificados, certamente não significariam restrições categóricas, mas tendências gerais de mudança. Tais padrões/tendências caracterizariam a própria natureza da dinâmica diacrônica dos processos de construção de textos.

O desenvolvimento desse objetivo pressupõe o confronto entre diversas trajetórias diacrônicas analisadas, o qual seria um requisito para viabilizar e sustentar a proposição de generalizações que poderiam representar tendências de mudança. Como o presente modelo se encontra em fase inicial, o cumprimento dessa tarefa é reconhecido como uma meta futura, embora pesquisas individuais, inclusive as primeiras já realizadas, possam esboçar hipóteses a respeito, como ensaiam alguns dos capítulos do volume.

Por exemplo, o capítulo sobre a organização tópica em cartas de leitor verifica que, do século XIX ao início do XXI, esse gênero progressivamente deixaria de exibir o traço de *complexidade intertópica* (que se refere a texto com mais de um tópico) e passaria a se caracterizar pelo traço de *unicidade tópica* (cada texto trata de um único tópico). O trabalho apura que a mudança, em todo o seu trajeto, mantém-se nessa direção. O capítulo que estuda o mesmo processo em editoriais constata mudança em sentido inverso, isto é, o material analisado indica que o gênero editorial teria caminhado em direção ao emprego de (maior) complexidade, e, similarmente ao anterior, o estudo encontra forte tendência de a mudança, ao longo de seu percurso, permanecer numa mesma direção. Ou seja, os capítulos apuram forte tendência de a mudança, uma vez iniciada, manter sua direção, seja rumo a unicidade tópica (carta de leitor), seja rumo a (maior) complexidade intertópica (editorial). Esses resultados, que explicitam a possibilidade de a organização tópica mudar nas duas direções, o que poderia ser pensado como uma característica elementar da diacronia desse processo, levam os dois trabalhos a formularem a hipótese de que, como tendência geral, cada mudança envolvendo esses traços normalmente se manteria em uma mesma direção, qualquer que fosse ela, em vez de exibir uma alternância mais recorrente entre um e outro sentido.

Ainda o referido capítulo sobre cartas de leitor conclui que, no espaço de tempo examinado, as missivas são construídas, via de regra, conforme uma mesma estrutura em termos de encadeamento de unidades tópicas, a qual passaria por mudanças que atingiriam principalmente as unidades mais externas dessa estrutura. Diante da constatação, o trabalho propõe a hipótese de que esse modo de alteração poderia ser um padrão de mudança diacrônica de estruturas tópicas. A pesquisa sobre editoriais atesta, em seu material, um aumento de complexidade intertópica no qual, normalmente, a cada sincronia, o tipo de texto mais comum da amostra, em termos de número de tópicos, contém um tópico a mais que o tipo predominante da sincronia anterior. O estudo sugere, a partir disso, como uma tendência de mudança, que o aumento de complexidade intertópica ocorreria de modo gradual, em estágios regulares. O capítulo sobre repetição em cartas de leitor verifica, em seu material, a redução, no decorrer do tempo, de uso de uma categoria mais interacional de repetição. Lança, então, a ideia de que, diacronicamente, as preferências no emprego de repetições poderiam se deslocar progressivamente ao longo de um contínuo que iria de repetições com funções mais textuais àquelas com funções mais interacionais (ou vice-versa), hipótese em linha com a premissa da PTI acerca da gradualidade textual-interativa em relação à qual se distribuem os fenômenos estudados. Seriam, enfim, generalizações como essas que, para a abordagem, poderiam significar padrões/tendências gerais de mudança dos processos textuais.

Admitindo a existência de tal sistematicidade, a abordagem considera que o modo concreto como se verifica um dado percurso diacrônico de um processo será o resultado da interação entre esse conjunto de padrões/tendências e as particularidades da história de um gênero. Durante seu desenvolvimento, um desafio desse modelo de análise, dentre vários outros, será justamente lidar com a articulação entre esses dois fatores.

Enfim, arquitetada até o momento conforme a presente sistematização, a abordagem se caracteriza, resumidamente, pelos seguintes elementos:

a. fundamenta-se em dois princípios teórico-metodológicos principais, derivados de pressupostos da PTI: o entendimento de que o estudo diacrônico de processos de construção de textos se refere a mudanças nos *usos* dos processos, não em suas propriedades definidoras; e a compreensão de que cada instância da diacronia de um processo deve ser examinada no âmbito da evolução histórica de um dado gênero textual;

b. ancora-se, complementarmente, em postulados do paradigma das TDs, em particular, na noção de *historicidade dos textos* e no reconhecimento dos gêneros textuais como uma modalidade de TD;

c. orienta-se em função de dois objetivos centrais: oferecer análises diacrônicas dos processos em uma dada língua, focadas em seus índices de ocorrência e em suas formas e funções predominantes em diferentes gêneros, de modo a colaborar com o conhecimento da evolução dos processos nessa língua e, em última instância, com a descrição da história da língua; e verificar a existência de padrões/tendências gerais da diacronia de processos de construção textual, uma maneira de contribuir para a compreensão do funcionamento da linguagem.

CONSIDERAÇÕES FINAIS

Conforme aqui definida, a abordagem projeta uma agenda de trabalho bastante extensa. Quanto maior a diversidade de estudos de caso sobre os processos, maior será a contribuição para o traçado da história do português brasileiro (e de outras línguas) e melhores serão as condições para se discutir acerca de possíveis regularidades caracterizadoras da dinâmica diacrônica dos processos – a disponibilidade de um amplo quadro de pesquisas será um fator decisivo para uma reflexão mais acurada sobre essa sistemática. Como mencionado na "Apresentação" do volume, abre-se aí caminho para a realização de uma vasta série de trabalhos acadêmicos. Paralelamente a esse cenário, o desenvolvimento da abordagem permitirá, ou mesmo exigirá, que uma série de questões sejam discutidas, a fim de a tornar mais precisa e aprofundada.

Uma questão diria respeito à promoção de aprimoramentos e complementações na PTI, que serve de base para a abordagem diacrônica e que é, ela própria, uma teoria ainda relativamente nova. Conviria que a iniciativa incidisse, dentre outros pontos, sobre a relação entre os diferentes processos de construção. Sendo a organização tópica tomada como o fio condutor do texto, valeria explicitar em que medida os demais processos funcionam a serviço da topicalidade e a serviço de outros procedimentos da constituição dos textos. Seria também produtivo um equacionamento da interseção entre os processos, o que se verifica, por exemplo, quando uma mesma sequência representa simultaneamente um caso de repetição, de parafraseamento e de referenciação.

No mesmo sentido, mereceria atenção a interface entre os processos textuais e elementos de outros domínios linguísticos. Por vezes, os menores fragmentos linguísticos de estatuto tópico em um texto coincidem com segmentos integrantes de estruturas sentenciais. Normalmente, trechos que atuam como parênteses na construção textual exercem papel, ao mesmo tempo, na estruturação de sentenças, configurando-se, por exemplo, como orações relativas.

Caberia, na PTI, uma maior exploração das relações entre os processos de construção textual, assim como a elaboração de mapeamentos dos correlatos sintáticos dos processos, empreendimentos que certamente representariam avanços para a teoria, com esclarecimentos também para o presente modelo.

Outra questão a ser considerada envolveria relacionar a abordagem, de modo mais específico, à perspectiva das TDs. Em primeiro lugar, podem ser explorados subsídios conceituais e analíticos que esta possa oferecer àquela. Por exemplo, a distinção, aqui crucial, entre as propriedades definidoras invariáveis de cada processo e suas diferentes formas específicas de implementação pode vir a ser explicada com referência aos diferentes níveis coserianos ou a alguma forma de desdobramento deles.

Além disso, será enriquecedor explicitar as particularidades da abordagem que a distinguem do paradigma das TDs (e de outras propostas de análise histórica/diacrônica), até como forma de viabilizar pesquisas que possam conjugar os dois quadros. A esse respeito, uma questão que o desenvolvimento de estudos poderá confirmar é que haveria entre as duas perspectivas uma diferença de foco. No paradigma das TDs, no estudo, por exemplo, da história de um gênero, analisam-se diversos elementos micro e macrolinguísticos, condições sócio-históricas de produção e circulação do gênero etc. (Gomes, 2007; Zavam, 2009; Matias, 2018). Como parte desses aspectos, pode ser descrito, inclusive, o comportamento de processos de construção textual. Na presente abordagem, o foco recairia sobre a própria evolução dos processos (particularmente aqueles distinguidos pela PTI), não sobre a história de uma dada TD. Ou seja, na primeira, um processo de construção textual poderia ser observado, como mais um dentre outros aspectos, para se entender, em última instância, uma TD. Na segunda, uma TD – no caso, a TD de um gênero – seria considerada para se entender a diacronia de um processo textual em si.

Encaminhamentos como esses poderão esclarecer e aprimorar a abordagem, fomentando a possibilidade de articulações com outros modelos, com vistas a descrições históricas cada vez mais pormenorizadas das línguas e a uma compreensão mais completa do funcionamento da linguagem.

Introdução

NOTAS

[1] Jubran (2007) explica que, embora o enfoque textual-interativo frise a importância do conhecimento socio-interacional, essa visão teórica reconhece a existência de outros sistemas de natureza cognitiva mobilizados por ocasião da interação. Nesse sentido, destaca a autora que não se pode perder de vista que escolhas textuais decorrentes do conhecimento sociointeracional estão também vinculadas "*ao conhecimento de mundo, crenças e convicções dos usuários da língua e ao seu domínio de estratégias socioculturalmente determinadas*" (Jubran, 2007: 314).

[2] Convém mencionar que, de acordo com Jubran (2010), a investigação do processo de referenciação pode focalizar o exame de duas modalidades amplas: a *referenciação tópica* e a *referenciação metadiscursiva*.

[3] Kabatek (2004) ressalva que não haveria um consenso sobre a localização das TDs na teoria da linguagem, avaliando que a opção mais difundida é a que as enquadra no nível histórico de Coseriu (como descrito aqui). Reconhece, por outro lado, tanto o posicionamento de autores que as alocam no nível individual quanto a perspectiva daqueles que optam pela duplicação dos três níveis.

[4] Cf. o original: "Algunos autores han visto en el concepto de TD una especie de sinónimo de *género*, outros incluso han intentado relacionar la noción de *discurso* contenida en término TD con el concepto de discurso foucaultiano. Las contribuciones que desde diferentes ángulos han intentado dar cuenta de la tradición de los textos, desde el *género* de Bakhtin hasta las diferentes tipologias textuales de la actualidad pasando por ideas como la 'etimología del texto' de Lausberg, no son incompatibles con la concepción de TD, todo lo contrario, y es una de las tareas de la investigación actual relacionar los estudios de las TD con las diferentes herencias de las distintas escuelas" (Kabatek, 2008a: 9).

[5] Além das relações estabelecidas, nesta "Introdução", entre o paradigma das TDs e a presente abordagem, também o capítulo que trata da referenciação em anúncios mineiros discute, a partir de conceitos daquele modelo, elementos fundamentais para o tratamento diacrônico dos processos de construção de textos.

37

A ORGANIZAÇÃO TÓPICA EM CARTAS DE LEITOR PAULISTAS

Alessandra Regina Guerra

SUMÁRIO

APRESENTAÇÃO 40
CONCEITOS BÁSICOS E MATERIAL DE ANÁLISE 40
DIACRONIA DA ORGANIZAÇÃO INTERTÓPICA 44
DIACRONIA DA ORGANIZAÇÃO INTRATÓPICA 48
CONSIDERAÇÕES FINAIS 66

APRESENTAÇÃO

Em consonância com os objetivos do presente volume da série *História do Português Brasileiro*, analisamos, neste capítulo, a diacronia de um dos processos de construção textual estudados pela Perspectiva Textual-Interativa, delimitando o percurso diacrônico examinado ao contexto da trajetória de um gênero textual, conforme seu desenvolvimento em uma dada região do país. Nesse sentido, analisamos aqui a diacronia do processo de organização tópica, apreendendo-a no interior da história de cartas de leitor de jornais paulistas. Observamos o processo no decorrer dos séculos XIX e XX, período em destaque no volume, estendendo a análise ao início do século XXI.

Investigamos os dois níveis de funcionamento da organização tópica: o inter e o intratópico. Nos dois casos, descrevemos elementos que se mantêm estáveis e outros que se alteram, ao longo do período considerado, e procuramos interpretar os fatos detectados, relacionando-os ao funcionamento do gênero textual em questão. A partir dos resultados, discutimos hipóteses acerca da sistemática diacrônica do processo de organização tópica.

A seção a seguir sintetiza o quadro teórico-metodológico do trabalho e explica a composição do material de análise. As seções seguintes expõem a análise diacrônica da organização intertópica e a análise da organização intratópica. A última seção apresenta as considerações finais.

CONCEITOS BÁSICOS E MATERIAL DE ANÁLISE

Neste trabalho, seguimos a abordagem diacrônica de processos de construção textual proposta neste volume, a qual se fundamenta principalmente em pressupostos da Perspectiva Textual-Interativa (PTI), quadro que entende as línguas e os textos como lugar de interação social, como forma de realização de ações. A partir disso, a abordagem estabelece que, na pesquisa sobre um dado processo textual, sua evolução diacrônica deve ser averiguada como parte da história de algum gênero textual, considerando que os gêneros definem as ações realizadas pelos textos. A abordagem recorre ainda a princípios dos estudos sobre Tradição Discursiva (TD), para os quais os gêneros constituem uma modalidade de TD, o que é tomado pela abordagem como contribuição para sustentar a análise diacrônica dos processos textuais no interior da história dos gêneros.

A organização tópica é um processo que, conforme define Jubran (2006c), caracteriza-se por duas propriedades: *organicidade* e *centração*. A primeira envolve a construção de relações de interdependência entre tópicos num *plano hierárquico* e num *plano linear*. A organicidade hierárquica é a organização do texto em torno de tópicos que mantêm entre si relações de superordenação e subordenação em termos de grau de abrangência temática. Nessa hierarquização, todo tópico que abrange outros mais específicos é chamado de *supertópico* (ST), assim como, inversamente, todo tópico integrante de um mais abrangente é rotulado de *subtópico* (SbT), e o conjunto formado por um ST e seus SbTs constitui um *quadro tópico* (QT) – Hanisch (2019) acrescenta o termo *SbT mínimo* para denominar cada um dos SbTs mais específicos do texto.

Já o plano linear, conforme propõe Jubran (2006c), envolve a ordenação sequencial em que os tópicos serão desenvolvidos no texto, o que compreende dois procedimentos básicos: a *continuidade*, que presume o desenvolvimento de um novo tópico somente após o encerramento do precedente; a *descontinuidade*, que prevê diferentes formas possíveis de interrupção ou interposição de tópicos na linearização textual.

Ainda segundo a autora, a centração refere-se à construção propriamente dos enunciados que desenvolvem os tópicos. Manifesta-se, a cada tópico, por meio da construção de um grupo de enunciados formulados pelos interlocutores a respeito de um conjunto de referentes, concernentes entre si e em relevância num dado ponto do texto. Cada grupo de enunciados que desenvolve um tópico é rotulado de *segmento tópico* (SegT). Os menores SegTs de um texto são tratados como *SegTs mínimos* (SegTs que desenvolvem os SbTs mínimos do texto).

A relação entre tópicos é, então, o processo chamado de *organização intertópica*. Já a combinação de enunciados dentro de SegTs mínimos constitui a *organização intratópica*. Com base principalmente nesse quadro conceitual (e em alguns conceitos introduzidos ao longo do capítulo) é que desenvolvemos nosso estudo diacrônico da organização tópica.

Para a realização de nossa pesquisa, estabelecemos um *corpus* diacrônico de cartas de leitor constituído, em sua maior parte, por cartas do jornal *A Província/O Estado de S. Paulo*.[1] Desse jornal, reunimos cartas de três recortes sincrônicos:

segunda metade do século xix (tendo em vista a fundação do jornal em 1875) e primeira e segunda metades do século xx – sincronias aqui referidas, respectivamente, como *19,2*, *20,1* e *20,2*. Para cada uma, foi selecionado o total de 24 cartas.

Quanto à sincronia 19,2, as plataformas de *corpora* do Projeto para a História do Português Brasileiro (phpb) e do Projeto de História do Português Paulista (phpp), no início de nosso trabalho, disponibilizavam cartas do jornal, todas de 1875, distribuídas por nove meses do ano (Barbosa e Lopes, 2006; Castilho da Costa, 2012). Selecionamos uma carta de cada mês, procurando contemplar, a cada mês, um dia diferente. Para ampliar e diversificar a amostra, coletamos, junto ao acervo digital do periódico, uma carta de cada um dos meses restantes de 1875 (também mantendo a diferenciação de dias) e uma carta de cada mês de 1876. Na escolha do dia de cada mês de 1876 para coleta das cartas, também procuramos contemplar diferentes dias. Nesse caso, definimos o dia 1º para o mês de janeiro e dias subsequentes para os meses seguintes, com intervalo de um dia entre cada dia selecionado, estabelecendo, assim, os dias 3 de fevereiro, 5 de março, 7 de abril, e assim por diante (em não havendo carta num dia predefinido, optamos pelo dia adjacente mais próximo em que havia carta). De cada dia, levantamos a primeira carta na sequência de textos do jornal.

Quanto à sincronia 20,1, da qual ainda não havia material disponível no phpb/phpp, levantamos um conjunto de cartas, também a partir do acervo digital do periódico. Selecionamos os anos de 1925 e 1926, anos mais centrais da sincronia, e, de cada um, levantamos novamente uma carta de cada mês. Para seleção dos dias, seguimos os mesmos critérios adotados no levantamento do material de 1876.

Acerca da sincronia 20,2, utilizamos uma amostra de cartas d'*O Estado de S. Paulo* recolhida pelo Grupo do Texto do phpp (Penhavel, 2017). A equipe coletou 20 cartas de 1977 distribuídas no espaço de aproximadamente um mês, elegendo um dia a cada cinco dias e coletando todas as cartas de cada dia escolhido. Seguindo esse critério, complementamos a amostra com mais quatro cartas, novamente extraídas do acervo digital do periódico, totalizando o montante de 24 textos.

Nossa opção pelo jornal *A Província/O Estado de S. Paulo* permitiu-nos ainda estender a comparação diacrônica ao início do século xxi (sincronia que chamaremos de *21,1*), recorrendo a resultados do trabalho de Oliveira (2016).

A autora, igualmente no interior do PHPB/PHPP, analisou a organização tópica de cartas de leitor publicadas, nesse início de século, justamente no jornal *O Estado de S. Paulo*, bem como no jornal *Folha de S.Paulo*, que consideramos, no geral, ser um periódico similar ao primeiro quanto à publicação de cartas.

Dada a fundação d'*A Província de S. Paulo* em 1875, o material que selecionamos do periódico inicia-se nessa data. Como esse fato permitiria observar apenas uma fase final do século XIX, fizemos uma ampliação no espaço diacrônico observado, possibilitada pela plataforma de *corpora* do PHPB/PHPP, que disponibilizava, no começo de nossa pesquisa, cartas de diferentes jornais paulistas publicadas de 1828 até final do século (Barbosa e Lopes, 2006). Recorremos a textos desse material para representarem uma sincronia inicial em nosso estudo.

É necessário reconhecer que essas cartas possam talvez ter um caráter, em alguma medida, diferente dos exemplares das demais sincronias, oriundos majoritariamente d'*A Província/O Estado de S. Paulo*. É plausível considerar que esse periódico teria um estatuto particular em relação a seus antecessores, pois seu nascimento marca, conforme explica Sodré (1999), o início da imprensa industrial paulista. Esse fato, implicando um possível maior grau de profissionalização d'*A Província*, poderia eventualmente acarretar a suas cartas certas diferenças quanto às veiculadas por periódicos anteriores (em termos, por exemplo, de maior grau de formalidade, menos marcas de interatividade etc.). De todo modo, pareceu-nos pertinente acrescentar ao *corpus* cartas desses demais jornais, já que fariam parte do contexto em que se inicia a publicação das cartas d'*A Província*, estando, pois, historicamente ligadas a essas novas publicações – a esse respeito, pode-se recorrer aos postulados de Koch (2021) sobre como novas práticas discursivas dariam continuidade a práticas já existentes.

Desse modo, à análise das sincronias 19,2, 20,1 e 20,2, nosso trabalho incorpora, além da observação da sincronia 21,1, também a descrição das cartas oitocentistas disponibilizadas pela plataforma e publicadas até final de 1874 (ano anterior à fundação d'*A Província de S. Paulo*), data estabelecida justamente como forma de captar o referido contexto prévio de início d'*A Província*. Essa amostra inclui 48 cartas, distribuídas pelos jornais *A Phenix*, *Correio Paulistano*, *Diário de São Paulo* e *Farol Paulistano*.[2] Neste trabalho, consideraremos essa amostra como uma primeira sincronia (à qual iremos nos referir como *sincronia 19,1/2*, por englobar cartas da primeira e da segunda metade do século, precisamente de 1828 a 1874).

DIACRONIA DA ORGANIZAÇÃO INTERTÓPICA

Na análise da organização intertópica, o primeiro passo consiste em identificar as quantias de SbTs mínimos de cada texto do *corpus*. Utiliza-se o termo *unicidade tópica* para o texto que contém um único SbT mínimo e *complexidade intertópica* para texto com mais de um SbT mínimo. Se o material apresenta textos do segundo tipo, o passo seguinte consiste em analisar as formas de complexidade e suas tendências, descrevendo as quantias de QTs e de níveis de hierarquização tópica, assim como as estratégias de linearização tópica (Penhavel e Guerra, 2016; Hanisch, 2019).

Observando esses aspectos, nota-se, em nosso material de análise, um perfil relativamente constante das cartas de leitor, podendo-se ver, inclusive, um nítido percurso de intensificação dessa estabilidade. A Tabela 1 expõe dados sobre a organização intertópica das cartas:

Tabela 1 – Percentuais de subtópicos mínimos por carta de leitor ao longo do tempo

SbTs mínimos \ Sincronias		19,1/2 (1828-1874)	19,2 (1875-1900)	20,1 (1901-1950)	20,2 (1951-2000)	21,1 (2001-atual)
Unicidade tópica – 1 SbT		83,5% (40/48)	87,5% (21/24)	91,5 (22/24)	100% (24/24)	100% (24/24)
Complexidade intertópica	2 SbTs	8,5% (4/48)	4,0 % (1/24)	8,5% (2/24)	0% (0/24)	0% (0/24)
	3 SbTs	4,0% (2/48)	0% (0/24)	0% (0/24)	0% (0/24)	0% (0/24)
	4 SbTs	0% (0/48)	8,5% (2/24)	0% (0/24)	0% (0/24)	0% (0/24)
	5 SbTs	4,0% (2/48)	0% (0/24)	0% (0/24)	0% (0/24)	0% (0/24)

Como se vê, destaca-se, ao longo de todo o período, o traço da unicidade tópica. Nas três primeiras sincronias, o traço predomina e, nas últimas duas, é o único tipo de ocorrência verificado. Nota-se mesmo que, da primeira à terceira fase, os índices desse traço sobem progressivamente, até alcançarem o percentual máximo na quarta fase. Além disso, a variedade de formas de complexidade, em termos de quantias de SbTs mínimos por carta, vai diminuindo: em 19,1/2, verificam-se três tipos (cartas com dois, três ou cinco SbTs mínimos); em 19,2, dois tipos (dois ou quatro SbTs mínimos por carta); em 20,1, apenas um tipo (cartas com dois SbTs mínimos). Ademais, da primeira à terceira sincronia, a quantidade máxima de SbTs mínimos por carta vai diminuindo: na primeira sincronia, veem-se cartas com até cinco SbTs mínimos; na segunda, cartas com até quatro SbTs; na terceira, cartas com dois SbTs no máximo. Todos esses dados indicam, de fato, um encaminhamento contínuo das cartas para se caracterizarem pelo traço da unicidade tópica.

Em (1) segue uma carta da sincronia 19,1/2 com mais de um SbT mínimo (estão distinguidos no exemplo os SegTs mínimos que desenvolvem esses SbTs), e em (2) é dado um exemplo de carta da fase 20,2, contendo um único SbT mínimo:

(1)   [19,1 CL SP][3] [SegT mínimo 1] *Senhor Redactor – Como em o seu número 97 | de hoje me offerece occasião de desabafo | contra a Camara d'esta Cidade a quem | incumbe a sua policia quero desabafar meu | censibilisado coração, contando-lhe um | caso horroroso, accontecido á tres dias em | uma rua publica d'esta Cidade. Um po- | bre môço carreiro de 10 a 12 annos que | servia de arrimo a sua desgraçada família* […]. ||

[SegT mínimo 2] *Outro desabafo, Senhor Redactor. Se Vossa mercê | se queixa dos magotes d'egoas, que seus | donos tem posto nas Praças d'esta Cidade | á pesca de bons pastores, não é tambem | digno de censura que se queira formar fa- | zendas de gado vaccum dentro da Cidade* […]. ||

[SegT mínimo 3] *E que direi Senhor Redactor, da immen- | sidade de caens de fila, e d'outros inu- | teis galgos, de que abunda a nossa Cidade?* […]. ||

45

[SegT mínimo 4] *Finalmente, Senhor Redactor, mais um | desabafo. Não podem ser mais fortes e mais | positivas as ordens sobre as formigas [...]. ||*

[SegT mínimo 5] *Oh! Senhor Redactor, clame contra tanto des- | leixo, tendo em vista o = guta cavat lapi [corroído]... | e póde ser que se acordem e se levantem | dos fôfos colchões de macia penna nossos | patricios [...]. (Farol Paulistano*, 22 de março de 1828)

(2)   [20,2 CL SP] *Sr. Redator || De uns tempos para cá, um | trecho da R. Silvia (Bela Vista) a | partir da R. Dr. Seng, ficou mão | de direção no sentido cidade- | bairro. Acontece que nessa es- | quina, a Dr. Seng é curva e | rampa e lá existe um hospital | (obviamente zona de silêncio), e | todos os carros, caminhões, mo- | tos, geralmente com o escapa- | mento aberto produzem a fa- | mosa "poluição sonora". || Venho pedir ao Diretor de | Trânsito, Dr. Scaringela, que | faça com que toda a R. Silvia | volte a ter a mão de direção | como sempre teve, no sentido | bairro-cidade, para tranquili- | dade de todos os morado- res | desta rua e, principalmente, | mais respeito pelos doentes aca- | mados no hospital que fica jus- | tamente na esquina das citadas | ruas. (O Estado de S. Paulo*, 11 de outubro de 1977)

A carta em (1) trata de diferentes problemas da cidade. Cada um dos quatro primeiros tópicos refere-se a um problema, que o escrevente aborda em termos de desabafos, e o último tópico remete a todos conjuntamente. Já a carta em (2) centra-se, de início a fim, em um tópico, relativo a um mesmo problema de trânsito em certo local da cidade.

Sobre as quantias de QTs e de níveis de hierarquização e sobre as formas de linearização empregadas, a disponibilidade de dados para análise torna-se reduzida, pelo domínio da unicidade tópica. De todo modo, é possível notar comportamento padronizado também em relação a esses aspectos. As cartas com complexidade intertópica contêm um QT (dois níveis hierárquicos), predominantemente, ou dois QTs (três níveis), e todas fazem uso exclusivo da estratégia de continuidade tópica.

Das constatações expostas, destaca-se o domínio da unicidade tópica e o percurso de intensificação desse traço. O fato de um gênero identificar-se por esse traço indica que sua finalidade comunicativa implica que cada texto se centre no tratamento de uma única questão (no caso das cartas, normalmente um problema), restringindo-se à abordagem dessa temática, sem a focalização mais ampla de um conjunto de tópicos. Nossos resultados apontam esse delineamento como um aspecto marcante do gênero.

Em particular, o contínuo favorecimento da unicidade tópica parece relacionar-se a fatos relativos à extensão das cartas. Em cada sincronia, verificam-se desde cartas curtas até cartas bastante extensas, na comparação de umas com as outras. Porém, de modo geral, nota-se, no decorrer das sincronias, uma redução nas extensões características das cartas. Por exemplo, as maiores cartas de cada sincronia, da 19,1/2 à 21,1, contêm respectivamente os seguintes números de palavras: 1.416, 1.093, 596, 688 e 375. Embora não haja relação necessária entre a extensão de um texto e seu número de tópicos, pode-se dizer que, normalmente, quanto menor seja um texto, menor tende a ser o número de tópicos desenvolvidos. De fato, nossos casos de complexidade intertópica – presentes, como visto, nas três primeiras sincronias – ocorrem geralmente nas cartas com extensões maiores. Assim, o caráter cada vez mais dominante da unicidade tópica e a redução geral de extensão das cartas podem ser fatos inter-relacionados, na evolução do gênero.

Os objetivos de nossa pesquisa não incluem a busca de uma explicação mais detida da redução do tamanho das cartas, mas certos fatos observados permitem pensar algumas hipóteses. Considerando o jornal *A Província/O Estado de S. Paulo*, é perceptível que a variedade de gêneros textuais no periódico vai aumentando, o que poderia acarretar mais contenção de espaço para cada gênero (apesar do aumento total da extensão de cada edição do jornal). Ao mesmo tempo, nota-se ampliação do número de cartas por edição. Tais fatos poderiam, então, acarretar a diminuição do tamanho de cada carta, em benefício da publicação de maior número delas. Seriam mudanças em padrões editoriais do jornal que poderiam estar atreladas ao domínio do traço de unicidade tópica.

Os dados também permitem pensar algumas generalizações sobre a sistemática diacrônica, em si, da organização intertópica. Conforme se verá na seção seguinte, as cartas exibem, no nível intratópico, um conjunto maior de alterações diacrônicas. Tal contraste nos leva a pensar se a constância de funcionamento relatada anteriormente poderia sugerir que o nível intertópico tenderia a ser mais estável, talvez por refletir traços mais básicos e gerais da finalidade do gênero, como, no caso, o foco fundamental na discussão de uma única questão em cada texto.

Quanto à mudança descrita (passagem da primazia ao domínio completo da unicidade tópica), verifica-se seu encaminhamento, durante todo o percurso, sempre em direção à unicidade: a complexidade intertópica vai se reduzindo, quantitativa e qualitativamente, até que se alcance exclusividade de unicidade tópica, a qual se mantém até o fim do período analisado. Esse resultado nos faz cogitar se a mudança intertópica, uma vez iniciada, seja rumo a unicidade tópica, seja rumo a (maior) complexidade intertópica, tenderia a se manter numa mesma direção, não sendo comuns alternâncias constantes entre um e outro sentido no percurso diacrônico do processo.

Ainda acerca da sistemática da mudança intertópica, nossos dados mostram que os diferentes aspectos descritos do processo vão se alterando ao mesmo tempo: diminui o percentual de cartas com complexidade intertópica; a variedade de formas de complexidade, em termos de diferentes quantias de SbTs mínimos por carta, também vai se reduzindo; igualmente decresce a quantidade máxima de SbTs mínimos por carta. A comparação com resultados de outros gêneros pode vir a explicitar se a simultaneidade de alteração desses aspectos seria uma tendência geral ou se poderia haver algum padrão de precedência diacrônica entre eles.

DIACRONIA DA ORGANIZAÇÃO INTRATÓPICA

Em nossa pesquisa, no material de cada uma das sincronias de 19,1/2 a 20,2, depreendemos uma regra geral de organização intratópica. Também Oliveira (2016) reconhece uma regra geral nas cartas que analisa da sincronia 21,1. Comparando todas essas regras entre si, é possível interpretá-las como manifestações de uma mesma regra geral, que se mantém ao longo do período analisado, mas que vai apresentando certas modificações. Em outros termos, pode-se dizer que a análise revela uma TD no que diz respeito à organização intratópica das cartas, caracterizada, no período em questão, pela permanência de determinados traços e pela alteração de outros.

Na sincronia 19,1/2, a regra comporta-se de modo igual a um padrão que apuramos em trabalho anterior, também sobre cartas paulistas oitocentistas (Guerra, 2019). Trata-se de um esquema de organização intratópica que envolve a construção das unidades que, naquele trabalho e também aqui, chamamos de *abertura*, *explicação*, *avaliação* e *interpelação*, encadeadas nessa ordenação sequencial. De acordo com esse esquema, o SegT mínimo pode ser constituído pelas quatro unidades, bem como por sequências de três ou duas delas, e mesmo por apenas uma delas (com exceção de ocorrência única da abertura). No material da sincronia 19,1/2, as 48 cartas analisadas resultam em 64 SegTs mínimos, e 84,5% deles (54 dos 64 casos) podem ser explicados por esse esquema, frequência que, sendo muito expressiva, leva-nos a considerá-lo, de fato, como manifestação de uma regra geral.

O SegT em (3), que coincide com uma carta inteira, segue esse padrão:[4]

(3)   [19,2 CL SP] [ABERTURA] *Senhor redactor.* || *Sou uma assignante das suas folhas por minha con-* | *veniencia e das meninas, que gostão de ler os romances* [...]. *O seu jornal é muito boa cousa, benza-o Deus.* || *Mas para o negocio é que elle não anda cá a minha satisfação.* ||

        [EXPLICAÇÃO] *Eu e as meninas vivemos das obras que fazemos e* | *dos ovos da nossa creação.* || *O senhor bota sempre nos jornaes os preços dos co-* | *mestiveis e etc; mas não falla do preço das costuras,* | *nem do valor dos ovos.*

        [AVALIAÇÃO] *Isso é uma falta, perdoe-me.* || *Olhe, se não se costurasse, nós andavamos nús. Cre-* | *do, que vergonha! Não acha?* || *E os ovos são muito peitoraes. Se em vez do expe-* | *diente do thesouro vossa mercê pozesse o custo destas cousas,* | *olhe que havia de ter mais assig- nantes* [...].

        [INTERPELAÇÃO] *Vossa mercê veja se introduz este melhora-* | *mento* [...]. (*Correio Paulistano*, 25 de agosto de 1865)

As unidades de abertura, explicação, avaliação e interpelação definem-se como partes possíveis do SegT mínimo. A abertura é uma parte inicial dedicada a introduzir o tópico, sintetizando uma dada situação que será abordada no restante do SegT. A explicação relata uma dada situação – havendo abertura, tal relato especifica a situação ali sintetizada. A avaliação expressa opinião do escrevente acerca de dada situação, abordada na(s) unidade(s) anterior(es) ou tomada como conhecida pelo leitor (na ausência de unidade anterior). Na interpelação, o escrevente formula uma proposta de ação sobre dada situação, também abordada anteriormente ou pressuposta.

Em (3), na parte sinalizada como abertura, a escrevente, após reconhecer, em sentido de ressalva, qualidades do jornal, sintetiza sua insatisfação com o periódico em relação ao campo dos negócios, a qual é focalizada no restante da carta, constituindo-se como tópico. Em seguida, no bloco de explicação, a escrevente faz um relato, especificando os procedimentos editoriais que são motivo de sua insatisfação. O trecho na sequência focaliza a reprovação da escrevente quanto aos procedimentos relatados, representando um caso de avaliação. Por fim, numa unidade de interpelação, a escrevente dirige ao redator a proposta de o periódico passar a publicar as informações em questão.

A unidade de abertura, no material da sincronia 19,1/2, manifesta-se em alguns formatos diferentes. Em (3), há enunciados iniciais de relevância tópica secundária, e a questão que é tópico aparece ao final da unidade. Esses enunciados iniciais, no caso, expressam cumprimentos ao jornal. Em outros exemplos, enunciados assim apresentam o contexto no qual a discussão central se insere. A abertura pode ainda estruturar-se como em (4):

(4)　　[19,1 CL SP] [ABERTURA] *Senhores Redactores.* || *Não posso deixar de queixar-me á Vossas mercês e ao | publico do abandono, em que se acha a estrada, | por onde costumo transitar com minha tropa.* || [EXPLICAÇÃO] *No tempo dos Presidentes* [...]. (*A Phenix*, 24 de fevereiro de 1841)

Nesse tipo de ocorrência, verifica-se uma passagem reconhecível como uma menção metadiscursiva ao ato de escrever a carta (no exemplo, a passagem "queixar-me á Vossas mercês e ao publico d[e]"), acompanhada da síntese do tópico ("o abandono, em que se acha a estrada, por onde costumo transitar com minha tropa"). Ainda outro tipo de abertura, integrando os elementos dos tipos anteriores, contém, em sequência, enunciados iniciais de relevância tópica secundária, a menção metadiscursiva e a síntese do tópico.

Em qualquer dessas estruturas, o elemento essencial da abertura seria a síntese do tópico, fundamental para distinguir essa unidade do restante do SegT, por meio da oposição entre uma referência mais geral ao tópico (expressa pela passagem que o sintetiza) e seu tratamento mais detalhado no restante do SegT (qualquer que seja a unidade, ou conjunto de unidades, após a abertura).

Explicação e avaliação identificam-se por manifestarem o que se pode chamar, conforme Penhavel (2020a), de *subcentração* tópica. A centração, como visto, caracteriza cada SegT como um todo. Porém, para o autor, na estruturação interna de SegTs mínimos, é possível reconhecer partes compostas de enunciados que mantêm entre si uma concernência mais específica em relação à concernência geral do SegT mínimo todo e que focalizam um elemento do tópico do SegT. Cada uma dessas partes manifestaria a propriedade de subcentração, podendo constituir uma unidade da organização intratópica. Explicação e avaliação podem ser caracterizadas em termos dessa propriedade, ao exibirem centração específica (subcentração) respectivamente no relato de uma situação e na expressão de opinião a respeito.[5]

Em (3), a explicação pode ser entendida como focalizando o relato de procedimentos concernentes entre si, adotados pelo jornal, com os quais a escrevente estaria insatisfeita. Já no decorrer de toda a avaliação, é tirada de foco a listagem em si de procedimentos editoriais, não se verificando nenhuma outra descrição de procedimento em curso. Na verdade, a unidade volta-se à defesa da inadequação dos procedimentos mencionados. Inicia-se com a afirmação dessa tese ("Isso é uma falta") e segue com argumentos concernentes entre si e com essa tese, que procuram sustentá-la: (i) a importância das costuras; (ii) a importância dos ovos; (iii) provável benefício de mudança de procedimentos.

No material da sincronia em discussão, as centrações em torno do relato de situação, na explicação, e da expressão de opinião, na avaliação, baseiam-se, dentre outros recursos, no uso de determinados *tipos textuais*, no sentido de Koch e Fávero (1987), que distinguem os tipos *narrativo*, *descritivo*, *expositivo*, *argumentativo*, *injuntivo* e *preditivo*. As autoras identificam uma série de traços dessas categorias, definidos em relação a critérios como macroato de fala realizado, situação comunicativa em que o tipo ocorre, dimensão esquemática global envolvida e marcas linguísticas de superfície. Tendo em vista os traços reconhecidos pelas autoras, é possível notar que, normalmente, na unidade de explicação, predominam os tipos *narrativo* ou *descritivo*, e, na unidade de avaliação, o tipo *argumentativo*.

Na explicação em (3), por exemplo, pode ser notada a dominância do tipo descritivo, pelos seguintes traços previstos por Koch e Fávero (1987): realização de macroato de asserção de enunciados de estado/situação (reconhecível pelas afirmações sobre o estado/situação do jornal, em termos do que publica ou não); situação comunicativa de relato de experiência (também vista na exposição do conhecimento da escrevente sobre as ações do jornal); marcas linguísticas como verbo indicador de atitudes ("Eu e as meninas vivemos [...]", "O senhor bota [...]"), tempo verbal presente e articulação de orações por parataxe. Já na avaliação, há predomínio do tipo argumentativo por recursos como: macroato de convencer/persuadir (atestável pela possibilidade de se reconhecer a tentativa da escrevente de convencer o redator sobre a inadequação dos procedimentos do jornal); dimensão esquemática global envolvendo articulação entre tese e argumentos (conforme explicitado antes).

O SegT em (5), o primeiro da carta em (1), também mostra as unidades de explicação e avaliação, bem como a presença, em cada uma, de subcentração e tipo textual característico:

(5)   [19,1 CL SP] [ABERTURA] *Senhor Redactor* [...] *quero desabafar meu | censibilisado coração, contando-lhe um | caso horroroso, accontecido á tres dias em | uma rua publica d'esta Cidade.*
[EXPLICAÇÃO] *Um po- | bre môço carreiro* [...] *tendo marchado 3 ou 4 leguas por entre | máos caminhos, chegou sem perigo | até as portas da Cidade; na continuação po- | rém da rua da Esperança* [...] *em | um lamaçal tremendo que alli existe ato- | la-se o carro, perde o equilibrio, e queren- | do o infeliz encostar a lenha ficou espedaçado | debaixo do peso enorme* [...].
[AVALIAÇÃO] *Bem poucas vezes se tem visto scena tão | tocante!!! E sera crivel que as ruas da | Cidade sejão piores que esses abandona- | dos caminhos?* [...]. (*Farol Paulistano*, 22 de março de 1828)

A explicação centra-se no relato de um acidente, com ênfase no tipo narrativo, e a avaliação enfoca a expressão de opinião sobre o acidente, com dominância do tipo argumentativo.

Finalmente, a unidade de interpelação formula uma proposta de ação sobre a situação que é tópico do SegT – utilizamos aqui a ideia de *proposta de ação* em termos gerais, podendo a proposta realizar-se como pedido, solicitação (casos mais comuns), súplica, recomendação, sugestão, ordem etc.

Em (3), diante da situação de insatisfação com a não publicação no jornal dos preços das costuras e dos ovos, a escrevente, na interpelação, propõe ao redator mudança nessa prática ("Vossa mercê veja se introduz este melhoramento"). A interpelação em (6) a seguir insere-se num SegT que denuncia uma extrema alta no preço do feijão e a culpa dos vendedores do produto por isso. A unidade, então, solicita uma medida a respeito:

(6)   [19,2 CL SP] [INTERPELAÇÃO] [...] *por isso | rogo a vossa mercê que atice a policia nesses miliantes e dê | com elles no chelindró. || Eu prometto-lhe um balainho de óvos frescos se vossa mercê | fizer com que os taes vendeiros dêem o feijão por uma | continha que não aleije os pobres.* (*Correio Paulistano*, 24 de abril de 1865)

Podem ser reconhecidas duas formas de interpelação: a direta e a indireta. A primeira pode ser caracterizada, assim como explicação e avaliação, pela dominância de um tipo textual, no caso, o injuntivo. Nas interpelações em (3) e (6), pode-se ver essa característica, principalmente pelo uso de modo imperativo ("veja") e de verbo performativo ("rogo") respectivamente, traços da tipologia injuntiva segundo Koch e Fávero (1987).

Nesse sentido, o principal recurso típico da interpelação direta é o foco em um (ou mais de um) enunciado que realize ato de fala diretivo de comando. Segundo Searle (2002), os diretivos constituem uma categoria de ato de fala caracterizada, dentre outros aspectos, pelo propósito de tentar levar o ouvinte a fazer algo, o que inclui interrogações (perguntar, questionar etc.) e comandos (pedir, ordenar etc.), sendo estes últimos os que caracterizam a interpelação direta.[6]

Já a interpelação indireta seria marcada usualmente por sentenças que expressam o desejo do escrevente de que o destinatário, ou um terceiro, realize uma ação ou que expressam as razões para se fazer uma ação – caracterização baseada na noção de ato de fala diretivo indireto de Searle (2002).[7] Veja-se o caso em (7):

(7)   [19,2 CL SP] [INTERPELAÇÃO] *Não pretendo encetar discussões que a evi- | dencia de factos colloca apar de todas as intel- | ligencias; mas sim aspiro que os brasileiros | consultem suas consciencias, remontem*

*á es- | phera da imparcialidade e da rasão, e de lá | com o cavalheiris-
mo que lhes é tão natural nacio- | nalisem esses – estrangeiros – con-
fundidos em | uma só palavra, e depois os julguem mereci- | damente.*
(*Correio Paulistano*, 22 de abril de 1865)

Essa interpelação, integrante de SegT relativo à presença de estrangeiros no Brasil, expressa o desejo do escrevente de que os brasileiros, dentre outras atitudes, nacionalizem os estrangeiros e os julguem merecidamente, o que seria uma proposta indireta de realização dessas ações.

Assim como na sincronia 19,1/2, verifica-se, em cada uma das seguintes, um padrão de organização intratópica, sendo possível reconhecer todos como manifestação de uma mesma regra geral em evolução diacrônica. Em cada um dos três períodos seguintes (19,2, 20,1 e 20,2), o padrão intratópico reconhecido envolve o encadeamento das unidades de abertura, explicação, avaliação e interpelação (definíveis nos mesmos termos em que as descrevemos quanto ao período 19,1/2), nessa ordem sequencial, podendo o SegT conter as quatro unidades ou alguma(s) delas (novamente com a exceção natural de ocorrência única da abertura). Na sincronia 19,2, as 24 cartas analisadas resultam em 31 SegTs mínimos, e 83,8% deles (26 dos 31 casos) seguem o padrão do período. Em 20,1, as 24 cartas geram 26 SegTs mínimos, com 84,6% (22/26) de atendimento ao padrão desse período. Em 20,2, 24 cartas fornecem 24 SegTs, dos quais 75% (18/24) encaixam-se na regra da sincronia.

Vejamos SegTs dessas três fases alinhados à regra geral em questão, começando com o exemplo em (8), da sincronia 19,2:

(8)   [19,2 CL SP] [ABERTURA] *Não posso deixar de relatar aos meus dig- |
        nos consocios uma circumstancia que consi- | dero importante para
        julgarem a persegui- | ção que vou soffrer. ||*
        [EXPLICAÇÃO] *Em uma reunião de oitenta socios, como | diz a queixa
        contra mim dada, não puderam | encontrar outras testemunhas, para
        jurarem | contra mim, senão dois caixeiros do sr. pre- | sidente Lopes
        Lebre, o carpinteiro de suas | obras, seu domestico e o sr. Padus, socio
        | que occupa o logar de beneficente na actual | directoria. ||*
        [AVALIAÇÃO] *Vejo-me, pois, em face da trindade soli- | daria da actual
        directoria, que depois de en- | xotar-me do recinto das sessões, vem*

pelo | seu procurador perseguir-me perante as jus- | tiças [...]. (*A Província de S. Paulo*, 23 de dezembro de 1876)

Esse SegT insere-se (junto a outros) em uma carta em que o escrevente discorre sobre um processo judicial a que estaria respondendo por certa atitude como membro de uma associação. Primeiramente, o escrevente introduz o tópico por meio do trecho "uma circumstancia que considero importante para julgarem a perseguição que vou sofrer". Em seguida, foca o relato da referida circunstância, descrevendo a proximidade das testemunhas de seu processo com a diretoria da associação que o estaria processando. Depois disso, concentra-se na expressão de sua opinião sobre a circunstância, avaliando que estaria à mercê dos interesses da diretoria. Assim, podem ser reconhecidas as unidades de abertura, explicação e avaliação.

O SegT a seguir, também da sincronia 19,2, exibiria explicação, avaliação e interpelação:

(9)   [19,2 CL SP] [EXPLICAÇÃO] *No segundo espectaculo de domingo fui | eu pessoalmente maltratado no circo na oc- | casião em que me apresentava para fazer o | trabalho que me cabia. Depois de mim, foram os artistas da com-| panhia tambem maltratados. ||*

[AVALIAÇÃO] *As agressões de que fomos victimas, e a | forma porque se manifestava, com arre- | messo de batatas, óvos e outros objectos | offensivos, sobre nós, revelam que não era | uma critica que fazia de nossos trabalhos, | e sim offensas pessoaes motivadas por pai- | xões que contra nós alimentava aquella par- | te do publico que assim nos tratava.* [...]. ||

[INTERPELAÇÃO] *Estamos, pois, em um estado de sobre-| salto e indecisão, e pedimos ao publico | sempre leal e franco de S. Paulo que nos | tire de tão penosa situação* [...]. (*A Província de S. Paulo*, 9 de maio de 1876)

Inicialmente, no que analisamos como unidade de explicação, o escrevente relata que ele e outros artistas, ao apresentarem-se em espetáculo circense, teriam sido maltratados pelo público. Formulando uma avaliação, julga, então, ofensivas as atitudes dos expectadores. Por fim, pede a interrupção do comportamento relatado, instaurando uma interpelação.

Os dois exemplos seguintes ilustram os SegTs da sincronia 20,1:

(10) [20,1 cl sp] [abertura] *Sr. Redactor – A proposito | do artigo hoje publicado sobre | a esthetica da cidade, vem a | [talho] de [foice] algumas observa- | ções a respeito da acção da di- | rectoria de Obras da nossa Pre- | feitura. ||*
[explicação] [...] *a | directoria de Obras ou a Pre- | feitura nunca julgaram conve- | niente submetter os projectos | duvidosos á critica da "Commis- | são de Esthetica", e por esse | motivo temos visto os maiores | aleijões de architectura surgi- | rem por toda a cidade [...]. ||*
[avaliação] *A proposito dos direitos dos | proprietarios, occorre lembrar | que sempre se tem demonstrado | um pavor enorme em tocar nos | ditos direitos por parte dos po- | deres competentes, os quaes se | esquecem que direitos maiores | tem a collectividade que não | deve ser sacrificada [...]. (O Estado de S. Paulo*, 11 de setembro de 1925)

(11) [20,1 cl sp] [explicação] *Sr. Redactor. [...] á | rua Florencio de Abreu, [...] floou alli um buraco de cerca de um metro de largu- | ra, num ponto escassamente il- | luminado, o que constitue uma | excellente opportunidade de que- | brar uma ou ambas as pernas | ao transeunte distrahido que por | alli passe, durante o dia, e a | qualquer um, distrahido ou não, | que o faça de noite.*
[interpelação] *Seria desejavel que a prefeitu- | ra voltasse um minuto de atten- | ção para o caso. (O Estado de S. Paulo*, 18 de agosto de 1925)

Em (10), reconhecemos abertura, explicação e avaliação. Verifica-se, em um primeiro momento, a introdução do tópico na passagem "a acção da dirctoria de Obras da nossa Prefeitura" (acerca de questões relativas à estética da cidade). Em segundo lugar, descreve-se a atuação da diretoria, que não submeteria certos projetos à comissão competente, favorecendo construções esteticamente inadequadas. Ao final, avalia-se a atitude da diretoria, que demonstraria medo de interferir nos direitos dos proprietários das construções, esquecendo que a coletividade teria maiores direitos. Em (11), o escrevente relata uma dada situação, no caso, a existência de um buraco em uma rua da

cidade, perigoso aos pedestres, e na sequência recomenda indiretamente alguma ação por parte da prefeitura, referindo-se à importância de o órgão atentar
para o fato (o que seria uma razão para a tomada de ação).[8] Assim, o SegT
conteria explicação e interpelação (indireta).

Já os exemplos em (12) e (13), esse último retomando o exemplo em (2),
mostram SegTs da sincronia 20,2:

(12)   [20,2 CL SP] [ABERTURA] *Sr. Redator* || *Em vista das recentes decla-*
       | *rações do Governador do Es-* | *tado e do Secretário da Segu-* |
       rança Pública a respeito do mo- | *vimento estudantil, sinto-me na*
       | *obrigação como membro da Ju-* | *ventude da ARENA e estudante*
       | *de Direito de prestar alguns es-* | *clarecimentos e avivar certas* |
       lembranças. ||
       [EXPLICAÇÃO] *Com a indicação do General* | *Geisel para a Presidência*
       da Re- | *pública, a juventude foi incenti-* | *vada a participar da política.*
       [...]. Em janeiro de 1975 começa a | *cair a censura aos principais ór-* |
       gãos de imprensa. [...]. Chegamos então, arenistas e | *emedebistas, já*
       meio sem fôlego | *às vésperas das eleições munici-* | *pais de 1976. [...].*
       Mas eis que em abril veio a | *tromba d'água sobre todos e,* | *principal-*
       mente, sobre os jovens. | *Foi quando o governo fechou o* | *Congresso*
       [...]. Foi a partir daí que ganharam | *evidência os movimentos estu-* |
       dantis. [...]. ||
       [AVALIAÇÃO] *Agora o que vejo, são milha-* | *res de jovens como eu, rei-*
       vindi- | *cando e gritando slogans que* | *sinceramente não posso tachar* |
       de comunistas. Mas por que gri- | *tam e saem às ruas? Por não* | *terem*
       onde atuar, por onde rei- | *vindicar [...].* (*O Estado de S. Paulo*, 15 de
       outubro de 1977)

(13)   [20,2 CL SP] [EXPLICAÇÃO] *Sr. Redator* || *De uns tempos para cá, um* |
       trecho da R. Silvia (Bela Vista) a | *partir da R. Dr. Seng, ficou mão* | *de*
       direção no sentido cidade- | *bairro. Acontece que nessa es-* | *quina, a*
       Dr. Seng é curva e | *rampa e lá existe um hospital* | *(obviamente zona*
       de silêncio), e | *todos os carros, caminhões, mo-* | *tos, geralmente com*
       o escapa- | *mento aberto produzem a fa-* | *mosa "poluição sonora".* ||
       [INTERPELAÇÃO] *Venho pedir ao Diretor de* | *Trânsito, Dr. Scaringela,*
       que | *faça com que toda a R. Silvia* | *volte a ter a mão de direção* | *como*

sempre teve, no sentido | bairro-cidade [...]. (*O Estado de S. Paulo*, 11 de outubro de 1977)

O SegT em (12) conteria três unidades, conforme discriminadas no exemplo. A primeira seria a abertura, já que introduz o tópico, que trata de esclarecimentos e lembranças sobre o movimento estudantil. A segunda seria uma explicação, por manifestar subcentração em narrar fatos que especificam tais esclarecimentos e lembranças. A terceira unidade pode ser entendida como avaliação, ao concentrar-se no julgamento do escrevente sobre os fatos narrados. Em (13), o SegT relata um problema de trânsito em dada localidade e, após isso, solicita a uma autoridade medida quanto à situação, estabelecendo unidades de explicação e interpelação, respectivamente.

Finalmente, quanto à sincronia 21,1, o padrão reconhecido em Oliveira (2016) envolve o sequenciamento, nesta ordem, das unidades de explicação, posição, suporte, interpelação e desfecho, podendo o SegT conter todas as unidades ou diferentes coocorrências entre elas, esquema verificado em 63,2% dos SegTs analisados (158/250 casos). Esse padrão também constituiria manifestação da mesma regra geral subjacente ao que detectamos nas sincronias anteriores, embora se verifiquem diferenças em relação aos elementos tratados até aqui, duas delas mais cruciais.

A unidade de explicação é, no essencial, similar à que damos o mesmo nome, podendo-se destacar que, na sincronia 21,1, o relato feito nessa unidade normalmente refere-se à publicação de uma matéria do jornal, enquanto, nas fases anteriores, tende a referir-se a um fato externo ao periódico (embora ambos os tipos de relato se verifiquem em todas as sincronias). Posição e suporte são um desmembramento do que tratamos como avaliação, conforme a própria autora demonstra, reportando-se à unidade de avaliação, proposta inicialmente em Guerra e Penhavel (2010) – assim, seguiremos tratando posição e suporte conjuntamente, como unidade de avaliação. A interpelação é tratada pela autora nos mesmos termos em que a entendemos aqui. As duas diferenças relevantes residem na ausência de abertura e na presença do desfecho.

O exemplo a seguir, de Oliveira (2016), expõe SegT do padrão da sincronia 21,1:

(14)   [21,1 CL SP] [EXPLICAÇÃO] *O leitor Fulano | (Painel do Leitor, 2/6) re-clama | de a presidente ter aparecido an- | dando de bicicleta, pois a seguran- | ça no Rio está "ridícula".*

[AVALIAÇÃO] Fulano, | ela estava em Brasília, tem o direi- | to de andar de bicicleta ou a pé co- | mo qualquer um de nós. Ela não é | a responsável direta pela seguran- | ça no Rio.

[INTERPELAÇÃO] Critique o que deve ser | criticado, o cardápio está cheio de | possibilidades, mas deixe a mu- | lher andar de bicicleta em paz. (Folha de S.Paulo, 3 de junho de 2015)

Em (14), é possível notar três unidades: o escrevente relata que determinado leitor teria publicado queixas quanto a certa atitude da então presidente do país; contrapõe-se ao leitor, defendendo o direito da governante quanto à atitude em questão; propõe que o leitor altere sua postura crítica. Percebem-se aí as unidades de explicação, avaliação e interpelação, respectivamente.

Os SegTs seguintes, também de Oliveira (2016), novamente exemplificam o padrão da sincronia e exibem a unidade nova de desfecho:

(15)   [21,1 CL SP] [EXPLICAÇÃO] *A Chácara Santa Luzia é retra- | tada como sendo um quintal – | miserável – do Planalto, a área | mais rica do país ("Favela cres- | ce a 17 Km do Palácio do Planal- | to", "Cotidiano", 1%).*

[AVALIAÇÃO] Na reali- | dade, todas as cidades-satélites, | que circundam a Ilha da Fanta- | sia, são também quintais do Pla- | nalto, pois abrigam os emprega- | dos que servem às elites, os mo- | radores de Brasília.

[DESFECHO] Se os quin- | tais próximos estão assim, imagi- | ne os mais distantes. (Folha de S.Paulo, 2 de junho de 2015)

(16)   [21,1 CL SP] [AVALIAÇÃO] *Concordo com Bernardo Mello | Franco ("Triste fim da reeleição", | "Opinião", 31/5). Sou simpático | ao instrumento da reeleição, que | permite uma espécie de referen- | do a cada quatro anos para saber | se o governante foi bem ou não. | O uso da máquina administrativa | ocorre com ou sem a reeleição, e | é*

paradoxal a forma como os de- | putados votaram, apesar de ain- | da caber outras votações que não | esconderão surpresas.

[DESFECHO] *A grande | dúvida é saber se os parlamenta- | rem* [sic] *votaram porque estavam em | xeque ou em cheque.* (*Folha de S.Paulo*, 1º de junho de 2015; anotação nossa sobre ortografia)

Segundo Oliveira (2016), o desfecho é um fechamento do SegT e compreende um comentário normalmente crítico ou provocativo, com a função de veicular o que seria uma "lição de moral". Caracteriza-se pelo uso de trocadilhos, provérbios populares, frases feitas, expressões cristalizadas, ironia ou construções que imprimem um tom comicamente crítico em relação ao tópico. Penhavel e Oliveira (2020) acrescentam à definição o traço de que o desfecho usualmente formula um questionamento, deixando-o "em aberto", por meio de certa "extensão" tópica, isto é, a introdução de um tema relacionado ao tópico e que seria um novo tópico, mas que não é desenvolvido, ficando proposto para a reflexão do leitor.

Em (15), após relatar matéria sobre a situação de miséria de dada região (explicação) e opinar sobre a situação (avaliação), o escrevente formularia um desfecho. Por extensão tópica, lança reflexão (deixada em aberto) sobre como seria a situação *em outras regiões*, aparentemente com certo jogo de palavras entre as expressões "quintais próximos" (que remete ao tópico) e "os mais distantes" (extensão tópica), sugestionando criticamente que a situação seria de ainda maior miséria. Em (16), o escrevente centra-se (em unidade de avaliação) na temática da eliminação do instrumento da reeleição, incluindo, em plano subsidiário, opinião sobre o posicionamento dos deputados em votação a respeito. Então, em unidade de desfecho, por extensão tópica, focaliza um questionamento sobre a postura dos deputados, lançando mão do trocadilho "em xeque ou em cheque", em visão crítica à decisão dos parlamentares.

Conforme se pode notar com base nas análises das diferentes sincronias, a organização intratópica das cartas investigadas manifesta os seguintes aspectos, quanto às unidades integrantes dos padrões: a abertura verifica-se até a sincronia 20,2 e deixa de ocorrer no período seguinte; explicação, avaliação e interpelação persistem no decorrer de todo o período considerado;

na sincronia 21,1, o padrão apresenta o desfecho. As análises mostram também que, ao longo de todo o período, essas unidades mantêm a mesma norma de ordenação sequencial, e que o SegT pode conter as quatro unidades ou alguma(s) delas. Percebe-se ainda que as frequências de ocorrência dos padrões são próximas entre si.

No que se refere às unidades integrantes dos padrões, é significativo observar, a cada sincronia, o percentual de ocorrência de cada unidade em relação ao total de SegTs que se encaixam na regra (por exemplo, em 19,1/2, 40,7% dos SegTs que se encaixam no padrão contêm abertura (22 de 54 SegTs)):

Tabela 2 – Percentuais de ocorrência das unidades intratópicas ao longo do tempo

Unidades \ Sincronias	19,1/2 (1828-1874)	19,2 (1875-1900)	20,1 (1901-1950)	20,2 (1951-2000)	21,1 (2001-atual)
Abertura	40,7% (22/54)	38,4% (10/26)	40,9% (9/22)	16,6% (3/18)	0% (0/158)
Explicação	88,8% (48/54)	80,7% (21/26)	95,4% (21/22)	94,4% (17/18)	82,2% (130/158)
Avaliação	74% (40/54)	76,9% (20/26)	81,8% (18/22)	83,3% (15/18)	93% (147/158)
Interpelação	62,9% (34/54)	50% (13/26)	63,6% (14/22)	33,3% (6/18)	6,9% (11/158)
Desfecho	0% (0/54)	0% (0/26)	0% (0/22)	0% (0/18)	46,2% (73/158)

Os dados sugerem que a ausência da abertura na sincronia 21,1 seria o resultado de um progressivo desfavorecimento dessa unidade, já manifestado na fase anterior. Nos períodos 19,1/2, 19,2 e 20,1, a unidade ocorre em percentuais expressivos, em torno de 40%. Na fase seguinte, porém, seu uso cai a menos da metade desse valor (16,6%) e, por fim, deixa de se verificar. Dado esse percurso, e o fato de que a ausência absoluta da unidade na sincronia 21,1 é detectada em um universo relativamente grande de SegTs (158 casos), é possível falar em eliminação da abertura como unidade típica da regra geral.

Explicação e avaliação permanecem por todo o tempo observado, com percentuais altos, havendo, inclusive, um contínuo favorecimento da avaliação, que, ao fim, exibe o índice mais alto de todas as unidades. A interpelação também persiste ao longo de todo o período, com valor médio ou alto nas três primeiras sincronias, mas com forte declínio percentual nas duas últimas, chegando a uma frequência quase inexpressiva na última fase.

O desfecho aparece na sincronia 21,1, já com percentual expressivo (46,2%). No material da sincronia 20,2, dois SegTs alinhados ao padrão (11,1%) contêm uma parte final que, pelo contexto da sincronia em si, não analisamos como desfecho, mas que tem semelhança com essa unidade. Em um desses SegTs, por exemplo, o escrevente posiciona-se contrariamente à instalação de uma empresa que prejudicaria o meio ambiente. Ao final, formula o enunciado "Não tenha receio o Sr. Fulano de Tal: tão cedo nosso País não pecará por excesso de zelo quanto à preservação do meio ambiente", com uso da construção cristalizada "pecar por excesso de zelo". Casos desse tipo poderiam representar um prenúncio da unidade de desfecho.

As constatações relatadas permitem reconhecer prováveis relações entre o percurso diacrônico da regra intratópica geral e a história das cartas de leitor. Uma hipótese relaciona a manutenção, a redução de uso, a eliminação e o surgimento de unidades a uma mudança na finalidade comunicativa do gênero, que se deslocaria de uma finalidade com foco mais interacional para uma com foco menos interativo. Essa hipótese foi esboçada inicialmente no interior do Grupo do Texto do PHPP e submetida a discussão inicial em Guerra (2016, 2019) e Oliveira (2016), demonstrando-se coerente também no presente trabalho, baseado na comparação de várias sincronias.

Note-se que a explicação e, principalmente, a avaliação focalizam a discussão do tópico: a primeira faz um relato sobre o tópico, normalmente a exposição de um problema, e a avaliação constrói uma argumentação a respeito. A permanência dessas unidades por todo o período, com percentuais altos, indicaria que um traço elementar mantido na finalidade das cartas seria a discussão de um assunto. Ao mesmo tempo, a grande diminuição da interpelação, unidade que faz proposta sobre o tópico, normalmente um pedido ou uma solicitação, sinaliza que tal finalidade passaria de um caráter mais interacional de discussão como base de uma proposta para uma finalidade menos interacional de discussão como forma de expressão de opinião.

Essa hipótese de alteração de finalidade é condizente com constatações de Castilho da Costa (2011), ao analisar, segundo o modelo das TDs, cartas de leitor de jornais paulistas publicadas no percurso do século XIX ao XX. Levando em conta as funções sociais desses textos, a autora distingue cinco variantes de cartas: carta opinativa, carta de reclamação, de agradecimento, de resposta e de parabenização. Em seus dados, observa-se uma diminuição do índice de cartas de reclamação e um aumento do índice de cartas opinativas, no período analisado. Para ela, tais resultados indicam que as cartas de leitor passariam a ser mais um instrumento de debate que de exigência de serviços.

Gomes (2007), também no modelo das TDs, oferece uma síntese da história da imprensa jornalística brasileira que igualmente apoia a hipótese em questão. Para ela, é possível identificar três estilos predominantes que se sucederam na história do jornalismo impresso, no decorrer dos séculos XIX e XX, o *político-panfletário*, o *literário-independente* e o *telegráfico-informativo*. Na primeira fase, o discurso jornalístico ora exibe tom pomposo, ora é marcado por polêmicas pessoais, violência verbal, injúrias e grosserias. Observa-se o emprego de vocativos, imperativos, repetições, interjeições, subjetivismo, adjetivação e pontuação enfática. Na segunda fase, inserida num contexto de maior organização intelectual e cultural da sociedade civil, os jornais teriam como parâmetro a conquista do público leitor por meio de temáticas culturais e científicas, com linguagem caracterizada por detalhes descritivos, figuras de linguagem e poeticidade. A terceira fase, em contexto de modernização tecnológica, gráfica e editorial, é caracterizada por concisão, objetividade da informação, adoção do estilo simplista telegrafês, em lugar do estilo detalhista literário, e por linguagem direta, com mais afirmações que demonstrações e com repetições reguladas.

Trata-se de uma história em que a postura jornalístico-linguística passaria de mais subjetiva para mais objetiva. Portanto, seria uma mudança afinada com a hipótese de que as cartas manteriam uma finalidade de discussão (projetada na permanência fundamental de explicação e avaliação), deslocando-se, porém, da discussão mais interativa dirigida à sustentação de propostas (refletida em índices altos de interpelação) para a discussão menos interativa centrada na expressão de opinião (afeita a índices cada vez menores de interpelação). Nesse sentido, Penhavel e Zanin (2020), analisando cartas de redator oitocentistas, argumentam que atos de fala diretivos (assim como compromissivos e expressivos) seriam, na visão da PTI, mais interativos que atos assertivos, o que condiz com a hipótese sob análise, já que o ato diretivo (de comando) é a base da unidade de interpelação, enquanto as demais unidades, como a avaliação, assentam-se principalmente em atos assertivos.

Também a eliminação da abertura e o surgimento do desfecho podem ser relacionados à hipótese de encaminhamento das cartas para a finalidade de expressão de opinião. A abertura, dedicada à introdução do tópico, não é uma unidade voltada primariamente à argumentação construída no SegT, tornando-se realmente propensa a deixar de ser usada diante de uma progressiva focalização da expressão de opinião. Além disso, essa unidade caracteriza-se por poder conter uma contextualização tópica de relevância subsidiária, a qual muitas vezes exibe certos "floreios" de linguagem, como na exaltação do periódico e nos cumprimentos ao redator, o que também fomentaria sua queda em um caminho de diminuição da extensão das cartas. Ao contrário, o desfecho, ao transmitir certa "lição de moral" e propor reflexão, torna-se unidade fortemente argumentativa, ligando-se, portanto, à expressão de opinião, apesar de seu surgimento parecer chocar-se com a diminuição da extensão dos textos, o que, porém, seria compensado por essa unidade formar-se de enunciados curtos e diretos.

Em resumo, este trabalho apresenta resultados favoráveis à hipótese de que, no período em consideração, a finalidade das cartas passa de formulação de propostas para expressão de opinião, contribuindo para que a regra geral de organização intratópica mantenha explicação e avaliação como unidades fundamentais, reduza fortemente o uso da interpelação, perca a abertura e ganhe o desfecho.

Por fim, o comportamento dessas unidades permite ainda que se lancem aqui outras hipóteses, agora sobre a própria dinâmica diacrônica do processo de organização intratópica. Note-se que as mudanças mais salientes na regra intratópica – redução de uso da interpelação, queda da abertura e surgimento do desfecho – compartilham um traço: as três verificam-se nas extremidades da estrutura linear da regra. A abertura, em todo o período em que persiste, situa-se no início da sequência de unidades. A interpelação, durante quase todo o tempo observado, é a parte final da sequência; na última sincronia deixa de ser unidade final, mas, nesse momento, seu uso é quase inexpressivo. O desfecho surge incorporando-se ao final do encadeamento de unidades. Já a explicação, que se mantém como unidade fundamental, permanece, ao longo de quase todo o período, em posição interior, tornando-se externa apenas com a queda da abertura. A avaliação, também fundamental, conserva-se sempre no interior da estrutura.

Desse modo, pode-se propor a hipótese de que alterações diacrônicas em regras de organização intratópica ocorreriam, ou se iniciariam, principalmente em unidades das extremidades da estruturação linear das regras. Seria uma tendência do próprio funcionamento diacrônico do nível intratópico, a qual poderia interagir com motivações decorrentes de alterações nas finalidades dos gêneros, resultando nas modificações concretas implementadas nas regras intratópicas. Trata-se, inclusive, de uma tendência que guardaria similaridade com um tipo de mudança que se vê no domínio gramatical da língua. Rubio (2012) estuda a variação de concordância verbal no português e apura que, dentre as flexões verbais (modo-tempo e número-pessoa), é a categoria mais distante do radical (número-pessoa) que experimenta os efeitos da variação, por ser menos significativa em termos de modificação do conteúdo do radical – como salientado anteriormente, também as unidades externas de abertura, que cai, e de interpelação, cujo uso é fortemente reduzido, são unidades que se tornam menos significativas na composição das cartas com a ascensão da finalidade de expressão de opinião.

Ainda acerca de possíveis tendências da diacronia da organização intratópica, cabe pensar um aspecto que, embora possa ser óbvio, pode também ser interessante. A mudança que constatamos na regra intratópica vai ocorrendo por unidades. Não ocorre no SegT mínimo como um todo, como uma unidade única. Embora envolva todas as unidades do SegT ao mesmo tempo (por exemplo, todas as unidades vão passando por mudança de frequência de uso), pode-se dizer que a mudança, de alguma forma, vai incidindo diferentemente nas diferentes unidades, tanto que há unidade que chega a ser eliminada e outras que são mantidas, com mais ou com menos alterações. Essa implementação da mudança por unidades poderia ser uma tendência geral da diacronia intratópica. Também aqui ver-se-ia possível relação com o domínio gramatical, especificamente com processos históricos fonético-fonológicos que se efetivam por meio de inserção, alteração ou supressão de segmentos das palavras, como em casos de paragoge, assimilação, aférese, apócope, dentre outros.

Tais hipóteses podem proporcionar discussões significativas para o estudo diacrônico de processos textuais, caso venham a ser avaliadas em outros trabalhos.

CONSIDERAÇÕES FINAIS

Nosso objetivo neste capítulo foi analisar a diacronia da organização tópica, verificando o desenvolvimento do processo, tanto no nível inter, quanto no intratópico, do século XIX ao início do XXI, em cartas de leitor de jornais paulistas. Em relação a ambos os níveis, detectamos aspectos que se mantiveram estáveis e outros que passaram por mudança, reconhecendo ainda relações desses fatos com elementos da história do gênero textual considerado.

A partir dos resultados obtidos, procuramos discutir, em caráter de hipótese, algumas generalizações sobre a dinâmica diacrônica da organização tópica. Quanto ao nível intertópico, pode-se destacar a hipótese de que, uma vez iniciada uma mudança, seja para unicidade tópica, seja, inversamente, para (maior) complexidade intertópica, a mudança tenderia a manter uma mesma orientação, em vez de alternar-se entre um e outro sentido. Já quanto à organização intratópica, sugerimos a ideia de que mudanças em regras gerais desse processo poderiam ocorrer, ou iniciar-se, preferencialmente nas unidades mais externas da estrutura linear da regra.

Consideramos que hipóteses como essas seriam produtivas e poderiam ser investigadas em diversos outros trabalhos. Os resultados daí decorrentes seriam certamente significativos para a descrição diacrônica de processos de construção textual, uma área de trabalho ainda pouco explorada nos estudos históricos.

NOTAS

[1] O nome do jornal inicialmente foi *A Província de S. Paulo* e, em 1890, passou a *O Estado de S. Paulo*, devido à proclamação da República.

[2] No decorrer do século XIX, de acordo com Pilagallo (2012), vários jornais foram criados e circularam no estado de São Paulo. Desse modo, a descrição de cartas dos quatro jornais que utilizamos representa, naturalmente, uma parte do contexto em que teria nascido a história das cartas d'*A Província/O Estado de S. Paulo*. De todo modo, de acordo com o autor, os quatro estariam entre os principais jornais paulistas do período, tendo em vista, dentre outros fatores, o tempo de duração de sua circulação, considerando que diversos jornais criados tinham curta duração.

[3] No início de cada exemplo do capítulo, entre colchetes, são abreviadas informações identificadoras do exemplo, do seguinte modo: "19,1", "19,2", "20,1", "20,2" e "21,1" indicam o século em que foi publicado o texto do qual procede o exemplo e se a publicação ocorreu na primeira ou na segunda metade do século; "CL" significa que o exemplo provém de texto do gênero carta de leitor; "SP" indica que a publicação ocorreu em jornal do estado de São Paulo.

[4] Como predomina no *corpus* o traço da unicidade tópica, cada carta de leitor normalmente tem um único SegT mínimo, e, assim, essa unidade comumente coincide com uma carta inteira. Quando esse não é o caso, fornecemos essa informação.

[5] O traço de subcentração pode verificar-se, na verdade, em cada uma das quatro unidades intratópicas. Porém, é especialmente característico da explicação e da avaliação, já que essas unidades, sendo normalmente mais extensas que as demais, exibem, de modo mais evidente, sua constituição por meio de subcentração.

[6] Sobre a relação entre atos de fala diretivos de comando e o tipo textual injuntivo, consideramos que os primeiros seriam parte dos recursos linguísticos do segundo.

[7] Segundo Searle (2002), certos tipos de sentenças são especializados na realização de atos de fala diretivos indiretos, como sentenças que expressam o desejo do falante de que o ouvinte faça uma ação, a habilidade do ouvinte para realizar uma ação, e as razões para se fazer uma ação.

[8] Sobre o uso de construções similares a "seria desejável que" como expressão das razões para a realização de uma ação em atos de fala diretivos indiretos, ver Searle (2002).

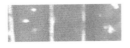

A ORGANIZAÇÃO TÓPICA EM EDITORIAIS PAULISTAS

Eduardo Penhavel

SUMÁRIO

APRESENTAÇÃO 70
DIACRONIA DA ORGANIZAÇÃO INTERTÓPICA EM EDITORIAIS 72
DIACRONIA DA ORGANIZAÇÃO INTRATÓPICA EM EDITORIAIS 83
RELAÇÕES DIACRÔNICAS
ENTRE CARTAS DE REDATOR E EDITORIAIS 91
CONSIDERAÇÕES FINAIS 99

APRESENTAÇÃO

Neste capítulo, analisamos a organização tópica sob perspectiva diacrônica, descrevendo como o uso do processo evolui em editoriais de jornais paulistas. O recorte temporal focaliza os séculos XIX e XX, abrangendo ainda o início do século XXI.

O quadro teórico-metodológico é o sistematizado na "Introdução" do volume, que se assenta, sobretudo, em fundamentos da Perspectiva Textual-Interativa (Jubran e Koch, 2006; Jubran, 2006a, 2007) e, de modo auxiliar, em conceitos do paradigma das Tradições Discursivas (Kabatek, 2005). A organização tópica, apresentada na "Introdução" da obra, bem como no capítulo anterior, é um dos processos de construção de texto reconhecidos pela Perspectiva Textual-Interativa. Sinteticamente, é a organização do texto em partes e subpartes, compreendendo três processos integrados entre si: (i) a configuração do texto segundo uma rede de tópicos (temas) hierarquicamente inter-relacionados, (ii) o estabelecimento da ordenação linear desses tópicos e (iii) a construção de conjuntos de enunciados que os desenvolvem. São distinguidos os níveis da organização intertópica, que é o relacionamento entre tópicos, e o da organização intratópica, que é a estruturação interna dos grupos de enunciados que materializam os tópicos mais específicos do texto. Ambos os níveis são analisados no capítulo.

Em trabalhos anteriores filiados ao Projeto para a História do Português Brasileiro (PHPB) e, em particular, ao Projeto de História do Português Paulista (PHPP), tratamos (individualmente ou em coautoria) da organização inter e intratópica de editoriais paulistas, investigando diferentes sincronias separadamente: segunda metade do século XIX (Penhavel e Guerra, 2016), primeira metade do século XX (Penhavel, 2020a, 2020b), segunda metade do século XX (Penhavel, 2020c). Também no âmbito do PHPB/PHPP, Garcia (2018) aplica o mesmo tipo de análise à organização inter e intratópica de editoriais do início do século XXI. No presente capítulo, comparamos as constatações expostas nesses trabalhos, acrescentando dados mediante acesso aos próprios materiais de análise de cada sincronia.

Todas as amostras são formadas por editoriais levantados no contexto do PHPB/PHPP. O material da segunda metade do século XIX é composto de 24 textos do jornal *A Província/O Estado de S. Paulo*, publicados entre 1875 e 1886 e extraídos de Lopes-Damasio e Jubran (2015). A amostragem da primeira e a da segunda metade do século XX, provenientes desse mesmo jornal, são constituídas respectivamente por 24 exemplares distribuídos de 1923 a 1928 e por 24 textos veiculados entre 1973 e 1978, todos coletados pelo Grupo do Texto do PHPP, conforme relatado em Penhavel (2017). O material do início do século XXI, selecionado por Garcia (2018), compreende 15 editoriais daquele jornal e dez da *Folha de S.Paulo*, todos de 2016.[1]

Seguindo o sistema de datação de exemplos utilizado no volume, e conforme recurso adotado no capítulo precedente, vamos nos referir à segunda metade do século XIX, à primeira e à segunda metade do século XX e ao início do século XXI como *sincronias 19,2*, *20,1*, *20,2* e *21,1*, respectivamente.

Além da análise do percurso retratado por essas amostras, o capítulo inclui uma discussão um pouco mais orientada para a gênese dos editoriais aí representados. Gomes (2007) e Gomes e Zavam (2018) mostram que, no século XIX, circulavam no país alguns tipos de texto relacionados entre si, associados a diferentes rótulos, e que fariam parte das raízes do editorial jornalístico (e de outras modalidades de editorial), nos quais se incluem textos referidos como *cartas de redator*. Nesse sentido, sintetizamos aqui a descrição de cartas de redator oitocentistas de jornais paulistas elaborada em Penhavel e Zanin (2020) e procuramos sinalizar como esses textos estariam relacionados à história dos editoriais jornalísticos paulistas, no que tange à organização tópica. A amostra de cartas é composta por 118 exemplares publicados entre 1827 e 1900, em diversos jornais do estado de São Paulo, material disponibilizado em Barbosa e Lopes (2002).

O capítulo encontra-se dividido do seguinte modo: as duas próximas seções são dedicadas à análise diacrônica dos editoriais, a primeira incidindo sobre o nível intertópico, e a segunda, sobre o intratópico; a seção posterior volta-se para a relação diacrônica entre cartas de redator e editoriais; na última seção, são formuladas as considerações finais. Todo o capítulo focaliza a descrição da organização tópica no material em pauta, complementando-a com reflexões e hipóteses sobre a relação do processo com elementos da história mais ampla do editorial jornalístico e sobre possíveis tendências gerais da dinâmica diacrônica do processo.[2]

DIACRONIA DA ORGANIZAÇÃO INTERTÓPICA EM EDITORIAIS

As amostras de editoriais das diferentes sincronias foram descritas, quanto à organização intertópica, conforme procedimentos que vêm sendo formulados em trabalhos recentes dedicados a essa temática (Penhavel e Guerra, 2016; Garcia, 2018; Hanisch, 2019; dentre outros). Como primeiro parâmetro analítico, essa metodologia inclui descrever os textos de um dado material de análise em relação aos traços de *unicidade tópica* e *complexidade intertópica*: bem como identificar se o material se caracteriza por um ou outro desses traços, exclusiva ou predominantemente (via medição de frequência). Havendo complexidade intertópica no material, cada texto com esse traço é descrito quanto aos seguintes parâmetros: quantidade de subtópicos (SbTs) mínimos; quantidade de quadros tópicos (QTs) e níveis de hierarquização; formas de linearização empregadas.[3]

Na Tabela 1, são reunidos dados relativos às quantidades de SbTs mínimos por editorial nas diferentes sincronias, o que também informa acerca dos traços de unicidade tópica e complexidade intertópica.

Tabela 1 – Dados sobre quantidade de SbTs mínimos por editorial ao longo do tempo

Sincronias / SbTs mínimos		19,2	20,1	20,2	21,1
Unicidade tópica: 1 SbT		12,5% (3/24)	0% (0/24)	0% (0/24)	0% (0/25)
Complexidade intertópica:	2 SbTs	25% (6/24)	0% (0/24)	8,5% (2/24)	28% (7/25)
	3 SbTs	37,5% (9/24)	37,5% (9/24)	12,5% (3/24)	44% (11/25)
	4 SbTs	21% (5/24)	50% (12/24)	29% (7/24)	28% (7/25)
	5 SbTs	4% (1/24)	12,5% (3/24)	50% (12/24)	0% (0/25)

A Tabela mostra que, no material da sincronia 19,2, 12,5% dos editoriais manifestam unicidade tópica (três de 24 exemplares), 25% dos textos têm dois SbTs mínimos, e assim por diante.[4]

De acordo com os dados, uma característica marcante dos editoriais, de todas as sincronias, seria a complexidade intertópica. O traço predomina no material da primeira delas, passa a exclusivo nos editoriais da fase seguinte e assim continua nas demais etapas. Sua predominância em 19,2, aliás, é muito expressiva, com 87,5% dos exemplares. O material da sincronia seguinte não só deixa de conter texto com unicidade tópica, mas também passa a não dispor de texto com dois SbTs mínimos, configuração mais próxima da unicidade e presente em 19,2 com frequência considerável, exibindo apenas editoriais com três ou mais SbTs. Na sincronia seguinte, veem-se novamente exemplares com dois SbTs, mas em baixa frequência, voltando a haver textos assim, em incidência mais considerável, apenas em 21,1.

A oposição entre unicidade tópica e complexidade intertópica representa uma distinção básica entre textos. Por exemplo, cartas de leitor caracterizam-se por unicidade tópica, como mostrado em Guerra e Penhavel (2010), Oliveira (2016) e no capítulo antecedente. Cartas de redator, conforme descrito em Penhavel e Zanin (2020) e como discutido adiante, também exibem prototipicamente unicidade tópica. A presença de complexidade intertópica em um texto significa a abordagem de duas ou mais temáticas, no âmbito de um tema global, ou o tratamento de diferentes aspectos, elementos, visões de um tema. Os dados apontam a presença relevante desse traço em editoriais paulistas por todo o espaço de tempo sob análise, distinguindo-os de textos marcados pela unicidade tópica, restritos à focalização de uma única temática.

Com efeito, em editoriais jornalísticos da atualidade, percebe-se a meta de empreendimento de uma avaliação relativamente complexa de assuntos políticos, econômicos, sociais etc., em comparação a gêneros como a carta de leitor, o anúncio, a notícia. Como define Dell'Isola (2007: 53, apud Köche, Boff e Marinello, 2010: 59), "*o editorial, além de apresentar uma opinião, também analisa, clarifica, expõe, interpreta e esclarece o que é obscuro, entre outras funções*". Entendemos que esse propósito de elaboração de uma discussão, diríamos, mais complexa, ou aprofundada, estaria refletido em toda nossa amostra, caracterizada sempre, de forma preponderante ou exclusiva, pela complexidade intertópica. Ao discutir a história do jornalismo impresso brasileiro, Araújo (2019: 11) destaca que, com o desenvolvimento do rádio e da TV, meios assentados na instantaneidade da informação, o jornal "*buscou como diferencial oferecer ao seu público conteúdos mais aprofundados*". De fato, esse objetivo pode ser reconhecido nos editoriais em apreço, e fatores como esse poderiam estar associados à complexidade intertópica que os caracteriza.

A título de ilustração, em (1) reproduzimos um editorial da sincronia 19,2 que exibe unicidade tópica:

(1)   [19,2 E SP][5] *A eleição do dia 5 no 7° districto | veio confirmar mais uma vez a colli- | gação monarchica. Os conservadores | não apresentaram candidato e apoia- | ram francamente o do partido liberal. || Deu-se ainda o accôrdo no terreno | em que foi collocada a "questão mo- | mentosa" e ligaram-se em defeza com-| mum. || Foi derrotado o candidato republi- | cano. || Julgam talvez os adversarios do | novo partido que lhe causaram com | isso um prejuiso e concorreram para o | seu atraso. Illudem-se; os republica- | nos têm tudo a ganhar com a colliga- | ção monarchica. || Depois das explicações explicitas | do orgam conservador, a politica libe- | ral na provincia entrou em phase nova | e ficou provada a manifesta tendencia | dos partidos monarchicos para a fu- | são. || Já não se differenciavam pelas idéas | e pelas praticas do governo; e agora | unem-se apesar de se acharem em | campos oppostos, no poder e na oppo- | sição. || O partido conservador, dando ar- |rhas do seu amor á monarchia, con- | tenta-se em um districto com a missão | de carregar em "charola" o general vi- | ctorioso das hostes liberaes, que pro- | clama orgulhoso aos seus soldados | que semelhante honra lhe foi confe- | rida espontaneamente. || [...]. || Tudo indica, pois, que vamos em | breve vêr em lucta só dous partidos, o | republicano e o monarchista. || A fusão começa pelo "quasi inteiro | accôrdo sobre a momentosa questão | que agita o paiz" ... || Depois ... supprimirão o "quasi". (A Província de S. Paulo*, 11 de agosto de 1886)

O primeiro enunciado introduz a ideia da confirmação da coligação monárquica em eleição recente, e o texto segue elencando argumentos para essa tese, sem que nova questão seja focalizada com o mesmo grau de relevância tópica da introduzida inicialmente. Daí a unicidade tópica do editorial. Já o exemplo em (2), da sincronia 20,2, ilustra editorial com complexidade intertópica, no caso, com cinco SbTs mínimos (cada trecho textual que desenvolve um tópico é chamado de *segmento tópico* (SegT), sendo tratado como *SegT mínimo* cada fragmento que materializa um SbT mínimo do texto):

(2) [20,2 E SP] [SegT mínimo 1] *O governo brasileiro res-* | *pondeu, com grande sereni-* | *dade, à nota do represen-* | *tante da Argentina na co-* | *missão que reune os paises* | *integrantes da Bacia do* | *Prata, em que se protestava* | *contra o fechamento das* | *comportas de Ilha Solteira,* | *a que se teria procedido* | *sem previa comunicação ofi-* | *cial àquele país.* [...]. *Desta forma, a nota* | *de Buenos Aires deixa de* | *ter maior significado e po-* | *de ser encarada como mero* | *resultado de um lapso ad-* | *ministrativo, ao qual qual-* | *quer país está sujeito. O* | *assunto merece, porém, al-* | *gumas considerações, dado* | *o amplo noticiario a que* | *deu origem* [...]. ||

[SegT mínimo 2] *A questão de Ilha Soltei-* | *ra pode ser considerada sob* | *três aspectos: o político, o* | *economico e o tecnico. Do* | *ponto de vista politico, as* | *interpretações que vêm sen-* | *do apresentadas por jorna-* | *listas e observadores dos* | *problemas do Prata pro-* | *curam explicar a nota ar-* | *gentina pelo desejo, do pre-* | *sidente Lanusse, de arreba-* | *tar a Cámpora a oportunida-* | *de de assumir uma posição* | *pretensamente nacionalis-* | *ta* [...]. *Não acredi-* | *tamos, entretanto, que isto* | *explique a posição do re-* | *presentante argentino na* | *Comissão Intergovernamen-* | *tal da Bacia do Prata. Com* | *efeito, se fosse essa sua in-* | *tenção, o presidente Lanus-* | *se certamente teria escolhi-* | *do outro canal diplomatico* | *mais direto* [...]. *A via diplomatica in-* | *direta, por ele escolhida, de-* | *notaria, antes, o simples* | *registro formal de uma po-* | *sição não muito resoluta.* ||

[SegT mínimo 3] *Por outro lado, a nota* | *perdeu expressão do ponto* | *de vista prático, uma vez* | *que nem a Argentina, nem* | *qualquer outro governo po-* | *derá insurgir-se contra uma* | *usina que já está conclu-* | *ída.* | *A formação do reservatório* | *é apenas o passo final para* | *que, em alguns meses, os* | *primeiros geradores, já ins-* | *talados, comecem a produ-* | *zir energia. Além disso, tra-* | *ta-se de um empreendimen-* | *to da ordem de 1 bilhão de* | *dólares, ao qual se acres-* | *centam mais 400 milhões* [...]. ||

[SegT mínimo 4] *Por fim, do ponto de vista* | *técnico, escasseiam tam-* | *bém* | *argumentos que possam jus-* | *tificar uma crítica àquela* | *obra, e isso por duas razões:* || *1 – A Ilha Solteira loca-* | *liza-se a montante do reser- | vatório da usina de Jupiá. | Por conseguinte, é este re- | ser-vatório, e não o de Ilha | Solteira, que regula a vazão | do rio Paraná em seu curso | rumo ao território argenti- | no. [...]. || 2 – A Argentina só ti- | rará benefícios da regulari- | zação do rio Paraná, propor- | cionada pelas represas de | Ilha Sólteira e Jupiá e, fu- | turamente, de Itaipu, pois | não mais haverá descontro- | lados períodos de grandes | cheias e secas, peculiares | àquele rio [...]. ||*

[SegT mínimo 5] A nota de protesto do de- | legado argentino à Comis-são | da Bacia do Prata, a respos- | ta do Brasil, a formação da | repre-sa de Ilha Solteira, | mesmo sem o fechamento | das comportas, devido ao | imenso volume de água que | está proporcionando uma | vazão de mais de 9 mil me- | tros cubicos por segundo, | são, por conseguinte, fatos | consumados que não exigem | maior cuidado ou atenção | dos técnicos e diplomatas | responsáveis, tal a irrele- | vancia do protesto e a inuti- | lidade do debate em torno | de um problema que não | existe, nem para o Brasil, | nem para a Argentina [...]. (O Estado de S. Paulo, 4 de abril de 1973)

Conforme argumentamos em Penhavel (2020c), esse editorial abordaria, como tópico global, a irrelevância da nota de protesto do governo argentino sobre o fechamento das comportas da usina hidrelétrica de Ilha Solteira, abrangendo um SbT mínimo inicial, centrado na necessidade de considerações sobre o protesto, três SbTs intermediários, voltados para a ausência de justificativas para o protesto (cada um dedicado a uma esfera do problema: política, econômica e técnica), e um SbT final, diretamente focado na irrelevância do protesto. Assim, nota-se nesse editorial, pelo cotejo com o anterior, maior exploração do tópico em pauta, desenvolvido em estrutura textual composta de contextualização inicial do assunto, análise sob diferentes perspectivas e apreciação conclusiva da matéria. A nosso ver, essa abordagem relativamente mais aprofundada de um tema acompanharia a finalidade e o estilo do editorial jornalístico, ao longo do percurso histórico em análise, e estaria atrelada ao traço da complexidade intertópica.

Quanto ao parâmetro da quantidade de SbTs mínimos por editorial, a quantia máxima nunca ultrapassa cinco SbTs. No material das três primeiras sincronias, há textos que chegam a essa configuração, e os exemplares da última fase não excedem quatro SbTs. Já a quantia mínima, em 19,2, é de um SbT por editorial, mas essa configuração ocorre com baixa frequência, e não há mais textos do tipo nas fases seguintes. Em 19,2 há também textos com dois SbTs, sendo essa a quantia mínima em 20,2 e 21,1 – apenas em 20,1 o valor mais baixo é de três SbTs por texto. Pode-se dizer que, de modo geral, no decorrer das sincronias, o número de SbTs mínimos por texto oscila dentro da faixa entre dois e cinco SbTs.

Dentro dessa faixa geral de variação, em cada sincronia a maioria ou a totalidade de editoriais concentra-se numa faixa mais estreita de variação, formada por apenas duas ou três configurações diferentes. Na amostra de 19,2, 83,5% dos editoriais distribuem-se entre casos com dois, três ou quatro SbTs mínimos; em 20,1, 87,5% da amostra abrange textos com três ou quatro SbTs, sendo a amostra inteira formada por textos com três, quatro ou cinco SbTs; no material de 20,2, 79% dos exemplares têm quatro ou cinco SbTs; em 21,1, todo o material distribui-se por editoriais com dois, três ou quatro SbTs. De uma sincronia para a outra, portanto, a faixa principal de variação move-se dentro da faixa mais geral, mantendo, todavia, mais ou menos uma mesma amplitude.

A Tabela 1 permite ainda reconhecer um evidente aumento de grau de complexidade intertópica, da sincronia 19,2 à 20,2. De uma para outra dessas fases, a quantia de SbTs mínimos da configuração mais frequente vai aumentando: em 19,2, a estrutura mais recorrente contém três SbTs por editorial, em 20,1 contém quatro, e em 20,2, cinco. Considerando a segunda configuração mais frequente de cada sincronia, também se vê aumento de complexidade: em 19,2, a segunda opção mais usada envolve dois SbTs mínimos por exemplar, em 20,1 compreende três SbTs, e em 20,2, quatro. Por outro lado, na etapa 21,1, nota-se redução de complexidade, quando a quantia mais frequente de SbTs mínimos por editorial cai para três, e, em relação à segunda quantidade mais frequente, há empate de percentual entre textos com quatro SbTs (como na etapa anterior) e com dois SbTs. A redução de complexidade em 21,1 também incide sobre a quantia máxima de SbTs por texto (quatro nessa fase, contra cinco nas anteriores).

O aumento do número de SbTs mínimos na configuração mais frequente de cada sincronia, entre 19,2 e 20,2, confirmaria a correlação dos editoriais com a complexidade intertópica e com o propósito de desenvolvimento de uma discussão relativamente mais ampla e complexa de dada questão, como explicita o exemplo em (2). Já a redução de complexidade em 21,1 representa certo contraponto a essa correlação. Para nós, o fato poderia estar associado a razões como a adaptação do gênero a novos padrões de leitura da época. Araújo (2019) avalia que, entre final do século XX e início do XXI, a ascensão da internet teria provocado transformações profundas nos meios de comunicação já existentes, sendo o meio impresso o mais afetado. Segundo o autor, foram sendo implementadas mudanças significativas no jornalismo impresso, para mantê-lo viável ao mercado. Também considera o autor, citando Caldas (2002: 17, apud Araújo, 2019: 11), que o leitor de internet estaria interessado em *"informações rápidas, específicas e em poucas linhas"*. Acreditamos que a diminuição de complexidade intertópica captada em nosso material poderia estar relacionada a fatores como essa nova realidade de público leitor. A concentração dos editoriais de 21,1 em torno de textos com três SbTs mínimos poderia significar um ajuste a esse novo padrão de leitura e, ao mesmo tempo, uma manutenção de vínculo com a complexidade intertópica.

Os dados sobre os números de SbTs mínimos por editorial despertam algumas considerações sobre a dinâmica diacrônica do processo de organização intertópica em si. Observe-se que o aumento de complexidade de 19,2 a 20,2 (período expressivo, equivalente a três das quatro sincronias avaliadas) ocorre de forma sistematicamente gradual. De uma para outra dessas sincronias, a quantia mais recorrente de SbTs por editorial é ampliada em um SbT, e a mesma regularidade se verifica no contínuo aumento da segunda quantidade mais recorrente de cada fase (padrão interrompido apenas na última das quatro sincronias). Cabe, assim, conjecturar se, de fato, a mudança intertópica tenderia a se implementar (na maior parte de seu percurso) conforme alguma padronização similar à detectada.

Uma reflexão é motivada também a partir da constatação sobre o mínimo e o máximo de SbTs por editorial que as amostras exibem mais frequentemente. Como descrevemos, de uma sincronia para outra, a faixa principal de variação entre quantia mínima e máxima de SbTs conserva amplitude similar, que envolve textos de apenas duas ou três configurações diferentes, adjacentes entre si (por exemplo, em 20,1, textos com três ou quatro SbTs e, em 20,2, com quatro ou cinco). Seria significativo saber em que medida esse funcionamento regular seria uma particularidade do material estudado e em que medida poderia ser algum tipo de padrão da diacronia da organização intertópica.

Também como reflexão acerca de possíveis tendências da diacronia de processos textuais, no capítulo anterior foi levantada a hipótese de que a mudança intertópica, em seu percurso, teria preferência por se conservar em uma mesma orientação, de unicidade tópica para complexidade intertópica, ou vice-versa. Nossos dados sobre a eliminação da unicidade tópica na segunda sincronia, com permanência dessa exclusão nas seguintes, e os dados sobre o contínuo aumento geral de complexidade de 19,2 a 20,2 reforçariam essa hipótese (novamente a queda de complexidade em 21,1 representaria, a princípio, um contraexemplo).

Trata-se, enfim, de questões cuja avaliação, como previsto pela abordagem diacrônica proposta neste volume, passa pela comparação de constatações como as aqui relatadas com resultados de descrições semelhantes realizadas com outros gêneros textuais.

No que tange, por fim, ao parâmetro da quantidade de QTs e níveis hierárquicos e ao parâmetro das formas de linearização, verifica-se comportamento bastante padronizado dos editoriais. A Tabela 2 mostra resultados do primeiro desses parâmetros:

Tabela 2 – Dados sobre quantidade de QTs e níveis hierárquicos por editorial ao longo do tempo

Sincronias QTs/níveis	19,2	20,1	20,2	21,1
1 QT, dois níveis	83,5% (20/24)	87,5% (21/24)	79% (19/24)	88% (22/25)
2 QTs, três níveis	16,5% (4/24)	0% (0/24)	21% (5/24)	12% (3/25)
3 QTs, três níveis	0% (0/24)	12,5% (3/24)	0% (0/24)	0% (0/25)

Em todas as sincronias, a grande maioria dos editoriais organiza-se em um QT e (necessariamente) dois níveis hierárquicos – estrutura com tópico global, em primeiro nível, e, em segundo nível, dois ou mais SbTs, já SbTs mínimos. Esse tipo de configuração verifica-se sempre em percentual acima de 79%. Os demais exemplares estruturam-se em dois QTs (necessariamente três níveis) ou em três QTs e três níveis.[6] O editorial anterior em (2) organiza-se em dois QTs, como representa a Figura 1:

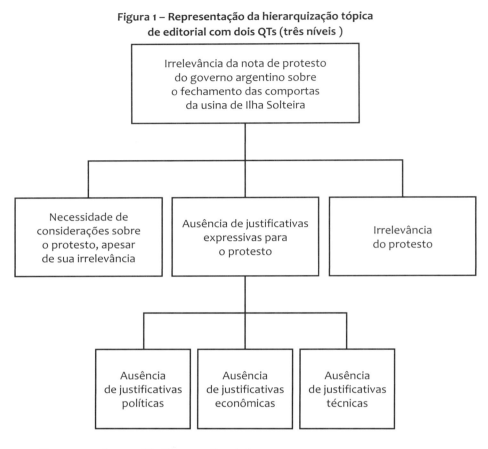

Figura 1 – Representação da hierarquização tópica de editorial com dois QTs (três níveis)

Já o exemplo em (3) ilustra editorial com um QT:

(3) [20,1 E SP] [SegT mínimo 1] *Assume proporções verdadeira- | mente alarmantes a quantidade | de pernilongos que actualmente | infestam a nossa capital. Não ha | memoria de uma invasão assim | consideravel e assustadora des- | ses insectos, tão perigosos ve- | hiculos e propagadores de enfer- | midades graves. S. Paulo jamais | se conheceu completamente livre | desses incommodos hospedes, é | bem verdade: mas nunca se re- | gistou a sua presença em quan- | tidades tão prodigiosas como | agora acontece. [...].*

[SegT mínimo 2] *É um surto de desconheci- | da intensidade, e cujas conse- | quencias podem não ser tão in- | nocuas como a primeira vista pa-* | *recerá a uma consideração su-* | *perficial. Quem póde garantir* | *que de um momento para o outro* | *uma epidemia não nos assalte,* | *com todo o seu cortejo de horro-* | *res, facilitada na sua dissemina-* | *ção por tão innumeraveis agen-* | *tes contaminadores?* [...].

[SegT mínimo 3] *Entretanto, não sabemos ain-* | *da de nenhuma providencia que* | *tenha sido sequer alvitrada para* | *livrar a nossa população paulis-* | *tana de semelhante ameaça. Ao* | *que nos consta, o Serviço Sani-* | *tário do Estado, ao qual natu-* | *ralmente se voltam todos os es-* | *piritos á espera das providencias* | *que está a pedir o caso, attri-* | *bue-se completa impossibilidade* | *de acção, em vista de depende-* | *rem taes providencias da inicia-* | *tiva dos poderes municipaes e da* | *Repartição de Aguas.* [...].

[SegT mínimo 4] *Ora, essas periodicas inunda-* | *ções das nossas varzeas não* | *constituem, por certo, uma fata-* | *lidade, ante a qual devam os po-* | *deres publicos inclinar-se em* | *musulmana resignação. Ha mui-* | *to que ha necessidade da rectifi-* | *cação do Tieté, e não é esta fo-* | *lha das que menos se tenham* | *manifestado por essa providen-* | *cia* [...]. (*O Estado de S. Paulo*, 27 de abril de 1923)

Conforme procuramos demonstrar em Penhavel (2020b), podem ser reconhecidos nesse editorial quatro SbTs mínimos, todos diretamente subordinados ao tópico global, como representado abaixo:

Figura 2 – Representação da hierarquização tópica de editorial com um QT (dois níveis)

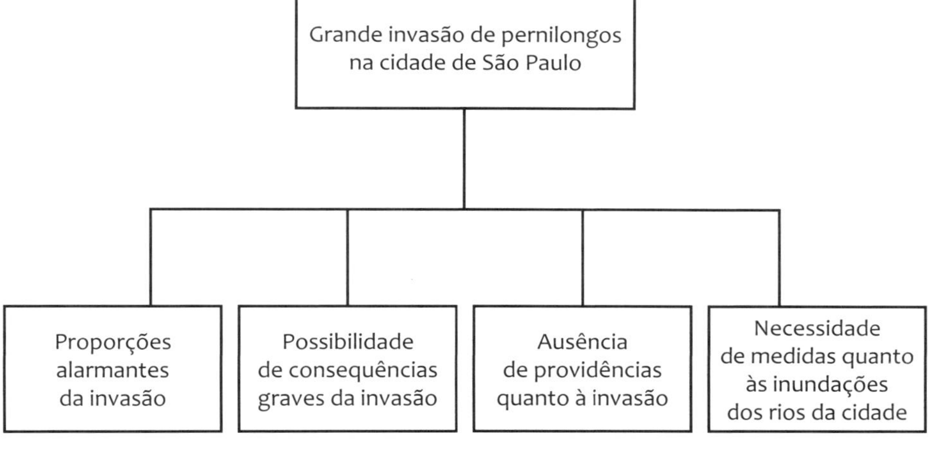

```
          Grande invasão de pernilongos
             na cidade de São Paulo

   ┌──────────┬──────────┬──────────┬──────────┐
Proporções   Possibilidade   Ausência    Necessidade
alarmantes   de consequências de providências de medidas quanto
da invasão   graves da invasão quanto à invasão às inundações
                                            dos rios da cidade
```

A permanência diacrônica do predomínio da organização dos editoriais em um QT não surpreende. Configurações com quantidades maiores de QTs e níveis hierárquicos pressupõem, em geral, textos mais extensos, com maior número de SbTs mínimos – veja-se, por exemplo, caso de hierarquização tópica de conversação espontânea descrito em Jubran (2006c). A preponderância constante da estrutura em um QT seria condizente com a oscilação da complexidade intertópica dos editoriais entre textos com dois e cinco SbTs mínimos.

No que diz respeito às estratégias de linearização, a amostra manifesta funcionamento totalmente uniforme, exibindo, em todas as sincronias, uso exclusivo do procedimento de continuidade tópica.[7] Os mecanismos de descontinuidade, como rupturas e alternâncias de tópicos, tendem a aparecer em gêneros mais informais, caracterizados por menor grau de planejamento textual, novamente como a conversação espontânea, conforme se vê em Jubran (2006c). Os textos em análise, além de se caracterizarem por concepção discursiva escrita e meio de produção gráfico e pelo propósito de defender posições do jornal, ostentam, por todas as sincronias, grau de formalidade relativamente alto, propriedades normalmente mais correlacionadas à construção de textos marcados por completude e continuidade tópicas do que por estratégias de descontinuidade.[8] O emprego exclusivo do mecanismo de continuidade tópica na amostra constitui, pois, resultado também esperável.

Em síntese, em relação aos quatro parâmetros de análise da organização intertópica, podem ser destacados os seguintes fatos: (i) as amostras caracterizam-se, de forma prevalente ou absoluta, por editoriais com complexidade intertópica; (ii) em todas elas, a complexidade intertópica permanece circunscrita a uma faixa geral entre textos com dois e textos com cinco SbTs mínimos, verificando-se, em cada uma, uma faixa principal mais estreita que engloba textos de apenas duas ou três configurações diferentes em termos de número de SbTs; ainda quanto a esse parâmetro, ocorre crescimento de complexidade de 19,2 a 20,2 e decréscimo em 21,1; (iii) nos materiais das quatro sincronias predominam exemplares constituídos de um QT; (iv) novamente nas quatro amostras, há emprego exclusivo da estratégia de continuidade tópica.

Esses fatos retratam um comportamento diacrônico bastante estável da organização intertópica dos editoriais investigados. As diferenças entre sincronias na faixa principal de variação do número de SbTs por editorial e o aumento e o decréscimo de complexidade são constatações significativas, a partir das quais, inclusive, esboçamos reflexões sobre tendências gerais da dinâmica diacrônica da organização intertópica. De todo modo, no conjunto de dados, sobressai a estabilidade do processo. No capítulo anterior, atestando-se estabilidade na organização intertópica (mas alterações intratópicas) em cartas de leitor, formulou-se a hipótese de que mudanças nesse processo pudessem ocorrer mais lentamente, já que ele envolveria elementos básicos dos gêneros, como a preferência por unicidade tópica ou complexidade intertópica. Nossos dados parecem sugerir a pertinência da hipótese.

DIACRONIA DA ORGANIZAÇÃO INTRATÓPICA EM EDITORIAIS

A organização intratópica é a combinação de enunciados no interior de SegTs mínimos. Os estudos da área vêm assumindo (e corroborando) a hipótese de que a organização intratópica seria um processo estruturalmente sistemático, passível de descrição em termos de regras gerais. De acordo com essa hipótese, em cada gênero textual, os SegTs normalmente seguiriam uma mesma regra.[9] Nesse sentido, cada trabalho averigua, em textos de um dado gênero, a existência, ou não, de uma regra e, em caso afirmativo, descreve seu funcionamento. As pesquisas sobre editoriais aqui comparadas seguiram esse procedimento, cada uma chegando a um padrão em seu respectivo material de investigação, e o confronto dos resultados evidencia tratar-se sempre da mesma regra geral.[10]

Tal regra prevê a construção de SegTs mínimos mediante a combinação das unidades de *posição* e *suporte*. Em relação ao total de SegTs de cada sincronia, o esquema é utilizado nas seguintes frequências: 79,1% (53 do total de 67 SegTs mínimos) em 19,2; 72,2% (65/90) em 20,1; 76,2% (77/101) em 20,2; 100% (75/75) em 21,1. O mecanismo foi identificado inicialmente em relatos de opinião (Penhavel, 2010), tendo sido detectado também em dissertações escolares (Valli, 2017) e artigos de opinião (Hanisch, 2019). Em cada um desses materiais, bem como em cada uma das amostras de editoriais em discussão, a regra implementa-se segundo um padrão particular. As amostras de editoriais exibem padrões semelhantes entre si.

As unidades de posição e suporte constituem-se uma em relação à outra, a primeira sendo uma unidade (mais) central no desenvolvimento do SegT mínimo, e a segunda, uma unidade (mais) subsidiária. A posição pode ser definida como um conjunto de enunciados focado em expressar (sintetizar) um tema, e o suporte seria um conjunto de enunciados focado em desenvolver (discorrer sobre) esse tema, mediante uma dada especificação temática.

A combinação entre posição e suporte rege a organização de SegTs mínimos inteiros, podendo aplicar-se também, recursivamente, à estruturação interna de posições e de suportes. Cada SegT mínimo inteiro é tratado como um *domínio de organização intratópica*. Igualmente, cada posição e cada suporte internamente estruturados pela relação posição-suporte constituem diferentes domínios.

Segundo a regra, cada domínio pode conter, em seu início, nenhum, um ou mais de um suporte e, a partir de então, pode expandir-se mediante uma alternância entre uma posição e um ou mais de um suporte. Esse sistema propicia a construção de domínios conforme uma variedade de sequências, tais como: suporte-posição, suporte-posição-suporte, posição-suporte, posição-suporte-suporte-posição, posição-suporte-posição-suporte etc. Cada padrão de implementação da regra define as sequências mais comumente usadas (inclusive as quantias mínima e máxima de unidades por domínio). Duas ou mais posições em um domínio devem focalizar sempre a expressão do mesmo tema (usualmente por meio de repetição e/ou paráfrase), enquanto cada suporte deve desenvolver uma especificação temática diferente.[11]

No domínio do SegT mínimo como um todo, o tema expresso na(s) posição(ões) é o próprio tópico do SegT, e será um suporte cada grupo que desenvolve o tópico, especificando-o de uma forma particular. Similarmente, no domínio de uma posição ou de um suporte, será posição cada parte que sintetiza a temática específica do domínio, e será suporte a parte que a desenvolve.

O SegT mínimo em (4), pertencente a editorial da sincronia 19,2 que aborda a imigração russa para o Brasil, ilustra a regra, inclusive sua recursividade:

(4) [19,2 E SP] *Estas circumstancias fazem-nos pensar | que* [...] **S. Paulo** 1
está em excel- | *lentes condições* [...] **para o** | **estabelecimento** *de um* 2
numeroso nucleo | **desses futuros brazileiros.** || 3

    Existem aqui vastissimos **campos de ex-** | **cellentes terras***, collocados* 4
irregularmente | *em quasi todos os pontos da provincia. Esses campos são* 5
em grande parte **atra-** | **vessados por estradas de ferro***, ou acham-se* | *pouco* 6
adiante das suas actuaes estações ter- | *minaes.* || 7

    Assim para os lados e defronte da **estrada** | **sorocabana***, demoram* 8
immensas extensões de | **campinas** *que, estimuladas pelo trabalho do* 9
| *homem, tornam-se* **bastante productivas.** || 10

    Nas vizinhanças das **linhas Ituana e Pau-** | **lista***, dá-se a mesma* 11
circumstancia. [...]. || 12

    A estrada Mogyana *atravessa o vasto ter-* | *ritorio de Casa Branca,* 13
cujos **campos de terra** | **vermelha** *gosam de* **grande reputação de fer-** 14
| **tilidade.** [...]. || 15

Assim, a fertilidade de nossas terras [...]*, a facilidade de exportação pelos* 16
| *caminhos de ferro que já cortam esta provin-* | *cia* [...]*, abrem mar-* | 17
gem a considerações que actuarão sobre o | *espírito dos* **immigrantes que** 18
procuram esta- | **belecimento, justamente nas condições que** | **lhes podemos** 19
apresentar. (*A Província de S. Paulo*, 2 de março de 1877) 20

Como interpretado em Penhavel e Guerra (2016), entendemos que esse SegT abordaria o tópico *Condições excelentes da Província de São Paulo para estabelecimento dos imigrantes russos*. As linhas 1-3 e 16-20 estariam focadas na própria expressão desse tópico, como evidenciam as passagens destacadas, formando duas unidades de posição. Já o bloco nas linhas 4-15 seria um suporte, pois desenvolve esse tópico, especificando as referidas condições excelentes, que diriam respeito à fertilidade das terras e ao fato de serem fartamente servidas por estradas de ferro. No âmbito desse suporte, as linhas 4-7 formariam uma posição, já que expressam, de modo apenas geral, a existência de terras férteis e a vantagem de acesso a estradas férreas, enquanto as linhas

8-10, 11-12 e 13-15 especificam, cada grupo de uma forma, tais condições, constituindo três suportes.

Desse modo, o exemplo contém dois domínios: o SegT inteiro, estruturado pela sequência posição-suporte-posição; e o domínio nas linhas 4-15, configurado segundo a combinação posição-suporte-suporte-suporte.

O SegT mínimo em (5), integrante do editorial em (3), da sincronia 20,1, também se organiza conforme a regra em questão e exibe sua aplicação recursiva:

(5) [20,1 E SP] *Entretanto, não sabemos ain-* | *da de **nenhuma providencia*** 1
    que | *tenha sido sequer alvitrada **para** | **livrar a nossa população paulis-*** 2
    | ***tana de semelhante ameaça.*** 3

       Ao | *que nos consta, **o Serviço Sani-** | **tário do Estado**, ao qual natu-* 4
       | *ralmente se voltam todos os es-* | *piritos á espera das providencias* | [...] 5
       attri- | ***bue-se completa impossibilidade*** | ***de acção***, *em vista* 6
       *de **depende-*** | ***rem taes providencias da inicia-*** | ***tiva dos poderes*** 7
       municipaes e da | ***Repartição de Aguas.*** 8

          Destes ul- | ***timos** nada sabemos; mas o que* | *se póde deduzir do* 9
          silencio em | *que se mantém a respeito do as-* | *sumpto, é que **muito*** 10
          ***pouco se** | **estão preoccupando** com elle.* | *Queixa-se a autoridade* 11
          sanita- | *ria do mau estado em que a* | *Repartição de Aguas deixa que* 12
          | *perdurem as installações de es-* | *gotos, em certos bairros* [...]. 13

          Aos poderes municipaes** ca-* | *berão talvez ainda **maiores res- | 14
          ***ponsabilidades no caso**, pois é* | *facil de ligar a presente inva-* | *são de* 15
          *mosquitos á **ultima en-*** | ***chente dos rios que atravessam*** | ***o*** 16
          municipio da capital [...]. (*O Estado de S. Paulo*, 27 de abril de 1923) 17

Conforme analisamos detalhadamente em Penhavel (2020a), o tópico desse SegT pode ser entendido como *A ausência de providências quanto à invasão de pernilongos na cidade de São Paulo*. Assim, pode-se reconhecer, no domínio do SegT inteiro, uma posição nas linhas 1-3, nas quais esse tópico é sintetizado. Ainda nesse domínio, todo o restante do texto seria um suporte, focado na impossibilidade de ação, por parte do Serviço Sanitário do Estado, devido a problemas nos poderes municipais e na Repartição das Águas, temática que, remetendo às causas da ausência de providências, seria uma especificação do tópico. Esse suporte configura novo domínio. Nessa esfera, as linhas 4-8 constituem posição, pois relacionam a ausência de providências aos poderes públicos e à Repartição das Águas apenas em termos gerais, sem especificar qual seria essa relação; já as linhas 9-13, ao especificarem a responsabilidade da Repartição das Águas, formam um suporte, e as linhas 14-17, detalhando o papel dos poderes públicos, constituem outro suporte.

Os editoriais pesquisados conservam-se bastante estáveis em relação à quantidade de domínios por SegT mínimo e às sequências entre posições e suportes. Nas sincronias 19,2, 20,1 e 20,2, os SegTs contêm até quatro domínios e, em 21,1, até cinco. Em cada uma das três primeiras, mais de 80% dos SegTs formam um ou dois domínios, e na última 92% dos SegTs contam com um, dois ou três domínios. Nas três primeiras fases, a maioria dos domínios é formada por uma posição seguida de um ou dois suportes, configurações que recobrem 57%, 69% e 77% dos domínios respectivamente. Na última fase, 63,5% dos domínios estruturam-se em posição-suporte ou suporte-posição (com preponderância da primeira opção). Os domínios mais complexos empregam, em 19,2 e 20,2, uma posição seguida de quatro suportes e, em 20,1 e 21,1, uma posição seguida de cinco suportes.

Entre unidades de posição e suporte podem ser estabelecidas relações de sentido de diferentes tipos. Nos editoriais analisados de todas as sincronias, posição e suporte mantêm entre si, normalmente, algum tipo de relação interpretável como uma relação entre opinião (tese) e argumento, respectivamente. Ou seja, essas unidades tendem a atualizar-se no sentido em que são concebidas por Schiffrin (1987).[12]

Teorizando sobre o processo de estruturação do discurso, a autora reconhece o que trata como *modalidade argumentativa* e *modalidade narrativa* como duas principais formas de estruturação e assume as categorias de posição e suporte como unidades básicas, informacionalmente diferenciadas, de construção de textos argumentativos (o texto narrativo seria estruturado pelas unidades de *figura* e *fundo*). A posição é definida como uma afirmação geral com cuja verdade o falante se compromete. Compreende uma ideia – informação descritiva sobre situações, estados, eventos ou ações – e o comprometimento do falante com essa ideia. O comprometimento pode manifestar-se pela realização, em si, de um ato de fala assertivo ou pode ser explicitado pelo falante. O suporte é entendido como qualquer informação, do domínio da evidência empírica ou do raciocínio lógico, que justifica a verdade da posição. É uma informação pela qual o falante procura convencer o ouvinte da credibilidade da posição. Para a autora, diversos tipos de circunstância podem constituir um suporte, como experiências pessoais, testemunhos de outrem, analogias, apelos a autoridade, provas silogísticas etc.

O teor regularmente argumentativo de posição e suporte nos editoriais sob análise pode ser visto nos SegTs mínimos anteriores, sendo evidente no SegT a seguir, da sincronia 20,2, parte do editorial em (2):

(6) [20,2 E SP] *Por fim, do ponto de vista* | *técnico,* **escasseiam também** | 1
argumentos que possam jus- | **tificar uma crítica àquela** | **obra**, *e isso por* 2
duas razões: || 3

    1 – A Ilha Solteira loca- | *liza-se a montante do reser-* | *vatório da* 4
    usina de Jupiá. | *Por conseguinte,* **é este re-** | **servatório, e não o de** 5
    Ilha | **Solteira, que regula a vazão** | **do rio Paraná** *em seu curso* | 6
    rumo ao território argenti- | *no.* [...]. || 7

    2 – A Argentina só ti- | *rará benefícios da regulari-* | *zação do rio* 8
    Paraná, propor- | *cionada pelas represas de* | *Ilha Sólteira e Jupiá e,* 9
    fu- | *turamente, de Itaipu, pois* | **não mais haverá descontro-** | **lados** 10
    períodos de grandes | **cheias e secas**, *peculiares* | *àquele rio* [...]. (*O* 11
    Estado de S. Paulo, 4 de abril de 1973)

Como considerado anteriormente, o editorial em (2) discorre sobre a ir-relevância da nota de protesto do governo argentino sobre o fechamento das comportas da usina de Ilha Solteira. Abrange tópicos que focalizam a ausên-cia de justificativas para o protesto, incluindo o SegT em tela, centrado na ausência de justificativas técnicas. Nesse SegT, nas linhas 1-3 em (6), em consonância com a definição de posição de Schiffrin (1987), o editorialista compromete-se com a afirmação geral de que seriam escassos os argumentos contrários à obra (fechamento das comportas) por duas razões. Nas linhas 4-7 e 8-11, especifica as razões, primeiramente, o fato de outro reservatório, e não o de Ilha Solteira, ter influência sobre o território argentino, e, em seguida, o fato de a represa de Ilha Solteira trazer apenas benefícios à Argentina. É possível interpretar que os dois trechos, como previsto na noção de suporte da autora, registram informações específicas, do domínio da evidência empírica, que procuram justificar a verdade da tese da escassez de argumentos contrários à obra e conferir credibilidade a essa opinião.

O SegT mínimo em (7), agora da fase 21,1, também ilustra as unidades de posição e suporte e seu caráter argumentativo:

(7) [21,1 E SP] *Existe um setor da economia | brasileira – e da mundial – em* 1
*que | **ninguém fala de crise**. No **campo** | **das fontes alternativas de ener-*** 2
***gia**, | o vento só sopra a favor. ||* 3

*Em 2015, **as novas turbinas e ó-|licas** erguidas no mundo **agrega-|ram 63*** 4
***gigawatts (GW) à capacida-** | **de instalada de geração elétrica**. É | o* 5
equivalente a quase seis usinas | como Belo Monte e acarretou um | 6
investimento de US$ 329 bilhões. || 7

*Nesse mesmo ano, enquanto o | PIB brasileiro se retraía 3,8%, **age-|ração*** 8
***de energia eólica avançava** | **impressionantes 77,1%**. [...].||* 9

*O **desempenho da energia eólica** | permitiu que fornecesse 5,81% da |* 10
*eletricidade gerada no país. Com | isso, sua **contribuição firmou-se à** |* 11
***frente da fatia das usinas nuclea-** | **res** (1,3%) [...]. (Folha* 12
de S.Paulo, 1º de agosto de 2016)

Concordando com Garcia (2018), distinguimos nesse SegT uma posição, linhas 1-3, e três suportes, linhas 4-7, 8-9 e 10-12. A primeira unidade expressa a opinião geral de que o campo das fontes alternativas de energia exibiria pleno sucesso. Cada suporte fornece dados específicos, expostos como expressivos, que comprovariam a tese: a contribuição do sistema eólico para a ampliação da capacidade instalada de geração elétrica no mundo, o avanço da geração de energia eólica em fase de retração do PIB brasileiro, o fornecimento de energia eólica superior ao das usinas nucleares no Brasil.

Em resumo, os editoriais de todas as sincronias organizam-se mediante a regra geral da combinação das unidades de posição e suporte, atualizando-as normalmente conforme uma relação entre tese e argumento. Esse fato indica uma essência argumentativa desses textos, da qual seria reflexo. Com efeito, a argumentatividade é vista como um traço caracterizador do editorial jornalístico, já no século XIX e até a atualidade.

Lopes-Damasio e Jubran (2015: 4), levantando editoriais em edições oitocentistas do jornal *A Província/O Estado de S. Paulo*, reconhecem como exemplares da tradição do editorial *"textos de natureza opinativa/argumentativa [...] que, mesmo sem essa denominação explícita, representavam discursivamente a voz do jornal"*. Segundo as autoras (2015: 5), *"o jornal usava a natureza fortemente argumentativa do texto, que configurava a tradição em questão, para apresentar seus objetivos e crenças e, assim, formar ou tentar formar a opinião dos leitores em relação a determinadas posturas políticas"*. Ao tratar de editoriais da atualidade, Köche, Boff e Marinello (2010: 59) afirmam que *"a argumentação é essencial nesse gênero"*. Zavam (2009), em estudo diacrônico de editoriais publicados em jornais cearenses, desde o século XIX até o início do XXI, observa que o propósito comunicativo da argumentação é um traço permanente. Na mesma direção, Gomes e Zavam (2018: 80), analisando editoriais jornalísticos publicados ao longo dos séculos XIX e XX, em diferentes estados brasileiros, atestam que, a despeito de outras mudanças, o editorial não teria alterado sua *"prototipicidade opinativa"*. As autoras (2018: 62) falam em *"tomada de posição"*, *"sustentação de tese"* e *"apresentação de argumentos para justificá-la"* como *"características prototípicas do editorial"*.

Nossa visão é a de que a estabilidade dos editoriais estudados, quanto à permanência da regra posição-suporte e do teor argumentativo dessas unidades, decorreria da manutenção histórica do propósito de argumentar, em defesa de posições do jornal, como aspecto fundamental da finalidade desses textos.

Como lembrado anteriormente, o capítulo precedente, ao constatar estabilidade intertópica e alterações intratópicas na história de cartas de leitor, cogitou a hipótese de que mudanças intertópicas pudessem ser mais lentas do que as intratópicas. Nossos dados sobre editoriais mostram comportamento prevalentemente estável do nível intertópico, apoiando a hipótese, mas também do nível intratópico, relativizando-a. Trata-se, enfim, de resultados a serem somados aos de pesquisas futuras para uma avaliação mais completa da hipótese.

Outra questão pode ser ainda levantada. A estabilidade intratópica dos editoriais, como visto, estaria vinculada à persistência de um aspecto de sua finalidade, o que confirmaria uma premissa da abordagem diacrônica aqui praticada, que prevê o vínculo entre a configuração dos processos textuais e os propósitos dos gêneros. Contudo, esse vínculo, parece-nos, não necessariamente implicaria a continuidade de uma mesma estrutura tópica – intratópica, no caso – diante de uma manutenção de finalidade. Seria plausível pensar que fatores de diversa ordem – estilísticos, expressivos, jornalísticos, por exemplo – poderiam acarretar novas estruturas intratópicas, mas ainda capazes de expressar um mesmo propósito comunicativo. Nesse sentido, seria pertinente questionar em que medida a estabilidade intratópica apurada decorreria de uma força decisiva da finalidade do gênero sobre a organização intratópica, em detrimento de possíveis pressões de outros fatores atuantes na história do gênero, e em que medida poderia decorrer de alguma relação mais intrínseca entre o mecanismo posição-suporte e a própria natureza da estruturação intratópica, em editoriais e em outros textos. Novamente, trata-se de reflexões cujo refinamento espera resultados de mais pesquisas.

RELAÇÕES DIACRÔNICAS ENTRE CARTAS DE REDATOR E EDITORIAIS

Gomes (2007), no âmbito dos estudos sobre o conceito de Tradição Discursiva (TD), analisa a história de editoriais de jornal pernambucanos – como explicado na "Introdução" deste volume, as TDs constituem modos tradicionais de dizer e escrever, sendo os gêneros textuais uma de suas modalidades. Em sua pesquisa, a autora identifica, relativamente ao século XIX, um conjunto de rótulos referentes a textos relacionados entre si, com propriedades comuns ao que se vê, mais atualmente, em editoriais jornalísticos – tais rótulos são rastreados por sua circulação em periódicos da época e/ou por serem usados em trabalhos sobre o período. Nesse conjunto, ora os diferentes rótulos remetem a textos com finalidades específicas diferentes, ora rótulos diferentes nomeiam um mesmo tipo de texto, e ora um mesmo rótulo recobre textos diferentes. Conjunto correspondente é observado também no espaço de tempo que abrange o decorrer do século XX e o início do XXI. A autora reporta-se globalmente a esses rótulos/textos pelo termo *editorial*, tomado em sentido amplo, remetendo a cada um dos rótulos/textos como *ramificações* do editorial. Para ela, a continuidade entre o primeiro e o segundo desses conjuntos formaria a árvore genealógica do editorial – Zavam (2009), Sales (2011) e Gomes e Zavam (2018) assumem visão similar. A história especificamente do editorial jornalístico, em foco no presente capítulo, estaria inserida nesse contexto.

Denominando cada um dos referidos conjuntos de *espaço variacional*, Gomes (2007) representa a história da TD editorial pela Figura 3:

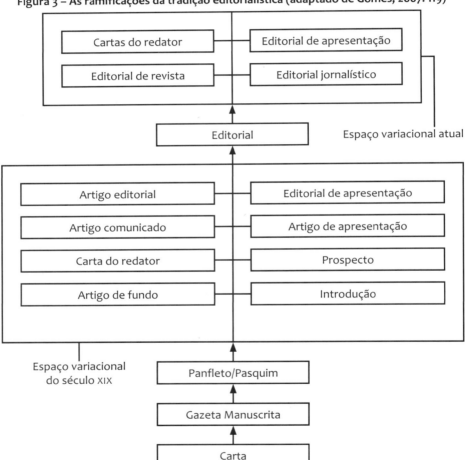

Figura 3 – As ramificações da tradição editorialística (adaptado de Gomes, 2007: 119)

Nessa Figura, Gomes (2007) procura representar a TD editorial desde suas raízes mais básicas, de que fariam parte o panfleto, a gazeta manuscrita e a carta pessoal, esta última entendida como gênero-mãe, inclusive de outras TDs, como a do anúncio e a da notícia. Acima dessas fontes, estaria o espaço variacional do século XIX, composto, dentre outros rótulos/textos, pela carta do redator. Acima desse espaço situa-se a palavra *editorial*, que, em nossa leitura, significaria, a partir de então, uma maior estabilização da TD, especialmente em relação ao emprego mais generalizado do termo *editorial*. Por fim, encontra-se o espaço variacional dos séculos XX/XXI, que abriga o editorial jornalístico especificamente.[13]

Conforme entendemos, a interação diacrônica entre os rótulos/textos do espaço variacional do século XIX teria dado origem aos rótulos/textos do espaço dos séculos XX/XXI. Considerando esse histórico, e delimitando uma dimensão específica em seu interior, nesta seção procuramos delinear como textos tratados como cartas de redator poderiam ter contribuído para a constituição do editorial jornalístico, no contexto paulista – Zavan (2009), debruçada sobre a história de editoriais de jornais cearenses, remete a exemplares mais antigos desses textos, de um modo geral, pelo termo *carta do redator*, opção que, a propósito, respalda a relevância da comparação aqui empreendida. Em nossa análise, comparamos com os editoriais descritos nas seções anteriores um conjunto de 118 textos oitocentistas de jornais paulistas compilados em Barbosa e Lopes (2002) sob o rótulo de *cartas de redator*.

Em Penhavel e Zanin (2020), procede-se à análise tópica dessas cartas. O trabalho identifica, numa parcela expressiva dos exemplares, 68,5% (81/118) deles, um comportamento regular e descreve essa parte da amostra. Trata-se de um grupo de textos que compartilham o traço de unicidade tópica e seguem uma mesma regra de organização intratópica (os demais textos exibem complexidade intertópica e/ou manifestam alguma outra forma de estruturação intratópica).

De acordo com a regra apurada, as cartas podem conter até três unidades intratópicas, rotuladas de *contextualização*, *comunicação* e *discussão*, as quais se organizam nessa ordem, sendo a segunda obrigatória e as outras opcionais.

A comunicação tem a função de dirigir uma mensagem aos leitores, normalmente sobre a editoração do jornal ou sobre a empresa que o produz. Especificamente, é uma unidade pela qual o redator se dirige aos leitores para, acerca de uma ou outra dessas temáticas, (i) comunicar fatos, (ii) fazer solicitações ou recomendações, (iii) firmar compromissos ou (iv) expressar sentimentos (pedido de desculpas, agradecimento ou congratulação). Por vezes, duas ou mais dessas funções específicas coocorrem numa unidade de comunicação.

A contextualização é uma parte inicial da carta com a função de apresentar o contexto no qual se insere a transmissão de mensagem feita na comunicação. Já a discussão exerce a função de discutir e defender um posicionamento do jornal sobre algum elemento da mensagem veiculada na comunicação.

A comunicação seria a unidade principal das cartas, o que se depreende por estar presente em todos os 81 exemplares alinhados à regra geral, enquanto as outras duas unidades são opcionais, e porque as outras duas a pressupõem, como suas definições indicam.

As cartas em (8), (9) e (10) são inteiramente constituídas pela unidade de comunicação:

(8) [19,1 CR SP] *Aviso || As assignaturas para o Farol Paulistano, e a venda do mesmo, farse hão d'ora em diante na mesma casa, onde trabalha a typographia, rua de São José número 33 e ahi acharáõ os Senhores que quizerem subscrever ou tractar de qualquer objecto relativo a esta folha, as pessôas que estão para isso autorisadas. (Farol Paulistano,* 25 de abril de 1827)

(9) [19,2 CR SP] *Rogamos aquelles dos nossos assignantes do interior que nos estão a dever suas assignaturas o obzequio de mandar satisfazel-as; assim como igualmente rogamos áquelles que estão com suas assignaturas findas, ou quasi a findar hajão de mandar renoval-as para não haver demora na remessa. (Correio Paulistano,* 1855)[14]

(10) [19,2 CR SP] *Pedimos desculpa aos nossos assignantes pela irregularidade com que tem sido feita ultimamente a publicação deste jornal, e que tem succedido em consequencia de falta de papel, cuja encommenda se fez para o Rio há um mez. Podemos porem assegurar aos nossos assignantes, que d'hora avante haverá regularidade na publicação do Correio PAULISTANO. (Correio Paulistano,* 22 de maio de 1855)

Essas cartas ilustram algumas das funções específicas da comunicação: a primeira comunica o local para assinatura e venda do jornal e para tratamento de assunto relativo ao periódico (função de comunicar fatos); a segunda solicita o pagamento de assinaturas (função de fazer solicitações); a terceira pede desculpas por falta de regularidade de publicação e promete resolver o problema (funções de expressar sentimentos e firmar compromissos).

A carta em (11) exibe contextualização e comunicação:

(11) [19,1 CR SP] *Pàra em nosso poder uma correspondencia, cujo illustre Autor se* 1
intitula = Inimigo de quem ralha... ... = que não inserimos por não vir com os 2
requisitos precisos para nos desligarem de toda a responsabilidade, e por outros 3
motivos que de viva voz estamos promptos a communicar, a quem vier recebêl 4
a de nossa mão. 5

Por occasião d'isto prevenimos a todos os Senhores, que se dignarem dirigir- 6
nos suas correspondencias [...] que fação reconhecer as suas assignaturas, 7
ou no mesmo papel que contiver a correspondencia, ou em outros avulso. 8
(*Farol Paulistano*, 25 de abril de 1827) 9

Nas linhas 1-5, o redator relata que dada carta de leitor teria deixado de ser publicada por falta de identificação apropriada (além de outras razões). Diante desse contexto, dirige aos leitores, nas linhas seguintes, a recomendação de que enviem suas correspondências devidamente assinadas (a expressão "por occasião d'isto" marca essa relação entre os dois trechos). Desse modo, a primeira parte seria contextualização, e a segunda, comunicação.

Observe-se agora o exemplo em (12):

(12) [19,2 CR SP] *Pedimos aos nossos benignos leitores desculpa de algunmas* 1
incorrecçòes que tem apparecido nesta folha. D'ora em diante haverá todo 2
cuidado em corrigir os artigos que tiverem de ser publicados. 3

Uma folha diaria, como a nossa, accarreta immenso trabalho em seu começo, e 4
para superal- o escapão muitas imperfeições, que só o habito e o tempo as irá 5
fazendo desapparecer. (*Correio Paulistano*, 7 de julho de 1854) 6

Nesse caso, as linhas 1-3 seriam a comunicação, já que o redator pede desculpas por incorreções no jornal e firma o compromisso de tentar evitá-las. As linhas 4-6 formariam uma unidade de discussão. Aí, o redator expressa uma opinião sobre as incorreções, avaliando que decorreriam do caráter trabalhoso da produção do jornal e que somente o hábito e o tempo resolveriam o problema.

É possível estabelecer uma série de comparações entre as cartas de redator da amostra em pauta e os editoriais tratados nas seções anteriores, cabendo aqui destacar duas delas. Primeiramente, pode-se ressaltar a diferença quanto aos traços de unicidade tópica e complexidade intertópica. No conjunto de cartas, predomina o primeiro traço, presente em, pelo menos, 68,5% da amostra (como anteriormente relatado). Nos editoriais, o segundo prevalece no material da sincronia 19,2, aparecendo em 87,5% dos casos, e é exclusivo nas demais fases (ver Tabela 1).

A unicidade tópica das cartas assinala que um aspecto da finalidade desses textos seria empreender uma abordagem delimitada a uma questão. É o que se vê, por exemplo, na carta em (12), toda circunscrita às incorreções do periódico. São formuladas aí diferentes ações linguísticas (pedido de desculpas, promessa e avaliação), mas todas centradas no mesmo tópico. Ao contrário, nos editoriais, privilegia-se, a cada texto, o tratamento de diferentes questões ou de diferentes perspectivas de uma questão.

De todo modo, é interessante notar um ponto de contato entre as cartas e os editoriais quanto à organização intertópica, na presença de unicidade tópica na primeira sincronia da amostragem de editoriais (mesmo que em baixa frequência), o que pode ser pensado como influência das cartas de redator. No mesmo sentido, note-se que, nos editoriais observados, apuramos um caminho de perda de unicidade da fase 19,2 para as seguintes. Tendo em vista a continuidade entre o espaço variacional do século XIX e o dos séculos XX/XXI e considerando particularmente a dimensão da sequência entre cartas de redator e editoriais jornalísticos, a predominância de unicidade na amostra de cartas encaixa-se no referido caminho de perda de unicidade, ampliando-o. Seria um dado favorável à hipótese de que a mudança intertópica poderia ter preferência por seguir continuamente um mesmo percurso: de unicidade para complexidade intertópica, ou vice-versa (sobre a opção por uma alternância diacrônica entre dirigir-se para um e para outro traço).

Uma segunda comparação a se destacar relaciona as três unidades intratópicas das cartas com os editoriais. De acordo com nossa análise, a unidade de comunicação não encontra correspondência na estruturação dos editoriais. Conforme se procura demonstrar em Penhavel e Zanin (2020), essa unidade, ao exercer suas funções características, instaura uma interlocução mais direta com o leitor, relativamente às outras unidades. A realização dessas funções e o estabelecimento desse tipo de interlocução resultariam do emprego de determinados recursos, dos quais se pode ressaltar o uso preponderante de atos de fala diretivos, compromissivos e/ou expressivos na comunicação *versus* o foco em atos assertivos nas outras unidades.[15] Naquele trabalho, argumenta-se que, nas cartas, os três primeiros tipos de atos teriam um caráter mais interacional que os assertivos, propiciando a interlocução mais direta com o leitor, típica da comunicação.[16] Nos editoriais investigados, entretanto, como se pode ver nas duas seções anteriores, não se encontra sistematicamente alguma unidade tópica assim particularizada. Na verdade, cada editorial, em toda sua extensão, lança mão (quase) exclusivamente de atos assertivos.

Já a contextualização encontra algum paralelo nos editoriais. Como explicado, essa unidade apresenta o contexto no qual se insere a mensagem que o redator, na comunicação, dirige aos leitores. Nos editoriais, é comum o primeiro SegT mínimo conter a exposição de uma situação, que é avaliada em todo o texto. Todavia, o SegT raramente é dedicado, de forma primordial, a essa exposição, prioridade que o aproximaria mais da contextualização. Em geral, a situação é apresentada em segundo plano (por vezes como pressuposta), já integrada a sua avaliação, esta em primeiro plano. O editorial anterior em (2) trata da nota de protesto do governo argentino, avaliando-a como irrelevante. O primeiro SegT introduz a informação da emissão da nota, mas o faz já em meio à avaliação de que o governo brasileiro a teria tratado com serenidade, deixando a questão de ter maior significado etc. Desse modo, reconhecemos certa correlação entre a unidade de contextualização e o primeiro SegT mínimo dos editoriais, embora este último seja imbuído de caráter argumentativo, o que, aliás, seria a tônica da relação dos editoriais com a terceira unidade das cartas, principal ponto de contato entre os dois grupos de textos.

Como mostra a seção anterior, a recorrência da regra posição-suporte nos editoriais e a sua implementação mediante a relação tese-argumento evidenciam o caráter essencialmente argumentativo desses textos. A unidade de discussão das cartas, ao cumprir a função de defender um posicionamento do jornal sobre algum elemento da comunicação, é também uma parte orientada para a argumentação. Esse estatuto da discussão pode ser visto em (12), bem como em (13):

História do Português Brasileiro

(13) [19,1 CR SP] *Rogamos a todos os Cidadãos nos queirao illustrar com seus talentos* 1
e lembranças, que todos aceitaremos; e publicaremos, vindo na forma que a lei, a 2
decencia, e moderaçao exigem. || 3

Nada podem temer os particulares da nossa folha. Nós sabemos os limites da 4
liberdade de escrever. Pouco tem o periodista com os particulares. É o interesse 5
geral quem nos dirige; é elle a nossa meta, a ella só tiramos. [...]. Recolhidos no 6
fundo do nosso gabinete, teremos por guia a moderação, o decoro, a civilidade, e 7
a decência. (*Farol Paulistano*, 7 de fevereiro de 1827) 8

Nas linhas 1-3, formulando unidade de comunicação, o redator solicita aos cidadãos o envio de escritos ao jornal e promete publicá-los, desde que atendam a certo padrão de uso da linguagem. Nas linhas seguintes, argumenta em defesa da postura do periódico, configurando unidade de discussão. Esse segundo trecho, inclusive, estaria estruturado em posição/tese e suporte/argumento. Segundo nossa leitura, o primeiro enunciado, posição/ tese, significaria a afirmação de que todo indivíduo relacionado ao jornal poderia estar seguro de que o próprio periódico seguiria o referido padrão de linguagem, e os enunciados seguintes elencariam suportes/argumentos nessa direção, como os fatos de o jornal ter ciência dos limites da liberdade de escrever e se guiar por interesses gerais, não particulares.

Em suma, como se vê no confronto das unidades intratópicas das cartas com os editoriais, a comunicação não encontra equivalente nos editoriais, e a contextualização guarda relação tênue com esses textos, enquanto a discussão porta estreita ligação com eles. O traço de argumentação caracterizador da função desta última unidade pode ser reconhecido também como elemento fundamental da finalidade comunicativa dos editoriais, refletido, via de regra, em toda a extensão de cada um desses textos, inclusive em seus SegTs mínimos iniciais. Aquilo que, numa carta, constitui uma unidade intratópica corresponderá, em geral, a cada um dos SegTs mínimos de um editorial; os dados indicam, inclusive, a possibilidade de a regra intratópica geral dos editoriais nortear a estruturação interna já da unidade de discussão das cartas.

Zanin (2018), com base em Sales (2011), especula que os jornais teriam encontrado, na carta de redator, um canal para a veiculação de suas opiniões, traço que se tornaria constitutivo dos editoriais. Em linha com a autora, parece-nos plausível pensar que esse gatilho poderia estar ancorado, em boa medida, na

98

unidade de discussão das cartas. No mesmo sentido, o destaque dessa unidade na comparação das cartas com os editoriais também evoca reflexão, uma vez mais, sobre a dinâmica diacrônica do processo de organização tópica. A esse respeito, é válido pensar se, em percursos diacrônicos de unicidade tópica para complexidade intertópica, poderia ser recorrente o movimento que depreendemos da relação entre a unidade de discussão e os editoriais, ou seja: em um dado gênero em movimento de unicidade para complexidade, a função de uma unidade intratópica seria alçada ao âmbito da finalidade do gênero, e a estrutura interna dessa unidade se tornaria regra geral de estruturação interna de SegTs mínimos inteiros, inclusive de vários (ou mesmo de todos os) SegTs de um texto do gênero. Trata-se aqui de outra das questões levantadas neste capítulo a serem futuramente avaliadas.

CONSIDERAÇÕES FINAIS

Neste capítulo, descrevemos o percurso da organização tópica em editoriais de jornais paulistas, incluindo análise de possíveis influências que esses textos teriam recebido de cartas de redator. Procuramos delinear ainda hipóteses sobre relações entre as constatações feitas e outros elementos da história do editorial jornalístico, bem como sobre leis gerais da diacronia da organização tópica.

Em diferentes momentos do trabalho, ao traçar tais hipóteses, reiteramos a necessidade do aguardo de novas pesquisas, para comparação de resultados e depreensão de conclusões. E o mote não é por acaso. A abordagem diacrônica proposta e empregada neste volume assenta-se, em grande medida, no cotejo de diferentes pesquisas realizadas com gêneros textuais diversificados, como meio de se identificar fenômenos textuais específicos dos gêneros, tendências da própria natureza diacrônica dos processos textuais e a interação entre esses dois fatores. O espírito é bem aquele lembrado por Ataliba T. de Castilho, em Hermont, Barros e Oliveira (2016: 422): *"quanto mais empiria, mais teoria; quanto mais teoria, mais empiria"*.

Nesse sentido, nossa expectativa é a de que este capítulo (a exemplo do presente volume como um todo) represente já uma sistematização de resultados e principalmente a de que possa servir como motivação e exemplo para novas investigações empíricas, seguidas de confrontos de resultados, revisões teórico-metodológicas da abordagem, e assim por diante. Sob o risco de recorrermos a um lugar-comum de finalização de trabalhos acadêmicos, porém o considerando realmente apropriado para a ocasião, diríamos que nosso desejo é o de que este trabalho (assim como o volume) possa ser recebido menos como um ponto de chegada, de oferecimento de conclusões, e mais como um ponto de partida, um lugar de perguntas, questionamentos e sugestões de novas pesquisas.

NOTAS

[1] Cada trabalho individual dedicado a uma das sincronias comparadas neste capítulo oferece informações mais detalhadas sobre o material representativo de cada um desses recortes temporais.

[2] Conforme a abordagem diacrônica formulada neste volume, cada estudo diacrônico de um processo de construção textual deve ser conduzido no interior da história de um gênero textual. Neste capítulo, analisamos como a organização tópica evolui no gênero editorial, considerando especificamente o editorial jornalístico (delimitação aqui ressaltada devido à existência de outras modalidades de editorial, como o editorial de revistas). Assim, no decorrer do trabalho, quando relacionamos o processo a características do gênero em que ocorre, estamos nos referindo àqueles traços ligados particularmente ao editorial de jornal. A seção que trata da relação entre editoriais de jornal e cartas de redator aborda essa questão.

[3] Como explicado no capítulo anterior, na organização tópica de um texto, cada tópico mais amplo que outros constitui um supertópico (ST), cada tópico mais específico representa um SbT, sendo tratados como SbTs mínimos os SbTs mais específicos do texto, e o domínio que abrange um ST e seus SbTs configura um QT. O traço de unicidade tópica refere-se a texto com um único tópico (e, assim, com um único SbT mínimo), e o traço de complexidade intertópica aplica-se a texto com mais de um tópico.

[4] Alguns dados aqui considerados acerca da sincronia 19,2 diferem ligeiramente dos expostos em Penhavel e Guerra (2016) devido a revisões das análises. Quanto às demais sincronias, os dados do capítulo sempre concordam com os trabalhos dedicados a cada um desses outros períodos.

[5] Neste capítulo, os colchetes no início de cada exemplo abreviam informações conforme a seguinte legenda: "19,1", "19,2", "20,1", "20,2" e "21,1" indicam o século em que foi publicado o texto do qual procede o exemplo e se a publicação ocorreu na primeira ou na segunda metade do século; "E" e "CR" significam que o exemplo provém, respectivamente, de editorial jornalístico e de carta de redator; "SP" indica que a publicação ocorreu em jornal do estado de São Paulo.

[6] A quantidade de QTs e a de níveis hierárquicos de um texto são aspectos relacionados entre si, entre os quais há certas correlações necessárias, mas são aspectos diferentes. As seguintes implicações se estabelecem: um QT envolve necessariamente dois níveis (tópico global e dois ou mais SbTs, já SbTs mínimos); em sentido inverso, dois níveis hierárquicos significam necessariamente um QT; dois QTs implicam necessariamente três níveis hierárquicos. Em qualquer outra configuração, não há correlação necessária entre número de QTs e de níveis. Por exemplo, três níveis permitem a formação de dois ou mais QTs.

[7] O processo de linearização tópica diz respeito ao sequenciamento de tópicos no texto, incluindo duas estratégias principais: *continuidade*, pela qual um novo tópico inicia-se após desenvolvimento completo do anterior; *descontinuidade*, quando há diferentes tipos de interrupção no desenvolvimento de um tópico.

[8] Sobre as noções de *concepção discursiva* e *meio de produção* na caracterização dos gêneros textuais, ver Marcuschi (2010).

[9] Convém esclarecer que a hipótese sobre a sistematicidade da organização intratópica não pressupõe que a regra geral seguida por um gênero seja necessariamente distinta das regras de todos os outros gêneros, podendo diferentes gêneros compartilhar uma mesma regra. Também cabe explicitar que a regra geral de um gênero pode implementar-se segundo padrões diferentes em diferentes contextos específicos de uso do gênero.

[10] Nas pesquisas aqui comparadas, ao se considerar a hipótese da relação entre regra geral de organização intratópica e gênero textual, considerou-se o gênero editorial, no que diz respeito especificamente ao editorial jornalístico, conforme já mencionado.

[11] Em Penhavel (2020a), ao tratarmos da regra intratópica posição-suporte, desenvolvemos uma discussão mais pormenorizada acerca das delimitações de combinação entre unidades de posição e suporte previstas

pelos padrões de implementação, diante da variedade de opções disponibilizada pela regra. Também explicamos a restrição segundo a qual duas ou mais posições de um mesmo domínio devam expressar o mesmo tema.

[12] As noções de *posição* e *suporte* propostas em Penhavel (2010) e aqui adotadas são inspiradas nas noções homônimas de Schiffrin (1987), mas são definidas em termos tópicos, sendo mais abrangentes que as da autora, e não se restringem a relações entre tese e argumento. Para casos em que essas unidades não se atualizam pela relação tese-argumento, ver Valli (2017); em Penhavel (2020d), propomos unidades intratópicas semelhantes às de posição e suporte (embora não as tenhamos rotulado com esses termos) e que também não se instauram conforme tese-argumento.

[13] A amostra de editoriais jornalísticos utilizada para este capítulo reconhece textos dessa categoria desde a segunda metade do século XIX, precisamente desde 1875 (início do jornal *A Província/O Estado de S. Paulo*, principal fonte da amostra), enquanto Gomes (2007), em sua sistematização da TD editorialística, incorpora esse rótulo apenas no século XX. Avaliamos, contudo, que esse "descompasso" em nada compromete a relação de nosso trabalho com o da autora, sendo natural, na pesquisa diacrônica, certa maleabilidade quanto à cronologia dos fenômenos estudados.

[14] O *corpus* de cartas de redator do PHPB/PHPP informa o ano de publicação da carta reproduzida em (9), sem especificar mês e dia, o que não representa prejuízo para este trabalho.

[15] Ao recorrer aos tipos de atos de fala empregados em cartas de redator para distinguir unidades intratópicas, Penhavel e Zanin (2020) adotam a taxinomia de Searle (2002), que classifica os atos em assertivos, diretivos, compromissivos, expressivos e declarativos.

[16] Segundo a análise formulada em Penhavel e Zanin (2020), o uso de atos diretivos, compromissivos e expressivos na comunicação, como recurso para diferenciar essa unidade das outras, pelo estabelecimento de interlocução mais direta com o leitor, verifica-se quando a comunicação exerce as funções específicas de fazer solicitações/recomendações, firmar compromissos e expressar sentimentos. Quando sua função é comunicar fatos, essa unidade distingue-se das demais mediante mecanismo diferente, mas que também envolve a instauração, nessa unidade, da interlocução mais direta com o leitor.

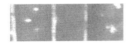

A REFERENCIAÇÃO
EM ANÚNCIOS MINEIROS

Clemilton Lopes Pinheiro

SUMÁRIO

APRESENTAÇÃO 104

PROCESSOS DE CONSTRUÇÃO TEXTUAL:
A REFERENCIAÇÃO TÓPICA 105

PROCESSOS DE CONSTRUÇÃO DO TEXTO EM DIACRONIA 108

REFERENCIAÇÃO TÓPICA EM DIACRONIA 113

CONSIDERAÇÕES FINAIS 121

APRESENTAÇÃO

Este trabalho procura atender ao propósito central do Projeto para a História do Português Brasileiro (PHPB) de conhecer e descrever a realidade linguística do português brasileiro, especificamente no que diz respeito à diacronia dos processos de construção textual. Tomamos como objeto particular de análise a referenciação, especificamente a referenciação tópica, processo responsável pela instauração do tópico discursivo do texto. A referenciação tópica envolve uma cadeia referencial que mobiliza determinadas propriedades formais e funcionais. As permanências, modificações ou exclusões dessas propriedades são, então, vistas como fenômenos próprios da construção do texto, que, por sua vez, é concebido como nível autônomo da linguagem.

Nesse sentido, considerando a proposta de Eugenio Coseriu sobre os níveis da linguagem (universal, histórico e individual), entendemos que um processo de construção textual como tal não pertence a nenhuma língua (nível histórico), mas ao nível individual dos textos. As propriedades formais e funcionais que caracterizam um dado processo de construção podem, ao longo do tempo, se repetir em um conjunto de textos relacionados a um gênero e se configurar como uma Tradição Discursiva (TD). É nesse sentido que, aqui, se concebe uma análise em perspectiva diacrônica de um processo de construção textual.

Nosso objetivo, em linha com o presente volume, é, portanto, constatar, no contexto do uso social e histórico de um gênero, o anúncio, especificamente na imprensa do estado de Minas Gerais, se as permanências, modificações ou exclusões de propriedades formais e funcionais da referenciação tópica se configuram TDs e se são tradições estáveis. Isso posto, analisamos as propriedades formais e funcionais da referenciação tópica em quatro grupos de anúncios de jornais de Minas Gerais, distribuídos em quatro intervalos de tempo: primeira e segunda metades do século XIX e primeira e segunda metades do século XX.

O trabalho está organizado em três momentos: abordamos, de início, a referenciação tópica com o propósito de situá-la como um processo de construção textual; em seguida, discutimos teoricamente a abordagem diacrônica de um processo de construção textual; por fim, apresentamos os resultados a que chegamos com a análise diacrônica dos anúncios.

PROCESSOS DE CONSTRUÇÃO TEXTUAL: A REFERENCIAÇÃO TÓPICA

A perspectiva teórica comumente adotada, nos últimos anos, nos estudos sobre referenciação é a inaugurada pelos trabalhos de Mondada (1994) e Apothéloz (1995), que se opõem à ideia tradicional de referência como representação extensional de referentes do mundo. Nesse sentido, a referenciação é entendia como "*um processo em permanente elaboração, que, embora opere cognitivamente, é indiciado por pistas linguísticas e completado por inferências várias*" (Cavalcante et al., 2010: 234). Segundo Cavalcante (2011), no interior dessa perspectiva, há dois grupos de estudos: os que atrelam referenciação à menção de expressões referenciais e os que a concebem como um processo cognitivo-discursivo. Esses dois tipos de estudo não se distanciam muito, e ambos concebem a referência como um processo, razão pela qual se passa a falar sobre processos de referenciação e criação de referentes ou objetos de discurso. Mondada (2001) oferece a seguinte formulação para o conceito de objeto de discurso:

> No seio dessas operações de referenciação, os interlocutores elaboram *objetos de discurso*, isto é, entidades que não são concebidas como expressões referenciais em relação especular com os objetos do mundo ou com sua representação cognitiva, mas entidades que são interativamente e discursivamente produzidas pelos participantes no decorrer da enunciação. Os objetos de discurso são, portanto, entidades constituídas nas e pelas formulações discursivas dos participantes: é no e pelo discurso que são postos, delimitados, desenvolvidos e transformados. Os objetos de discurso não preexistem e não têm estrutura fixa, ao contrário emergem e se elaboram progressivamente na dinâmica discursiva. Dito de outra forma, o objeto de discurso não está ligado à verbalização de um objeto autônomo e externo às práticas de linguagem: ele não é um referente codificado linguisticamente. (Mondada, 2001: 90; tradução nossa)[1]

O estudo da referenciação sob essa perspectiva aponta para dois tipos de análise: uma em que as expressões referenciais são tomadas como elos coesivos e a partir daí se descreve como se obtém a unidade formal do texto; e outra em que se analisam o processo de introdução e manutenção de referentes e se destacam funções responsáveis pela construção textual (através dos processos de retroação e prospecção) e pela orientação argumentativa, entendida como uma forma de realçar partes ou propriedades do objeto discursivo que mais favorecem a intenção do falante/escritor. Nesse segundo grupo, as expressões referenciais são tomadas como multifuncionais.

Segundo Cavalcante (2011: 59), *"os elos referenciais vão entrelaçando-se nas representações mentais que os falantes/escritores vão elaborando no universo do discurso, compondo verdadeiras cadeias anafóricas"*. Essa coesão não se estabelece apenas pelo que está explícito no cotexto, mas também pelo *"que se encontra implícito na memória discursiva e que se descobre por inferência"*. Para a autora, dois grandes processos referencias se fundamentam no critério da menção ao cotexto: a introdução referencial e a anáfora. A diferença entre os dois está no fato de que o primeiro não se atrela a nenhum elemento formalmente dado no cotexto (termo âncora), mas o segundo, sim.

Esses dois processos, por sua vez, fundam duas funções gerais das expressões referenciais: introduzir formalmente um novo referente no universo discursivo e promover a continuidade referencial. A autora frisa, no entanto, que a continuidade referencial não ocorre obrigatoriamente com a manutenção do mesmo referente:

> Quando o mesmo referente é retomado, dizemos que a anáfora é correferencial. Mas nem toda continuidade, ou seja, nem toda anáfora é correferencial, porque nem todas retomam o mesmo objeto de discurso. Quando acontece de não haver correferencialidade, a continuidade se estabelece por uma espécie de associação que os participantes da enunciação elaboram por inferência. (Cavalcante, 2011: 61)

Cavalcante (2011) cita a dêixis como outro processo referencial. A autora retoma alguns trabalhos anteriores sobre o tema e apresenta uma classificação das formas dêiticas (dêiticos pessoais, sociais, de espaço, textuais e da memória). No que diz respeito às funções dos dêiticos, ela conclui o seguinte:

> As funções que os dêiticos exercem no discurso vêm, desse modo, somar-se – mais que isso: integrar-se – às demais funções anafóricas, acumulando, por vezes, certos efeitos de expressividade, de emotividade, de (des)comprometimento, dentre outras motivações estilísticas e/ou modalizadoras do discurso. (Cavalcante, 2011: 116)

Jubran (2010) defende que se tem aí uma modalidade de referenciação que pode ser associada à que é posta no conceito de tópico discursivo, unidade de análise textual, proposta pela Perspectiva Textual-Interativa (PTI).[2]

> Segundo essa perspectiva teórica, o tópico discursivo tem por traço básico a *centração*, ou seja, a propriedade de concentração da interação verbal em um conjunto de referentes (objetos-de-discurso) concernentes entre si e em relevância em determinado ponto do texto. (Jubran, 2010: 230)

Assim, a autora postula que está em causa uma modalidade de referenciação a que ela chama de tópica.

Pinheiro (2012) explora um pouco mais essa questão. Para o autor, os referentes ou objetos de discurso são identificados, reconhecidos e definidos, e, assim, *"tratados como tópicos, isto é, objetos considerados e manifestados como o assunto sobre o qual o discurso se reporta"* (Pinheiro, 2012: 802). Para ter o estatuto de tópico, um objeto de discurso é introduzido, retomado, e forma uma cadeia referencial por meio de diferentes processos referenciais, como os citados por Cavalcante (2011). Configuram-se os traços que compõem a centração, propriedade definidora do tópico: a concernência (relação de interdependência entre elementos textuais), a relevância (projeção focal desses elementos textuais) e a pontualização (localização desses elementos em um dado ponto do texto).

Tomando como base esse raciocínio, podemos afirmar que a referenciação tópica constitui um processo de construção do texto. Conforme os pressupostos da PTI, as atividades de formulação e elaboração, interacionalmente situadas, constituem os processos de construção textual. O enfoque textual-interativo concebe, então, o texto como fenômeno simultaneamente estruturado e emergente. A partir disso, postula-se que os dados pragmático-situacionais se inserem no texto, de forma que o interacional é inerente ao linguístico:

> Nesse sentido, os dados pragmáticos não são vistos como moldura dentro da qual se processa o intercâmbio linguístico, ou como camada de enunciação que envolve os enunciados. As condições comunicativas que sustentam a ação verbal inscrevem-se na superfície textual, de modo que se observam marcas do processo formulativo-interacional na materialidade linguística do texto. (Jubran, 2006b: 29)

Vejamos, na análise do exemplo a seguir, por que a referenciação tópica pode ser considerada como um processo de construção textual:

(1)   [20,1 A MG][3] *PHARMACIA || O Pharmaceutico Julio Cezar Monteiro da Gama, participa ao respeitável público que, no dia 1 de janeiro do corrente ano, abrio n'esta cidade uma pharmacia completa de accordo com os progressos da sciencia moderna, onde encontrará um variado sortimento de drogas, productos nacionaes e estrangeiros dos melhores autores recomendados pelos luminares da sciencia. N'este estabelecimento se aviará todas as prescripções medicas, a qualquer hora do dia ou da noite com a maxima promptidão, asseio, preceitos pharmaceuticos e por preços a mais modico que for possivel. | Em frente á Agencia do Correio | Cidade de Oliveira – Minas.* (*Gazeta de Minas*, 13 de janeiro de 1901)

A expressão referencial "pharmacia" introduz esse objeto de discurso, que é retomado no texto pelas expressões referenciais "uma pharmacia" e "este estabelecimento". A anáfora é o processo que estabelece a interdependência entre essas expressões referenciais que formam um conjunto específico de objetos de discurso, concernentes, relevantes e localizados ao longo do texto. Esse processo é fundamental para que o objeto de discurso *farmácia* se torne tópico do texto. Como é proeminente no texto todo, ele é o único tópico. A essa atividade, que chamamos de formulativa, está atrelada uma função interativa, que é a de salientar o assunto do texto. Por esse motivo, a referenciação tópica é concebida como um processo textual-interativo. Nesse processo, a introdução referencial e a retomada anafórica são propriedades formais, e a saliência do tópico é uma propriedade funcional.

PROCESSOS DE CONSTRUÇÃO DO TEXTO EM DIACRONIA

Desde sua implantação, em 1997, o PHPB deu um grande impulso aos estudos históricos e diacrônicos sobre o português brasileiro (Castilho, 2011). Além desse impulso, o projeto também abriu espaço para a descrição diacrônica dos processos linguísticos acionados pela língua, no plano do texto. Esse alargamento trouxe consigo a necessidade de formulação de princípios teóricos específicos, já que, como assinala Mattheier (2011), ainda é pouco reconhecida a mudança no que diz respeito a noções textuais.

Segundo Combettes (2012), a Fonética, a Sintaxe e mesmo a Semântica são disciplinas particulares antes de serem considerados os seus correspondentes históricos, como *Fonética Histórica, Sintaxe Histórica*. Assim, pode-se admitir que a problemática diacrônica é muito específica para que as teorias, os conceitos e os métodos que se desenvolveram como estudos sincrônicos possam ser aplicados tais quais à análise da mudança, mas se pode admitir também que sejam objeto de uma certa "adaptação". O autor, então, questiona por que isso seria diferente com a Linguística Textual:

> Estamos no direito, então, de nos perguntar por que a Linguística Textual parece ser tratada de forma diferente das outras disciplinas. Um índice material muito significativo dessa singularidade é, por exemplo, o fato de que dificilmente se pode citar uma obra que se apresente como uma "Linguística Textual Histórica", como são correntemente citados nos manuais os termos "Fonética Histórica", "Gramática Histórica", que fundam um domínio particular. (Combettes, 2012: 3; tradução nossa)[4]

Segundo o autor, colocar em relação fatos de língua e fatos de organização textual implica considerar que esses dois conjuntos de fenômenos são suscetíveis de serem afetados pela mudança. É inquestionável que o sistema linguístico é afetado pela mudança (e há uma longa história de estudo acerca disso). No entanto, a mudança não é tão evidente para noções textuais, já que essas noções envolvem fatos de outra natureza. *"Na medida em que se aceita que a competência do locutor se modifica com o tempo, é preciso considerar como submeter à mudança as noções que a constituem"* (Combettes, 2012: 5; tradução nossa).[5] A questão relativa à mudança no domínio das noções textuais, como assinalada por Combettes (2012), ainda carece de aprofundamento.

Não pretendemos, aqui, entrar no mérito e aprofundar essa discussão. No entanto, é necessário apontar um balizamento teórico mínimo sobre como abordar a questão da diacronia de um processo de construção textual. A esse respeito, um ponto de partida é tentar esclarecer o que se entende por historicidade e por texto. Segundo Kabatek (2005: 151), a existência de diferentes noções de historicidade foi posta por Eugenio Coseriu. É relevante, aqui, de forma particular, a distinção que o autor estabelece entre dois tipos de historicidade: a) a historicidade linguística no sentido restrito (historicidade de uma língua particular); e b) a historicidade como tradições de certos textos ou de certas formas de texto (ou seja, como possibilidade se serem repetidos).

Para Coseriu (1992), uma língua é um produto cultural, histórico e é reconhecida pelos próprios falantes e pelos falantes de outras línguas como língua: a língua alemã, francesa, italiana, por exemplo. Assim, a historicidade da língua é a historicidade do próprio homem como ser histórico. *"A língua como língua particular é a história de uma comunidade internalizada nos indivíduos"* (Kabatek, 2005: 151). Nesse sentido, a língua particular é uma técnica ou um sistema historicamente determinado, que pode ser transmitida de uma pessoa a outra dentro de uma mesma comunidade linguística.

Além da historicidade das línguas como sistemas ou conjunto de sistemas compartilhados entre os indivíduos de uma mesma comunidade, há um segundo tipo de historicidade, a da tradição, ou seja, a possibilidade de repetição de textos como produtos discursivos. Trata-se de uma tradição textual na qual um texto como objeto cultural é criado a partir de certas similaridades ou da identidade parcial com outros textos (Kabatek, 2005). Nesse sentido, a historicidade dos textos é distinta da historicidade das línguas:

> A macroestrutura dos textos, isto é, a estrutura dos textos como textos, não está relacionada à língua particular. Tampouco textos como *Guten Tag!* pertencem, como texto, ao nível da língua particular, ainda que existam unicamente em uma determinada comunidade linguística. O fato de que, precisamente, *Guten Tag!* e não outra coisa seja utilizada como forma de saudação é uma tradição textual e não uma tradição linguística particular, ainda que seja normal todos os membros da comunidade linguística conhecerem essa expressão. Por esse motivo, eu tampouco diria que, por exemplo, *bon matin!* não existe em francês, mas diria que esse texto nunca foi formado ou que nunca se converteu em tradição na comunidade linguística francesa. (Coseriu, 1992: 194; tradução nossa)[6]

Coseriu (2007) também aponta a existência de diferentes concepções de texto. Com base na perspectiva que considera três níveis de conhecimento envolvidos na linguagem (o nível universal ou nível do falar em geral, o nível histórico das línguas, o nível individual), o autor distingue dois conceitos de texto ou duas formas distintas de considerá-lo: o texto-unidade (como fenômeno que pertence ao nível histórico das línguas) e o texto-nível (como fenômeno do nível individual). Consequentemente, o autor também delineia duas formas de Linguística do Texto, para ele, cientificamente legítimas: a do texto-unidade (Gramática Textual) e a do texto-nível (Linguística Textual propriamente dita ou Hermenêutica do Sentido). Ambas as modalidades não são nem contrárias nem excludentes, mas complementares e integradas, pois se encontram em distintos planos do linguístico: o propriamente idiomático e o individual.

A abordagem do texto-unidade compreende a descrição das categorias e dos princípios que dão conta das regras de uma língua determinada que atuam na construção do texto. Essas regras ultrapassam o limite da frase ou estão fora dos seus limites. Essas categorias, que determinam relações existentes entre os diversos níveis da língua ou em apenas um nível, são a superordenação, a subordinação, a coordenação e a substituição.

A abordagem do texto-nível compreende três tarefas: a) indicação da posição dos textos na esfera do linguístico (Teoria dos Textos), b) construção de uma lista de procedimentos textuais possíveis para a construção do sentido e a delimitação desses procedimentos em relação a outros (Linguística do Texto Geral), e c) descrição e interpretação de um determinado texto, incluído, a exposição da história desse texto (Linguística do Texto). Segundo Lamas (2007: 52; tradução nossa), essa Linguística é três vezes Linguística do Texto: *"os textos são fatos individuais, mas não absolutamente singulares, pois apresentam, ademais, uma dimensão universal, que inclui os traços da textualidade, e uma dimensão histórica, que faz que compartilhem tradições e modos expressivos"*.[7]

Ao relacionarmos essas concepções de texto com as concepções de historicidade, veremos que o texto-unidade, como um nível de estruturação da língua, está relacionado ao primeiro tipo (historicidade das línguas); já o texto-nível, à historicidade dos textos. Com base nisso, pode-se desenhar um quadro a partir do qual é possível estudar, de forma coerente, a diacronia dos processos de construção textual. A questão básica é a de que não se pode falar de história e mudança desses processos nos mesmos parâmetros e segundo os mesmos princípios aplicados à história e mudança nos sistemas linguísticos. Como bem assinala Jubran (2010: 204), *"a abordagem diacrônica desses processos requer a formulação de princípios teóricos específicos"*.

A referenciação tópica, por exemplo, como processo de construção textual não pertence a nenhuma língua em particular, e, consequentemente, não é determinada historicamente por essa língua. Também não é uma característica de um gênero textual em particular (todo gênero apresenta um tópico cuja instauração mobiliza uma cadeia referencial), que pode se tornar como tal uma tradição textual. Segundo Coseriu (2007), há procedimentos comuns para todos os textos que são definidos apenas no nível dos textos como tais, ou seja, são traços universais dos textos através dos quais um texto é um texto e não outra coisa. Nesse sentido, como princípio geral de construção textual, a referenciação tópica é um fato universal, e, portanto, a-histórico.

Por outro lado, as cadeias referenciais que constituem a referenciação tópica mobilizam certas propriedades formais e funcionais que são determinadas pela situação comunicativa, e, por isso, pertencem ao nível individual dos textos. Nesse sentido, uma determinada propriedade pode, ao longo do tempo, se repetir em um conjunto de textos, e se configurar uma tradição como a que é prevista quando se aborda a historicidade dos textos.

Para dar conta desse tipo de tradição, Kabatek (2006, 2007) propõe falar de TDs, ou seja, formas ou estruturas recorrentes em determinadas situações comunicativas com fins pragmáticos específicos. Essas formas não são específicas de uma língua particular, pois são transferidas por grupos culturais, contrariamente a fatos puramente linguísticos, que são transferidos por comunidades linguísticas. Nessa perspectiva, os procedimentos formais e funcionais mobilizados pela referenciação tópica podem ser tratados como tradições no nível individual dos textos na medida em que são procedimentos que podem se repetir em um conjunto de textos. Segundo Glessgen (2007), a noção de TD se ampara nas relações de repetição e imitação entre os textos. Os textos são grandes repetições e imitações de textos anteriores:

> Um enunciado não leva em conta apenas o diassistema. Ele reproduz, ao mesmo tempo, modelos prestabelecidos por uma situação comunicativa dada: ao se escrever uma carta, os elementos de abertura e saudação [...] a escolha da variedade do diassistema são definidos antes. [...]. Seja para uma carta ou uma conversação, uma poesia ou um

artigo científico, os enunciadores reproduzem modelos de outros discursos semelhantes que pertencem ao mesmo gênero textual e usam um vasto inventário de elementos de língua pré-fabricados. A produção da fala representa, então, mais um ato de reprodução de formas já existentes do que um ato livre de criação. (Glessgen, 2007: 104; tradução nossa)[8]

Finalmente, pode-se pensar ainda em mecanismos que são próprios de uma língua que atuam na referenciação tópica. Pensemos, por exemplo, em retomadas pronominais próprias de uma língua, como o português. Trata-se de um recurso gramatical que atua no nível textual da língua, ou seja, um recurso que faz parte das relações constitutivas que caracterizam uma ordem própria do texto. Nesse caso, no entanto, estamos no plano da historicidade linguística e considerando o texto como unidade da língua.

REFERENCIAÇÃO TÓPICA EM DIACRONIA

Nesta seção, propomos apresentar um estudo diacrônico da referenciação tópica. Como mostramos na seção anterior, os procedimentos formais e funcionais presentes na cadeia referencial que instaura o tópico discursivo dos anúncios serão tratados como fenômenos do nível individual dos textos, que podem ser retomados em um conjunto de textos pertencente a um gênero, no caso, anúncio, e configurarem TDs. Essas tradições, por sua vez, podem ser estáveis ou sofrer mudanças ao longo do tempo.

Analisamos os anúncios mineiros que compõem o *corpus* mínimo impresso do PHPB. Os anúncios estão organizados em quatro grupos, conforme o intervalo de tempo em que foram publicados: primeira e segunda metades do século XIX e primeira e segunda metades do século XX. Cada anúncio foi analisado para a identificação do tópico discursivo e das propriedades formais e funcionais da cadeia referencial ligada à instauração desse tópico. Com base nessa análise, constatamos quatro padrões de cadeias referenciais que apresentaram propriedades formais e funcionais comuns. Esses padrões foram, então, relacionados aos quatro períodos históricos com base nos quais o *corpus* está organizado, para, por fim, verificarmos a estabilidade ou a mudança.

O padrão *A* apresenta a seguinte característica: o tópico discursivo se instaura a partir da introdução de um objeto de discurso novo, mas não é o primeiro a ser introduzido no texto. Em (2), por exemplo, "annuncio" é o primeiro objeto de discurso, depois é introduzido "loja do senhor Mr. Silverio". Só depois o objeto de discurso que se configura como tópico é introduzido: "sortimento de sedas". Como há apenas introdução referencial, o objeto de discurso a partir do qual se instaura o tópico é o mais relevante, o que assume posição focal no texto. Em alguns casos, ocorre uma só retomada por elipse ou pronome. Essas propriedades formais constituem um processo pouco complexo de instauração do tópico. Nessas propriedades formais está inscrita uma propriedade funcional que é a de deixar o tópico suspenso e criar expectativa sobre ele:

(2)   [19,1 A MG] *Annuncio – Na Loja do Senhor Mr. Silverio Romão de Araujo há a vender um grande sortimento de sedas por preço* [...]. (*O Echo do Serro,* 28 de maio de 1831)

O padrão *B* é semelhante ao *A*. Há também apenas introdução referencial, mas o primeiro objeto de discurso novo já configura o tópico do texto, também porque assume posição focal no texto. Em alguns casos, pode ser retomado por elipse ou pronome. Em (3), por exemplo, "preto proprio" é o primeiro objeto de discurso introduzido no texto e se configura como o tópico tanto pela posição focal e relevância que assume no texto como pela elipse associada ao verbo "alugar". Essas propriedades formais constituem, da mesma forma, um processo pouco complexo de instauração do tópico, e a função interacional aí inscrita é a de salientar o tópico, chamar a atenção para ele. Em alguns casos, essa função é mais evidente, pois o objeto de discurso que instaura o tópico aparece já na abertura do texto. Em (4), por exemplo, o tópico é instaurado na abertura do texto pela introdução do objeto de discurso "chácara à venda".

(3)   [19,1 A MG] *Precisa-se de hum preto proprio para | todo o serviço de huma casa, quem Qui- | zer alugar pode dirigir-se a esta Typografia.* (*O Amigo da Verdade,* 9 de junho de 1829)

(4)   [20,2 A MG] *CHÁCARA À VENDA || Vende-se uma chácara, nos Ariões, Bairro de São Sebastião com dois quartas de terra toda cercada com quatro fios de arames e uma casinha nova. | Tratar com o Senhor Vicente Valadão, na praça Nossa Senhora Mãe dos Homens.* (*Gazeta de Minas,* 7 de setembro de 1952)

Os padrões *C* e *D* se caracterizam pela formação de uma cadeia referencial mais complexa, que começa com a introdução referencial e se estende por meio de anáforas. Por ser mais complexa, o tipo de relação entre os objetos de discurso que instauram o tópico é também diferente. Os dois grupos se diferenciam essencialmente com base nesse critério. No padrão *C*, a concernência entre os objetos de discurso que instauram o tópico é de natureza reiterativa. Um mesmo objeto de discurso é reiterado por diferentes expressões referenciais em um processo muito próximo à correferencialidade. No padrão *D*, a relação, além da reiteração de um mesmo objeto de discurso, é a de associação entre objetos de discurso diferentes ou fortemente recategorizados.

O anúncio (5) ilustra o processo que caracteriza o padrão *C*. O objeto de discurso "especifico aureo de Harvey" é introduzido e em seguida reiterado por expressões referenciais anafóricas, como "o grande remedio inglez", "este especifico", "o único remédio". Inscreve-se, nesse processo formulativo, a função interacional de salientar o tópico e mantê-lo ativo. O anúncio (6) é um exemplo do padrão *D*. Há entre os diferentes objetos de discurso ("grande festa", "bodas de prata", "aniversário", "jubilosa data", "o maior bota fora", "os seus 25 anos de existência") uma relação de associação que estabelece a concernência entre eles e configura o tópico discursivo *25 anos da sapataria Progresso*. Nesse caso, as funções interacionais são a de salientar o tópico, mantê-lo ativo e marcar posicionamento do locutor.

(5)   [20,1 A MG] *ESPECIFICO AUREO DE HARVEY || O grande remedio inglez. Cura infallivel. Cura radicalmente todos os casos de debilidade nervosa, perdas seminaes nocturnas ou diurnas, inchação dos testiculos, prostração nervosa, molestias dos rins e da bexiga, emissões involuntarias e fraqueza dos orgãos genitaes. | Este especifico é uma cura positiva em todos os casos de moços, homens de meia idade, dá força e vitalidade aos órgãos genitaes, revigora todo o systema nervoso, augmenta a circulação do sangue ás partes e é o único remédio que restabelecerá a saúde e força às pessoas nervosas, debilitadas e impotentes. Desanimo, receio, grande excitação, insomnia e desmaio geral desapparecem gradualmente depois do uso d'este Especifico, resultando socego, esperança e força. Este inestimável Especifico há sido usado por milhares com grande benefício e acha-se á venda em*

todo o mundo pelas pharmarcias e drogarias. Harvey & Cia. (Gazeta de Minas, 13 de janeiro de 1901)

(6) [20,2 A MG] *GRANDE FESTA! || A Sapataria Progresso está comemorando as suas bodas de prata, 25 anos servindo Oliveira e seu povo. Comemorar as bodas de prata da nossa pequena indústria de calçados, que aqui se iniciou há 25 anos, é motivo de grande orgulho para nós. | E o nosso melhor presente de aniversário é a preferência que o povo sempre nos distinguiu e o conceito que temos merecido de todas as camadas sociais desde o início das nossas atividades. | E ao ensejo de tão jubilosa data, estamos promovendo uma estrondosa liquidação com preços que são um presente de aniversário à nossa distinta frequezia. | Veja os preços de alguns artigos do colossal estoque que será liquidado até o dia 31 de dezembro! Aproveitem o maior bota fora de todos os tempos que a Sapataria Progresso oferece como presente de aniversário, em comemoração aos seus 25 anos de existência. | Sapataria Progresso – Praça 15 de novembro – 144 – Oliveira – Minas. (Gazeta de Minas, 8 de dezembro de 1957)*

Após a identificação desses padrões, realizamos uma análise qualitativa, observando sua recorrência nos quatro períodos, para verificarmos em qual ou quais períodos eles se repetem e quais padrões se sobressaem. O Quadro 1 sintetiza os resultados. Na primeira e na segunda metades do século XIX (19,1 – 19,2) e na primeira metade do século XX (20,1), o padrão *A* é pouco usual (um quarto da linha em cinza). Na segunda metade do século XX (20,2), esse padrão desaparece (toda a linha em branco). O padrão *B* é relativamente comum em 19,1 e 20,1 (dois quartos da linha em cinza) e pouco usual em 19,2 (um quarto da linha em cinza), mas é muito frequente em 20,2 (toda a linha preenchida em cinza). O padrão *C* é muito frequente nos quatro períodos (todas as linhas preenchidas em cinza). Por fim, o padrão *D* não existe em 20,1 (toda a linha em branco) e é pouco recorrente nos demais períodos (um quarto da linha em cinza).

Quadro 1 – Grupos de propriedades formais e funcionais

Padrão / Período	A	B	C	D
19,1				
19,2				
20,1				
20,2				

Esses resultados permitem, portanto, confirmar, como prevíamos, que esse conjunto de anúncios mobiliza propriedades formais e funcionais comuns de referenciação tópica. Essas propriedades criam padrões aos quais pertence esse conjunto específico de textos (os anúncios). No contexto histórico desses textos, esses padrões não são estáveis (ocorrem repetições ou exclusões) e não apresentam a mesma recorrência (são mais usuais em um período e menos em outro).

Nesse sentido, considerando o pressuposto teórico segundo o qual uma TD é o resultado de relações de repetição e retomada, os resultados apontam para a existência de duas TDs. Uma é estável (o padrão *C*) já que, nos quatro períodos, é muito frequente, o que comprova a repetição e a retomada. A outra é instável (o padrão *B*) já que começou a se formar como tradição ao longo do tempo e se estabilizou em um dado período. Esse padrão é pouco usual na segunda metade do século XIX, torna-se relativamente comum na primeira metade do século XX e se configura como tradição na segunda metade do século XX, sendo repetido e retomado em grande parte dos anúncios. Os padrões *A* e *D*, por sua vez, não chegam a configurar uma tradição, exatamente, porque não são significativamente frequentes para qualificar repetição e retomada.

O critério da recorrência (repetição e retomada), como é possível notar, é o principal critério com base no qual atribuímos o *status* de TD a uns padrões e não a outros. No entanto, como aponta Loiseau (2013), a TD é uma categoria pertinente para os locutores. Nesse sentido, a pertinência epilinguística é também

Uma condição que é levada em conta no estabelecimento de uma TD. "*O crité-rio epilinguístico se baseia na pertinência, para os locutores, das distinções e das denominações*" (Loiseau, 2013: 94). Assim, podemos também afirmar que as propriedades formais e funcionais da referenciação tópica são esquemas de produção e recepção textual pertinentes para os locutores. Em alguns anúncios, ocorrem elementos epilinguísticos que revelam a consciência do locutor sobre o anúncio e sobre a atividade discursiva que está sendo operada, o que permite também inferir a pertinência dos padrões repetidos. Em (7), por exemplo, o locutor explicita o gênero e o objetivo: "fazemos este annuncio, a fim de evitar a mà fé". Em (8), da mesma forma, são explicitados o meio ("pelo presente jornal") e o objetivo ("não lhe sendo possivel despedir-se pessoalmente, toma a liberdade de fazel-o").

(7)   [19,1 A MG] *AVISO. || Cumpre-nos fazer saber, que todos aquel- | les Senhores, que se dignarem honrar-nos com | suas correspondencias por via do correio, | o façao parte pago, aliás nao serao rece- | bi-das. Fazemos este annuncio, a fim de | evitar a mà fè, ou a m[.....], que cos- | tumao praticar a respeito destas remessas | certos sugeitos muito nossos conhecidos. | Do Redactor.* (*O Amigo da Verdade*, 22 de maio de 1829)

(8)   [19,2 A MG] *O Abaixo assignado grato aos dignos diamantinenses e com especialidade aos que o honrarão com sua amisade, não lhe sendo possivel despedir-se pessoalmente, toma a liberdade de fazel-o pelo presente jornal, e pede-lhe a graça de ser aceita sua despedida e offerece seu limitado prestimo na Côrte, ou na Lambary da Companha onde reside. | Luiz Augusto Carlos Meireles.* (*O Jequitinhonha*, 22 de novembro de 1868)

É possível ainda perceber, nesses resultados, um vínculo entre os padrões e os propósitos comunicativos do anúncio. No século XIX, os anúncios apresentam uma diversidade grande de objetivos. A partir do século XX, esses objetivos tendem a diminuir a ponto de se resumirem a apenas dois, na segunda metade do século. Identificamos sete objetivos mais frequentes no conjunto total de anúncios: *divulgar* (anúncio (9)), *procurar* (anúncio (10)), *alugar* (anúncio (11)), *avisar* (anúncio (12)), *comprar* (anúncio (13)), *vender* (anúncio (14)) e *denunciar* (anúncio (15)).

(9)   [19,2 A MG] *Theatro de Santa Isabel | Carnaval | Nos dias 6 até 9 do mez proximo futuro haverá no theatro de Santa Isabel, em substituição ao barbaro costume do entrudo, bellos saráos do carnaval. Os escolhidos convites de familia, a decencia e decoramento do theatro, a superioridade e gosto da musica offerecem aos habitantes desta cidade o mais honesto e variado divertimento. | Os abaixo assignados, empresarios, desse divertimento do carnaval, convidão aos habitantes d'esta cidade, para comparecerem no Theatro nos dias acima mencionados ás 8 horas da noite, onde tudo acharão no melhor gosto, e decencia, a partir do decoro das familias. | Claudio Augusto Ribeiro de Almeida | Procopio Gomes Ribeiro. (O Jequitinhonha,* 1869)[9]

(10)   [19,2 A MG] *Na fazenda do Pouso-Alegre, termo do juiz de Fóra, fugio a quatro mezes, o escravo Armando, pardo de vinte dois annos, bonito, bons dentes, baixo e tem sinais de açoite; quem leval-o a seu Senhor Carlos Machado na dita fazenda ou ao abaixo assignado na Gouvêa receberá a quantia de 100$000. (Roberto Alves Ferreira Tayoba Junior). (O Jequitinhonha,* 1870)

(11)   [19,1 A MG] *Avizo – Quem quizer arrendar um sítio com grande plantação de Café procure a Lidoro Victor Galle para contratar-se pois o mesmo está a mudar-se para o Sertão. (O Diamantino,* 1833)

(12)   [20,1 A MG] *SERVIÇO ELEITORAL || Encontra-se aberto desde o dia 15 de Janeiro do corrente ano, nesta Comarca, o serviço de qualificação eleitoral. E, como o encerramento das inscrições eleitorais se verificará no dia 15 de Agosto p. futuro, às 18 horas, solicita o Cartório Eleitoral aos interessados, por nosso intermédio, o aprestamento das novas inscrições e transferências, de modo a não haver acúmulo e prejuízo do serviço nas proximidades do encerramento. (Gazeta de Minas*, 26 de março de 1950)

(13)   [19,2 A MG] *ANNUNCIOS. || O corpo policial precisa de comprar alguns caval- | los e bestas, que sejão novos e de 52 polegadas de | altura para cima; portanto são convidadas as pessôas | interessadas para trazerem ou mandarem os ditos ani- | maes á este quartel em qualquer dia util, afim de ter | lugar a compra depois dos necessarios exames. Quar- | tel do corpo policial no Ouro-preto, 30 de Agosto de | 1860. José Dias dos Santos, alferes agente.* (O Bem Publico, 10 de setembro de 1860)

(14)   [20,2 A MG] *VENDEM-SE || 30 alqueires de ótimas terras, com excelente aguada, a 12 minutos da cidade de Lavras. Preço: Cr$1.500.000,00, facilitando-se o pagamento.* (Gazeta de Minas, 19 de março de 1958)

(15)   [19,2 A MG] *Mofina Cidade de Caldas || Colletor Modelo || Nada valerão duas representações do povo por intermedio da Camara Municipal, e as innumeras reclamações dos contribuintes à respeito da cobrança vexatoria e excessiva de impostos por esse colletor modelo?* (O Jequitinhonha, 15 de maio de 1870)

No Quadro 2, reunimos os objetivos mais comuns em todos os anúncios e mostramos como eles diminuem ao longo do tempo. Dos sete objetivos, todos compõem os anúncios de 19,1 e 19,2 (linhas preenchidas em cinza). Em 20,1, permanecem apenas três: *divulgar*, *avisar* e *vender*. Finalmente, em 20,2, permanecem apenas *divulgar* e *vender*.

Quadro 2 – Objetivos dos anúncios

Objetivo / Período	divulgar	procurar	alugar	avisar	comprar	vender	denunciar
19,1							
19,2							
20,1							
20,2							

Os padrões *B* e *C*, como já mostramos, constituem uma TD, uma instável e outra estável, respectivamente. Esses padrões estão proporcionalmente vinculados aos objetivos *divulgar* e *vender* dos anúncios, ou seja, onde ocorre um, ocorre o outro. Em outras palavras, podemos dizer que a instabilidade de objetivos corresponde à instabilidade de padrão, e a estabilidade de objetivo corresponde à estabilidade de padrão. As TDs inscritas no processo de referenciação tópica parecem estar também relacionadas ao uso social do gênero. Isso vai ao encontro da hipótese segundo a qual o gênero exerce uma determinação na construção do texto em virtude de alterações ou não dos seus usos sociais (Jubran, 2010).

CONSIDERAÇÕES FINAIS

Neste trabalho, realizamos o exercício de analisar um conjunto de textos pertencentes ao gênero anúncio, publicados em jornais do estado de Minas Gerais, nos séculos XIX e XX, para constatar se as permanências, modificações ou exclusões de procedimentos formais e funcionais da referenciação tópica configuram TDs e se são tradições estáveis. A análise nos permitiu chegar às seguintes conclusões:

a. a referenciação tópica não deve ser entendida como um processo de construção textual que pertence a uma língua em particular, assim como não deve ser vista como uma característica de um gênero textual em particular, pois todo gênero apresenta um tópico cuja instauração mobiliza uma cadeia referencial;

b. considerando a distinção entre historicidade da língua e historicidade dos textos e entre texto-unidade e texto-nível, o estudo diacrônico da referenciação tópica se situa no nível da historicidade dos textos, como um fenômeno que pertence à construção do texto, concebido como nível individual da linguagem;

c. a relação de um anúncio com outros no que diz respeito à retomada e repetição de determinados procedimentos formais e funcionais da referenciação tópica configuram TDs;

d. com base na relação de retomada e repetição dos procedimentos formais e funcionais da referenciação, foram identificadas duas TDs: uma estável (denominada como padrão *C*) e outra instável (denominada de padrão B);

e. as retomadas e repetições de procedimentos formais e funcionais da referenciação tópica que se configuram como TDs estão relacionadas às alterações no uso social do gênero;

f. os procedimentos formais e funcionais da referenciação tópica, embora se realizem segundo as regras da língua portuguesa, não pertencem à realização tradicional do sistema e não são uma característica dessa língua, mas constituem uma certa tradição de falar.

Essas conclusões são, em certa medida, pontuais, porque estão relacionadas a um único processo de construção textual, de um conjunto específico de textos vinculados a um gênero (anúncio), de apenas um estado (Minas Gerais). No entanto, a contribuição potencial é mais geral e mais significativa. Ao serem comparadas com conclusões de trabalhos semelhantes sobre outros objetos, outros textos e outras regiões, teremos a possibilidade de caminhar rumo ao propósito do PHPB, que é o de conhecer a realidade linguística brasileira do ponto de vista da sua história.

NOTAS

[1] Cf. o original: *"Au sein de ces opérations de referentiation, les interlocuteurs élaborent des* objets de discours, *i.e. des entités qui ne sont pas conçues comme des expressions référentielles em rélation speculaire avec des objets du monde ou avec leur réprésentation cognitive, mais dês entités qui sont interactivement et discursivement produites par les participants au fil de leur énonciation. Les objets du discours sont donc des entités constituées dans et par les formulations discursives des participants: c'est dans et par le discours que sont posés, délimités, developpés et transformés. Des objets de discours qui ne lui préexistent pas et qui n'ont pas une structure fixe, mais qui au contraire émergent et s'élaborent progressivement dans la dynamique discursive. Autrement dit, l'objet de discours ne renvoie pas à la verbalisation d'un objet autonome et externe aux pratiques langagières: il n'est pas un référent qui aurait été codé linguistiquement"* (Mondada, 2001: 90).

[2] A Perspectiva Textual-Interativa é uma proposta teórica de análise textual desenvolvida no contexto do Projeto de Gramática do Português Falado e que foi adotada também como base de proposta teórica para o estudo diacrônico de processos de construção textual no contexto do PHPB. Informações mais específicas sobre essa perspectiva se encontram na "Introdução" deste livro.

[3] Entre colchetes, estão abreviadas as seguintes informações: século (19,1, 19,2, 20,1 ou 20,2), gênero textual anúncio (A) e estado em que ocorreu a publicação (MG).

[4] Cf. o original: *"On est alors en droit de se demander pourquoi la linguistique du texte semble être traitée différemment des autres disciplines. Un indice matériel assez significatif de cette singularité est par exemple le fait que l'on puisse difficilement citer un ouvrage qui se présenterait comme une 'linguistique textuelle historique', alors que sont couramment utilisés les manuels de 'phonétique historique', de 'grammaire historique', qui font le point sur un domaine particulier"* (Combettes, 2012: 3).

[5] Cf. o original: *"Dans la mesure où l'on accepte que la compétence textuelle du locuteur se modifie avec le temps, il faut considérer comme soumises au changement les notions qui la constituent"* (Combettes, 2012: 5).

[6] Cf. o original: "*La macroestructura de los textos, i.e. la estructura de los textos como textos, no está referida a la lengua particular. Tampoco textos como* Guten Tag! *pertenecen en cuanto textos al nivel de lengua particular, aunque existan únicamente en una determinada comunidad lingüística. El hecho de que precisamente* Guten Tag! *y no otra cosa se utilice como fórmula de saludo es una tradición textual y no una tradición lingüística particular, aunque lo normal es que todos los miembros de la comunidad lingüística conozcan esa expresión. Por ese motivo, yo tampoco diría que, por ejemplo,* Bon matin! *no existe en francés, sino que diría que ese texto nunca fue formado o que nunca se convirtió en tradición en la comunidad lingüística francesa*" (Coseriu, 1992: 194).

[7] Cf. o original: "*Los textos son hechos individuales, pero no absolutamente singulares, pues presentan, además, una diménsion universal que incluye aquellos rasgos de la textalidad, y una diménsion histórica que hace que compartan tradiciones y moldes expresivos*" (Lamas, 2007: 52).

[8] Cf. o original: "*[Un] énoncé ne tient pas simplement compte du diasystème. Il reproduit en même temps des modèles préétablis pour une situation communicative donnée: s'il s'agit d'écrire une lettre officielle, les éléments d'ouverture et de salutation [...] voire le choix de la variété diasystématique sont définis d'avance. [...]. Pour une lettre ou une conversation d'achat comme pour une poésie ou un texte scienti-fique, les énonciateurs reproduisent le modèle d'autres discours semblables appartenant au même genre textuel et ils puisent dans un vaste inventaire d'éléments de langue préfabriqués. La production de la pa-role représente alors plus un acte de reproduction de formes déjà existantes qu'un acte de libre création*" (Glessgen, 2007: 104).

[9] No caso de alguns dos anúncios aqui reproduzidos, o *corpus* utilizado informa o ano de publicação do texto, não chegando a registrar dia e mês de publicação.

A REFERENCIAÇÃO EM CARTAS DE LEITOR MINEIRAS

Marcos Rogério Cintra

SUMÁRIO

APRESENTAÇÃO..126
REFERENCIAÇÃO E CONSTRUÇÃO DO DIÁLOGO SIMULADO.......................127
CARTAS DE LEITOR MINEIRAS..129
ESTRATÉGIAS DE REFERENCIAÇÃO 133
CONSIDERAÇÕES FINAIS...141

APRESENTAÇÃO

Neste capítulo, abordamos os processos de referenciação em cartas de leitor mineiras dos séculos XIX e XX. A discussão empreendida toma por base a Perspectiva Textual-Interativa (PTI) em articulação com pressupostos do modelo de Tradições Discursivas, conforme o quadro teórico-metodológico descrito na "Introdução" deste volume. Propomos que o funcionamento interacional da carta de leitor pode ser investigado por meio do *diálogo simulado/presumido* ou da *conversação simulada/presumida* que orienta essa atividade discursiva.

Por ser a carta um gênero de caráter público, com circulação na esfera jornalística, todos os leitores do jornal ou da revista são os destinatários das missivas publicadas. Na construção desse tipo de interlocução, contudo, o escrevente põe em relevo parceiros comunicativos com os quais estabelece uma conversação presumida entre primeira (escrevente) e segunda (redator/redação ou leitor específico) pessoas discursivas. Assumimos que essas atividades comunicativas podem ser examinadas pelas marcas que transparecem na superfície textual. Pretendemos, assim, investigar como a carta de leitor, na condição de espaço textual-interativo, exibe a presença dos participantes desse diálogo presumido, tendo em vista as estratégias pelas quais são designados referencialmente e a maneira como se afiguram emotivamente no texto.

Nosso universo de investigação é composto por amostras de cartas de leitor mineiras, disponibilizadas digitalmente pelo Projeto para a História do Português Brasileiro (PHPB), representativas de três períodos: primeira e segunda metades do século XIX e segunda metade do século XX. São examinadas 45 cartas distribuídas em três grupos de 15 textos: amostra 19,1 (1825-1845), amostra 19,2 (1875-1898) e amostra 20,2 (1956-1961).[1] Os dados oitocentistas reúnem cartas de diferentes jornais da cidade de Ouro Preto, à época capital de Minas Gerais, num contexto sócio-histórico de implantação da imprensa periódica no Brasil e de sua progressiva difusão no século XIX (Chaves, 2021). Os dados novecentistas, por sua vez, constituem-se de cartas da revista *Alterosa*, uma das mais relevantes revistas mineiras, com circulação nacional por quase três décadas, tendo encerrado o seu ciclo de produção em 1964 (Martini, 2017).

Este capítulo se organiza em quatro seções. Nas duas primeiras, apresentaremos a noção de referenciação vinculada à PTI e descreveremos a carta de leitor a partir dos traços observados nas três amostras investigadas, frisando nomeadamente as diferenças na construção do diálogo presumido nessas comunicações escritas. Na terceira seção, dedicada à análise dos processos referenciais, examinaremos, no decorrer do período diacrônico, a designação pronominal dos participantes da conversação simulada, tendo como foco as estratégias de referenciação pronominal da primeira e da segunda pessoas do discurso, na função de sujeito sintático. Faremos também menção às formas nominais na condição de recursos estratégicos que sinalizam a direção argumentativa e concorrem para acentuar a emotividade ou a expressividade discursiva. Pretendemos, assim, verificar a influência do funcionamento interacional no uso de estratégias de referenciação. Por fim, nas considerações finais, retomaremos os principais pontos discutidos, argumentando, com base nos dados analisados, que as atividades interacionais se estampam na materialidade textual. Essa afirmação corresponde a um princípio textual-interativo básico, que fundamenta os procedimentos teórico-metodológicos da abordagem diacrônica dos processos de construção de textos.

REFERENCIAÇÃO E CONSTRUÇÃO DO DIÁLOGO SIMULADO

Vinculando-se a uma orientação sociocognitivo-interacionista acerca da construção textual do sentido e articulando variadas investigações (Koch e Marcuschi, 1998; Marcuschi e Koch, 2002; Koch, 2006; Koch, 2004; entre outras), na PTI (Koch e Marcuschi, 2006) a referenciação corresponde a um conjunto diversificado de atividades discursivas dinâmicas de construção e reconstrução de *objetos de discurso* no desenvolvimento da progressão textual. Essa concepção se funda na premissa de que os tradicionalmente chamados *referentes* não se constituem na relação especular com o mundo, como se fossem *objetos do mundo*, mas, sim, na ação negociada e compartilhada entre interlocutores, em situações de interação, nas quais são instaurados como *objetos de discurso* (Koch e Marcuschi, 2006: 381-382).[2]

De acordo com Koch (2006), *"os objetos de discurso são dinâmicos, ou seja, uma vez introduzidos, podem ser modificados, desativados, reativados, transformados, recategorizados, construindo-se ou reconstruindo-se, assim, o sentido, no curso da progressão textual"* (Koch, 2006: 80-81). Koch e Marcuschi (2006) frisam a natureza interacional dessa atividade de elaboração e reelaboração, sem negar, no entanto, que esse processo se submete a condicionamentos de ordem sócio-histórica e cultural e a circunstâncias de processamento que derivam da utilização da própria língua. Destacam os autores que *"a discursivização ou textualização do mundo por via da linguagem não se dá como um simples processo de elaboração informacional, mas de construção, estruturação e fundação do próprio real"* (Koch e Marcuschi, 2006: 382). São elencados três recursos estratégicos de progressão referencial: a utilização de *pronomes ou elipses (pronome nulo)*, de *expressões nominais definidas* e de *expressões nominais indefinidas* (Koch, 2006: 85).

São de interesse investigativo a este trabalho o uso de pronomes (pronome expresso) e elipses (pronome elíptico) e de determinadas expressões nominais que assinalam a orientação argumentativa e intensificam a expressividade discursiva, tendo em vista o diálogo presumido nas cartas. Apesar de esse tipo de comunicação escrita, como gênero da esfera jornalística, se dirigir a todos os leitores do veículo (jornal ou revista) em que é publicada, o escrevente faz referência a certos parceiros discursivos como se interviessem na situação comunicativa, numa espécie de diálogo simulado entre primeira e segunda pessoas, como no excerto abaixo:

(1)   [19,1 CL MG][3] *Senhor Redactor. | Muito esperto é o Redactor do Telegrafo, | ou alias muito velhaco. Nâo vio **Vossamercê** aquella | bravata com que arrotou contra os Liberaes, | chamando-os poltrôes, que se andavão a met | ter pelas causas alheias com medo da mostarda? | Ora se **Vossamercê** soubesse o que eu tenho ouvido | pela Cidade que o tal velho redactor fôra | dormir uma noite á caza do Major A. J. F. | B., outra á do Coronel F. A. L., outra á | do sogro, o que **diria**? [...] Poltrão é elle | e bem poltrão. [...] Adeos, senhor Redactor, até | outra vez. O Passeador.* (*O Universal*, 20 de dezembro de 1830)

No fragmento textual (1), nota-se a conversação simulada entre primeira e segunda pessoas discursivas: o escrevente se dirige ao redator por meio de formas pronominais indicativas dessa participação através do pronome[4] "Vossa-mercê" e da elipse inferida na forma verbal "diria". As interrogações reafirmam o diálogo presumido e sinalizam a presença do redator, a quem se encaminha, de modo retórico, o questionamento. Metaforicamente, essa conversação presumida pode funcionar como um "ponto de mira", a partir do qual o escrevente consegue atingir os alvos que lhe interessam, terceiras pessoas a quem a comunicação escrita pode se endereçar. O escrevente, que subscreve como "O Passe-ador", ao interagir com o redator do jornal *O Universal*, veículo em que a carta foi publicada, critica um outro redator, o "Redactor do Telegrafo", referenciado na comunicação escrita como terceira pessoa, por meio de formas como "o tal velho redactor", "elle".

Na condição de processo basilar da constituição textual, as estratégias de referenciação são inerentes à atividade sociocomunicativa, de modo que a investigação diacrônica pode permitir a identificação de tendências de implementação dessas estratégias, circunscritas às amostras analisadas. Como mencionado anteriormente, nosso interesse reside, sobretudo, nas formas referenciais pronominais que indiciam a presença da primeira e da segunda pessoas discursivas, partindo da consideração de que há um diálogo presumido que orienta a organização discursiva das cartas examinadas, cuja descrição se apresenta a seguir.

CARTAS DE LEITOR MINEIRAS

Ao propor uma definição para a carta de leitor, Costa (2012: 65) conceitua esse gênero, conhecido por meio de rótulos variados (*carta ao redator*, *carta à redação*, *carta de leitor*, entre outros), como uma comunicação escrita "*geralmente de opinião (argumentativa), que circula em jornais ou revistas, já que o leitor a envia para manifestar seu ponto de vista sobre alguma matéria que tenha lido, principalmente matéria polêmica*". Além das cartas de opinião e de crítica, que comumente se associam a esse gênero, no cotejo das amostras analisadas, aferiram-se também cartas de pedido, de solicitação, de elogio, de denúncia e de reclamação.[5]

A carta *viabiliza* a participação dos leitores, em seções próprias destinadas às correspondências, em publicações periódicas (jornal ou revista). Observa-se, assim, uma prática sociocomunicativa que favorece o diálogo, propiciando aos interlocutores a possibilidade de se expressarem e de se constituírem como atores sociais em interação por meio dessa situação comunicativa escrita. Conforme comenta Melo (1999: 20), *"a carta à redação transforma-se, portanto, num espaço de discussão, de embate de opiniões. Nas cartas, os leitores defendem ideias, doutrinas, crenças, ou seja, posicionam-se publicamente como sujeitos"*.[6]

Como já abordado, por meio das cartas, instauram-se relações que denotam proximidade enunciativa entre o escrevente e determinados leitores, instituídos como parceiros numa situação comunicativa de diálogo simulado, cuja existência pode ser reconhecida pelas marcas deixadas na superfície do texto. Essa conversação simulada favorece a emotividade discursiva, evidenciada pelo uso de recursos como vocativos, interrogações, exclamações, interjeições e pausas.[7]

Com relação aos vocativos, observou-se que esse tipo de expressão interacional aparece apenas nas cartas oitocentistas, perfazendo 44 ocorrências: 66% (29/44) delas na amostra 19,1 e 34% (15/44), na 19,2. Considerados os participantes (redator/redação ou leitor específico) da conversação simulada, verifica-se que, na primeira metade do século XIX, predominam os vocativos dirigidos ao redator, especificamente a forma "Senhor Redactor". Na segunda metade do século XIX, por outro lado, sobressaem-se também os endereçados a um leitor particular, como "Excelentíssimo Senhor" e "Illustrissimo Senhor" (geralmente usados para interpelar atores sociais que exercem funções públicas), e os imbuídos de emotividade, como "Charissimo amigo do coração preto":

(2)   [19,1 CL MG] [...] ***Senhor redactor***, *quando o padre Marinho te | ve o descaramento de faltar a verdade acerca | de um sucesso presenciado por milhares de | pessoas, o que naõ acconcecerá com outras | de menor notoriedade? Assim pois é escripta | a tal historia, da qual tem se dito tudo quan | to se diz que é obra do padre Marinho. Sou, | **senhor redactor**, seu constante leitor | Faustino Francisco Branco. (O Publicador Mineiro*, 22 de fevereiro de 1845)

(3)   [19,2 cl mg] [...] ***Charissimo amigo do coração preto***. *– Com immen-*
sissimo prazer empunho a | penna para annunciar-te que a luz eter | na
reappareceo n'esta infeliz cidade, que | durante tanto tempo se conser-
vou da tua | côr! | Até hoje vivo n'um inferno sem tregoas, | desde o dia
que ouvi uns moços galho | fando, dizendo que não é só o teo cora | ção
que é preto, mas tambem os teos | miolos [...]. (*Diario de Minas*, 25 de
novembro de 1876)

Nos exemplos anteriores, por meio das expressões vocativas ("Senhor
redactor", "Charissimo amigo do coração preto"), o escrevente se vale da estratégia da interpelação, como numa situação de interação dialogada. Em (2),
o escrevente, ao interagir com o redator, tem como finalidade criticar a alega-
da conduta caluniosa de uma terceira pessoa, um religioso identificado como
padre Marinho. Em (3), o escrevente também tem como objetivo desaprovar
o comportamento de um ator social particular, a quem interpela ironicamente
como "Charissimo amigo do coração preto".

Na comparação entre as três sincronias, a ausência de expressões vocativas nas cartas novecentistas indica uma mudança nas formas de interação entre os participantes, ou seja, o escrevente não mais se serve desse expediente,
comum nas cartas oitocentistas, para se dirigir ao interlocutor como segunda
pessoa discursiva. Cabe acrescentar ainda que, na amostra 19,1, foram identificadas duas expressões vocativas direcionadas aos leitores em geral, "Senhor
Povo", como se integrassem diretamente o diálogo simulado:

(4)   [19,1 cl mg] ***Senhor Povo.*** *| Não se afflija com a demora da glo | za que*
vossa mercê me fez a honra de me encom | mendar; no domingo seguin-
te promet | to mandar-lh'a–palavra de patriota.– | Desculpe a demora,
*que é causada por | falta de uma perna da ultima decima. | Sou, **senhor***
***Povo**, – O Domingos poeta.* (*O Povo*, 27 de maio de 1849)

No que concerne às interrogações, às exclamações, às interjeições e às
pausas, como manifestações relevantes da expressividade, vejamos os exemplos a seguir:

(5)   [19,1 CL MG] *Senhor Redactor.* | **Por toda a parte se pergunta; que | he esse Companheiro do Conselho?** | **Já morreo, porque se acabou a me | tralha do Despertador Constitucio | nal?** *Se não escreve por esse motivo,* | **diga**-*me, que lhe mandarei algum* | *mantimento daquelle genero. E se* | *elle já de todo acabou,* **faça**-*lhe os* | *officios de Christão, porque elle he* | *animal homem e bem precisa de suf* | *fragios.* (*O Universal*, 20 de julho de 1825)

(6)   [19,2 CL MG] **E...** | *Só Deos sabe os embara* | *ços que tenho encontrado* | *para responder-te. Feliz* | *mente pude valer-me deste* | *meio.* | *Eu a muito que ando af* | *flicta para falar-te, mas co* | *mo sabes as difficuldades* | *são muitas.* | **E...**, *eu sei que voce ama* | *muito a* **prof...** *e por isso* | *esqueces a promessa que me* | *fisestes para ao despois de empregares* | *effectivamente.* | **Olha, E... eu tenho guar | dado todo o scilencio sobre | a tua cartinha de 24 de ju | nho; entretanto, já você vai | se esquecendo de mim! | Ah! sou muito infeliz!! | Oh! não abandones a tua | querida** | *A.* (*O Diabinho*, 12 de outubro de 1887)

Em (5) e (6), observa-se que as interrogações, as exclamações, as interjeições e as pausas intensificam a emotividade da comunicação escrita. No excerto (5), as interrogações acentuam o intercâmbio interacional com o redator, a quem são lançados questionamentos retóricos, com o propósito de criticar a conduta de uma terceira pessoa ("O Companheiro do Conselho"). Cabe frisar também que o uso de verbos no modo imperativo, em (5), favorece a percepção dessa conversação estrategicamente manipulada pelo escrevente. Na carta em (6), reproduzida integralmente, as exclamações, as interjeições e as pausas reforçam a natureza queixosa e dramática da interlocução escrita.

A análise revela que esses recursos são desfavorecidos na amostra novecentista pelo abrandamento do diálogo simulado e consequente inibição da presença dos parceiros presumidos (primeira e segunda pessoas), levando à perda da interpelação mais explícita promovida pelo vocativo e à atenuação da emotividade nas interações. A destacada emotividade na escrita, como já discutido em outros trabalhos, foi uma característica comum em gêneros textuais da esfera jornalística oitocentista (Fraga, 2005; Andrade, 2006; Gomes, 2007; Sales, 2011).

Deve-se relatar, nesse sentido, que algumas formas de subscrição das cartas do século XIX corroboram esse caráter fortemente emotivo. Verificaram-se não apenas missivas assinadas com nome e/ou sobrenome, mas também com alcunhas e pseudônimos que, por vezes, são matizados pelo teor trocista, revoltoso ou dramático. No século XX, por sua vez, as cartas são assinadas pelo escrevente com seu nome e sobrenome, com indicação de sua cidade e até mesmo de seu endereço residencial. Também nesse aspecto, identificaram-se mudanças entre as amostras oitocentistas e as novecentistas.

Cabe destacar ainda que as amostras oitocentistas reúnem um conjunto de textos diversos, com grande variação tipológica[8] e composicional a depender da comunicação escrita. Foram identificados inclusive alguns casos de composição híbrida, com inserção de um outro gênero dentro do gênero carta de leitor. As cartas novecentistas, por outro lado, já são produzidas num momento de mais estabilidade composicional dos gêneros jornalísticos.[9] No processo de consolidação da imprensa escrita no século XX, traços de expressão emotiva dos gêneros opinativos, como a carta, são mitigados para que não se comprometa a credibilidade da informação comunicada.

Nesse sentido, na comparação entre as três amostras, é possível atestar que a atenuação da presença de uma segunda pessoa discursiva e a diminuição da emotividade se associam ao abrandamento do diálogo simulado. Trata-se de modificações discursivas que são sinalizadas por variações na materialidade textual. Em outras palavras, notam-se alterações nas maneiras de interagir dos interlocutores das cartas oitocentistas e das novecentistas, envolvendo a mitigação interpelativa (descontinuidade no uso de expressões vocativas) e o enxugamento de recursos expressivos (diminuição de interrogações, exclamações, interjeições e pausas) nas missivas no século XX.

ESTRATÉGIAS DE REFERENCIAÇÃO

Conforme discutido na seção precedente, na comparação entre as sincronias, observaram-se mudanças no diálogo simulado das cartas oitocentistas e das novecentistas, levando à mitigação do caráter interpelativo e emotivo da interação. Defendemos que essas variações nas atividades interacionais influenciam o uso de certas estratégias de referenciação. Para investigarmos o efeito dessas mudanças interlocutivas, analisamos aqui a designação referencial dos participantes do diálogo simulado por meio de estratégias de pronominalização, empregando, como critério auxiliar, a noção de "*grau de envolvimento dos interlocutores*" (Galembeck, 2003: 82). O grau de envolvimento constitui-se como um recurso para aferir a expressão interacional de uma situação comunicativa: o grau mais alto desse envolvimento se associa à manifestação de marcas de primeira e segunda pessoas, por meio de pronomes ou desinências verbais correspondentes (Galembeck, 2003).[10] É entre a primeira e a segunda pessoas do discurso que se pratica o chamado "*jogo da interação*" (Neves, 2018: 465) que, nas comunicações escritas aqui investigadas, avaliamos como equivalente ao diálogo simulado. Consideremos, inicialmente, as marcas pronominais de primeira pessoa, destacadas nos exemplos a seguir, na função de sujeito sintático:

(7)   [19,1 CL MG] [...] *Se **eu** admitisse a graça, que o Con | gresso se dignou fazer-me, os meus | serviços ao Perú ficarião cobertos com | demazia pela liberalidade do Con | gresso [...] Jámais **quiz** | **acceitar** da minha mesma patria re | compensa deste genero. Assim seria | uma inconsequencia monstruosa, se | agora **eu** recebesse das mãos do Perú | o mesmo, que tinha recusado á minha | patria. [...] **Eu** | acceito pois esta recompensa do Con | gresso com huma effusão de gratidão, | que nenhum sentimento pode digna | mente expressar.* (O Universal, 25 de julho de 1825)

(8)   [19,2 CL MG] *Ouro Preto, | Illustríssimo Senhor. – Scientes por seo officio de | hoje de que fôra nomeado para servir in- | terinamente no corpo policial, e por | isso deixava o lugar de enfermero-mór do | hospital desta cidade, **declaranmo**-lhe que | **aceitamos** a demissão, pela utilidade que | d'ella resulta, e lhe **agradecemos** o | zelo, intelligencia e honradez com que | cumprio os seos deveres. | Para substituil-o **temos nomeado** o Senhor | Antonio Justiniano da Costa Cabral [...].* (Diario de Minas, 25 de junho de 1875)

(9)   [20,2 CL MG] [...] ***Acabo de regressar*** *de umas fé- | rias na capital pau-
lista, e mais | do que nunca sinto a nossa in- | ferioridade nesse setor da
diversão | popular. Em São Paulo, a gente | tem prazer em freqüentar
os | cinemas.* [...] *| JOAQUIM FRANCISCO GUERRA – BELO HORI-
ZONTE.* (*Alterosa*, 1º de março de 1958)

Nos excertos em (7), (8) e (9), verifica-se que a marcação pronominal da
presença do escrevente, como primeira pessoa, é efetivada por meio de pronome expresso (sujeito explícito) ou pronome elíptico (sujeito implícito). Investigamos aqui essas duas formas de referenciação pronominal, na função de
sujeito sintático na oração. Essa delimitação se deve ao fato de que são diversificados os processos de referenciação pronominal, o que demanda um recorte
que operacionalize o exame dessas estratégias.

No levantamento dos dados, identificamos 179 ocorrências de designação
referencial do escrevente, por meio de pronome expresso (sujeito explícito)
ou de pronome elíptico (sujeito implícito), com a seguinte distribuição percentual geral: 85% (152/179) delas de pronome elíptico e 15% (27/179) de
pronome expresso. A distribuição percentual em cada sincronia é apresentada
na Tabela 1:

Tabela 1 – Estratégias de referenciação pronominal da primeira pessoa

	19,1	19,2	20,2	
Pronome expresso	23% (17/75)	15% (8/53)	4% (2/51)	15% (27/179)
Pronome elíptico	77% (58/75)	85% (45/53)	96% (49/51)	85% (152/179)

A Tabela 1 permite verificar que, em relação à estratégia de designação
pronominal da primeira pessoa, no período diacrônico analisado, há duas tendências: uma de decréscimo do pronome expresso e outra de ampliação do
pronome elíptico. Essas tendências são intensificadas na amostra 20,2, em que
o pronome elíptico corresponde a 96% (49/51) das ocorrências de referenciação
pronominal e o pronome expresso, a apenas 4% (2/51).

Como discutido anteriormente, a mudança no funcionamento interacional leva à inibição de marcas da presença dos parceiros do diálogo simulado nas cartas novecentistas. O abrandamento do diálogo simulado representa modificação nas formas de interação entre a primeira e segunda pessoas do discurso. Conforme a conversação presumida se torna menos patente, também a manifestação pronominal explícita dos parceiros que dela participam passa a ser desfavorecida. Essa remodelação no funcionamento interacional, observada na sincronia 20,2, tende a afetar a estratégia de uso do pronome expresso na marcação da presença do escrevente.

Ao provocar a mitigação do caráter interpelativo da interlocução verbal, esse abrandamento tende a inibir, de modo ainda mais acentuado, a presença da segunda pessoa na sincronia 20,2. Atentemos, nesse sentido, para os seguintes fragmentos textuais, nos quais os termos destacados são exemplos de marcas de segunda pessoa discursiva, como pronome expresso ou pronome elíptico, na função de sujeito sintático:

(10) [19,1 CL MG] *Senhor Redactor. | Muito esperto é o Redactor do Telegrafo, | ou alias muito velhaco. Nâo vio* **Vossamercê** *aquella | bravata com que arrotou contra os Liberaes, | chamando-os poltrões, que se andavão a met | ter pelas causas alheias com medo da mostarda? | Ora se* **Vossamercê** *soubesse o que eu tenho ouvido | pela Cidade [...]. (O Universal*, 20 de dezembro de 1830)

(11) [19,2 CL MG] *[...]* **Não te mettas** *mais | a escriptor publico não, porque, segun | do tenho ouvido,* **você** *espichou-se redon | damente em fallar na luz eterna, no cho | rar as lagrimas & &. |* **Não sejas** *tôlo... **não te mettas** a to | mar partido [...]. (Diario de Minas*, 25 de novembro de 1876).

(12) [19,2 CL MG] *[...] Espera-se que* **Vossa Ex[[x]]celência** *| tome em consideração, | esta justa reclamação, | procedendo como fôr de | justiça. | Setembro 20 de 1894. | Uma victima. (A Derrocada*, 29 de setembro de 1894)

(13) [20,2 CL MG] *|* **Não poderiam colocar**, *entre vá-| rias outras, reportagens sôbre os| pobres que dormem nas calça- | das, por não terem lares? [...] | Aproveito para juntar à minha | opinião, dois pedidos: por que |* **não publicam** *na capa uma foto- | grafia de Brigitte Bardot? E*

*não | **poderiam fornecer**-me o enderê- | ço da mesma? | LINDENOR ALVES DA SILVA – BELO HORIZONTE – MG. (Alterosa, 15 de junho de 1958)*

Nos excertos em (10), (11), (12) e (13), observa-se que a marcação pronominal da presença dos participantes (redator/redação ou leitor específico), como segunda pessoa, se estabelece por meio de pronome expresso (sujeito explícito) ou pronome elíptico (sujeito implícito). Relativamente à designação expressa, tanto na amostra 19,1, como na 19,2, "Vossamercê" é a forma pronominal que indica a presença do redator. Nos casos em que a interlocução se dirige a um ator social específico, como segunda pessoa, notou-se que "Vossa Excelência", "Vossamercê" ("Vossa Mercê") e "o senhor" são as formas pronominais expressas mais comuns na amostra 19,1, e "Vossa Excelência", "Vossa Senhoria", "o senhor" e "você", na 19,2.

Em nossa análise, identificamos 115 ocorrências de designação referencial dos participantes da conversa presumida, como segunda pessoa, por meio de pronome expresso (sujeito explícito) ou de pronome elíptico (sujeito implícito), com a seguinte distribuição percentual geral: 84% (97/115) delas de pronome elíptico e 16% (18/115) de pronome expresso. A distribuição percentual em cada sincronia aparece na Tabela 2, abaixo:

Tabela 2 – Estratégias de referenciação pronominal da segunda pessoa

	19,1	19,2	20,2	
Pronome expresso	13% (8/62)	22% (10/45)	0% (0/8)	16% (18/115)
Pronome elíptico	87% (54/62)	78% (35/45)	100% (8/8)	84% (97/115)

Como indicado na Tabela 2, observa-se que, em relação à estratégia de designação pronominal da segunda pessoa, no período diacrônico examinado, ocorreu aumento no uso do pronome expresso na comparação entre as amostras 19,1 e 19,2, mas não se aferiu ocorrência desse tipo de estratégia pronominal explícita na amostra 20,2. Quanto ao pronome elíptico, embora se tenha verificado diminuição do seu uso na comparação entre as amostras 19,1 e 19,2, essa forma de expressão corresponde a 100% (8/8) das ocorrências de referenciação pronominal da segunda pessoa na sincronia 20,2.

Defendemos que o abrandamento do diálogo simulado, que implica mudança interacional, com forte inibição da presença da segunda pessoa da conversação presumida, desfavorece sobretudo a estratégia do pronome expresso nas cartas novecentistas. Os dados permitem afirmar que a manifestação pronominal expressa da primeira (Tabela 1) e segunda (Tabela 2) pessoas é desfavorecida, à medida que a dinâmica do intercâmbio verbal vai se rareando, com a mitigação da interlocução promovida pela conversação simulada e consequente atenuação das marcas de *subjetividade e intersubjetividade*" (Galembeck, 2003: 79). Com relação a esse abrandamento, vale destacar que:

> [...] a condição de falante é transitória e que seu discurso deve incorporar o outro. O "eu", com efeito, só pode instituir-se como tal numa relação transitiva e binária, e disso decorre a frequência com que o informante assinala, de modo explícito, a presença do interlocutor. (Galembeck, 2003: 82)

Nas missivas novecentistas, ocorrem alguns raros casos de designação explícita da presença do corpo editorial da revista pelo uso de formas nominais, e não mais por meio de pronomes expressos. O escrevente se dirige à redação, inferida como um conjunto de pessoas, não havendo mais um redator ou um ator social específico, como nos dados oitocentistas. Como se observa em (14), nos momentos em que o escrevente interage com a redação nas cartas novecentistas, ele o faz por meio da expressão nominal "essa Redação", implicando um certo grau de distanciamento:

(14)　　[20,2 CL MG] *Nenhum Sectarismo Religioso | DESDE muitos anos, venho | lendo essa interessante Re- | vista com a maior assiduidade, | porque nela encontro pouco | daquele decantado espírito de | equilíbrio, ponderação e sensa- | tez, que caracteriza a gente des- | tas montanhas, Distingo, sobretu- | do, o louvável respeito que **essa** | **Redação** dispensa ao sentimen- | tos religiosos da coletividade bra- | sileira – seja quais forem êsses [...]. (Alterosa, 1º de dezembro de 1959)*

Cabe relatar também que, como parte do encerramento[11] de algumas cartas oitocentistas, se notam expressões nominais por meio das quais o escrevente se projeta referencialmente como terceira pessoa discursiva, numa atitude de consideração com os parceiros (redator ou leitor específico) da conversação presumida. Não raras vezes, essas formas nominais são imbuídas do caráter emotivo: "o seu assinante", "seu attento leitor", "De vossa excelência attento amigo e reverente criado", "seu constante leitor", "a tua querida", "Teo amigo e mordomo do Serralho", entre outras.

Deve-se fazer menção ainda às expressões nominais que orientam os interlocutores, apontando o direcionamento argumentativo da missiva, enquanto projeto comunicativo manejado pelo escrevente. Ao serem construídas e reconstruídas no transcurso da progressão textual, essas formas contribuem para a intensificação da expressividade, como podemos observar nas ocorrências destacadas nos fragmentos textuais abaixo:

(15) [19,1 CL MG] *Senhor redactor – No mappa topografico do | arraial da Lagoa Sancta, junto a sua historia da | rebellião de Minas, pôz o padre Marinho a | seguinte nota: - Sangrador onde o tenente Pe | dro Latalisa com [ilegível] praças e havendo só 6 | armas, fez debandar o Faustino Francisco Bran | co com 200 praças que commandava. – Se **taõ | nojenta mentira** naõ tivesse outro alvo senaõ | a minha pessoa, de certo que naõ tomaria | o trabalho de a confutar,* [...]. (*O Publicador Mineiro*, 22 de fevereiro de 1845)

(16) [19,1 CL MG] [...] *Os documen | tos de folhas 72, e 74 accusados no despacho | transcrito sâo duas Cartas do senhor Castro, uma | dirigida ao Padre Arruda, e outra ao Gui | marâes; **esses dois Anjos, innocentes a quem | o senhor Castro promette todo o favor**. Eu lhos | enviarei senhor Redactor, e quando essas peças | apparecem em publico,* [...]. (*O Universal*, 31 de dezembro de 1832)

No excerto em (15), que é um fragmento textual da mesma missiva de que se extraiu o exemplo (2), observa-se que, por meio do diálogo simulado com o redator, o escrevente, o capitão Faustino Francisco Branco, refuta veementemente uma nota difamatória de um ator social específico, o religioso apresentado como padre Marinho. A nota difamatória, "Sangrador onde o tenente Pedro Latalisa com [ilegível] praças e havendo só 6 armas, fez debandar o Faustino Francisco Branco com 200 praças que commandava", é encapsulada e reelaborada pela expressão "taõ nojenta mentira", que assinala a orientação argumentativa da comunicação escrita. Esse tipo de nominalização condensa a informação precedente, recategorizando-a como um novo objeto de discurso que, ao salientar a indignação e o descontentamento do escrevente, revela ao leitor o percurso argumentativo visado.

No trecho em (16), o escrevente também se serve da estratégia da conversação presumida com o redator para atingir um ator social específico, "o senhor Castro", com o propósito de denunciar as irregularidades cometidas por esse agente público. Trata-se de uma carta repleta de formas nominais com teor acentuadamente irônico, como, por exemplo, a descrição definida "esses dois Anjos, innocentes a quem o senhor Castro promette todo o favor", que recategoriza os supostos apaniguados do senhor Castro, "Padre Arruda" e "Guimarâes", desqualificando-os.

Diversos segmentos textuais das cartas investigadas são matizados pela emotividade discursiva do escrevente, por meio de formas nominais com acentuado juízo de valor. Essas formas estratégicas de construção argumentativa das missivas são recorrentes durante todo o período analisado, embora pareçam ser um pouco menos marcadas pelo caráter irônico e confrontativo na amostra novecentista:

(17) [20,2 CL MG] *De <<Sete Dedos>> a <<Seu Benedito>>* [...] *Benedito Lima César é famoso.* [...] *Hoje,* | *êle está na Casa de Correção de* | *Belo Horizonte. De todos os pre-* | *sos é Benedito Lima César* ***o que*** | ***melhor se apresenta, sempre bar-*** | ***beado, limpo, com seu aposento*** | ***em ordem*** *e às voltas com a Bí-* | *blia e livros de inglês e geografia.* | *Sua fisionomia demonstra confi-* | *ança e paz de espíri-to. Além* | *disso, só a consideração que os* | *outros colegas de prisão lhe de-* | *dicam, chamando-o de* <<*seu*>> ***Be-|nedito*** *e confiando-lhe problemas,* | *bastaria para justificar o que* | *quero dizer.* (*Alterosa,* 1º de junho de 1958)

No excerto em (17), as formas nominais são fundamentais para a construção e reconstrução da identidade de "Benedito Lima César", cuja história de vida é mencionada na carta. O título da missiva, "De <<Sete Dedos>> a <<Seu Benedito>>", resume o percurso narrativo a ser apresentado. A alcunha pela qual Benedito ficou conhecido nacionalmente, "Sete Dedos", se refere ao fato de que o afamado criminoso não tinha os dedos mínimo, anular e médio da mão direita. Detido na Casa de Correção de Belo Horizonte, experimentou um processo de arrependimento e conversão, tornando-se, dentre os detentos, "o que melhor se apresenta, sempre barbeado, limpo, com seu aposento em ordem e às voltas com a Bíblia e livros de inglês e geografia". Diante da evidente regeneração do temido criminoso, seus companheiros passaram a lhe dispensar o tratamento respeitoso de "Seu Benedito". No decurso da progressão textual, as formas "Sete Dedos" e "Seu Benedito" são discursivamente reelaboradas, indicando uma trajetória de redenção moral: de "Sete Dedos" (*pessoa moralmente deformada*) a "Seu Benedito" (*pessoa moralmente reformada*).

CONSIDERAÇÕES FINAIS

Neste capítulo, propomos que o funcionamento interacional das cartas de leitor pode ser examinado em razão do *diálogo simulado*. Como gerenciador da interação, o escrevente, na composição das cartas, dirige-se estrategicamente a certos interlocutores como parceiros de uma conversação presumida, promovendo uma dinâmica comunicacional entre primeira (escrevente) e segunda (redator/redação ou leitor específico) pessoas discursivas. No período diacrônico analisado, verificamos que houve mudança nessa dinâmica interacional, na comparação entre os textos oitocentistas e os novecentistas: na sincronia 20,2, observamos a atenuação da conversação simulada e o rareamento da emotividade, implicando o desaparecimento de expressões vocativas e o enxugamento de recursos expressivos como interrogações, exclamações, interjeições e pausas.

Argumentamos que essas mudanças interacionais influenciam o uso de certas estratégias de referenciação. Consideramos que, à medida que o diálogo presumido se torna menos explícito, a utilização do pronome expresso é também desfavorecida na designação pronominal da primeira e, nomeadamente, da segunda pessoa discursiva. O grau de envolvimento é mitigado, e o escrevente tem de ajustar a intensidade interpelativa e emotiva de seu discurso, o que leva à diminuição de marcas de subjetividade e intersubjetividade nas amostras novecentistas. Parece ser possível estabelecer uma associação entre abrandamento discursivo e desfavorecimento da estratégia de referenciação de uso do pronome expresso. No que se refere às formas nominais, verificamos que esse abrandamento as pode afetar do ponto de vista expressivo, com atenuação da emotividade, ainda que tenha havido estabilidade na utilização dessas formas, que são recorrentes em todo o período pesquisado.[12]

Essas reflexões atestam um princípio textual-interativo basilar, que alicerça as análises teórico-metodológicas da abordagem diacrônica em pauta: o de que atividades interacionais se inscrevem na materialidade textual. As mudanças interacionais no diálogo presumido, no decurso temporal, por exemplo, são percebidas textualmente na constituição das cartas de leitor, com implicação nas formas de manifestação de estratégias de referenciação, dentre outros aspectos. Com base nesse princípio, avaliamos que a diminuição do uso do pronome expresso na designação da primeira e, sobretudo, da segunda pessoa, nas cartas de leitor analisadas, reflete a vinculação dos modos de implementação das estratégias de referenciação ao funcionamento discursivo do gênero.

NOTAS

[1] O PHPB disponibiliza três amostras de cartas de leitor mineiras: amostra 19,1 (15 cartas), amostra 19,2 (30 cartas) e amostra 20,2 (15 cartas). Para manter a equivalência quantitativa de missivas por sincronia, selecionamos, então, 15 cartas da amostra 19,2, quais sejam, cartas 109-121, 123 e 124. Além disso, cabe informar que as missivas oitocentistas mineiras, incluídas nos *corpora* do PHPB, foram originalmente publicadas em Barbosa e Lopes (2006).

[2] Convém destacar que a abordagem dos processos de referenciação na PTI (Koch e Marcuschi, 2006) dialoga com vários estudos de natureza sociocognitiva e interacional, tais como: Apothéloz (2003), Apothéloz e Reichler-Béguelin (1995), Apothéloz e Chanet (2003), Mondada e Dubois (2003), entre outros.

[3] Entre colchetes, estão abreviadas as seguintes informações: século (19,1, 19,2 ou 20,2), gênero textual carta de leitor (CL) e estado em que ocorreu a publicação (MG).

[4] Neste trabalho, o termo *pronome* abrange também os tradicionalmente conhecidos *pronomes de tratamento*.

[5] É importante sublinhar que cada uma dessas finalidades comunicativas (*opinar, criticar, pedir, solicitar, elogiar, denunciar, reclamar*) não é necessariamente exclusiva de uma carta em particular, havendo situações de interlocução nas quais se reconhecem vários propósitos numa única missiva.

[6] Melo (1999) frisa que, nas cartas de leitor, "*não se escreve para um parente querido, um amigo próximo, ou um jornalista em especial, mesmo quando parece ser o caso. Escreve-se para os possíveis leitores, que, podendo ser qualquer um, são todos, é o público leitor, heterogêneo e bastante indeterminado*" (Melo, 1999: 23). Não se pode perder de vista, contudo, que o diálogo simulado, conforme tratamos aqui, é essencial para a organização da situação comunicativa manejada pelo escrevente, na medida em que este se vale da conversação presumida com certos participantes para atingir também outros atores sociais, que são por vezes os alvos efetivos da interação.

[7] Sobre a noção de força enunciativa frasal, ver Neves (2018).

[8] Sobre as variações tipológicas no gênero carta, ver Paredes Silva (1997).

[9] Na imprensa contemporânea, há que se destacar a influência dos chamados *manuais de redação* na estruturação dos gêneros que circulam na esfera jornalística. Conforme explicam Marques de Melo e Assis (2013), as versões iniciais desses guias prescritivos surgem ainda no fim do século XIX e se relacionam à expansão da imprensa e de sua dimensão mercadológica.

[10] Galembeck (2003) investiga *as marcas de subjetividade e intersubjetividade em textos conversacionais*, por meio da análise de *diálogos entre dois informantes* (D2) do *corpus* NURC (Norma Urbana Culta). Não obstante se trate de uma base empírica diferente da examinada neste capítulo, o *diálogo simulado*, que orienta o escrevente em sua formulação escrita, também sinaliza o engajamento discursivo dos participantes, na condição de interlocutores e mediadores da interação presumida. No trabalho de Galembeck (2003), o grau de envolvimento é uma das seis variáveis de análise das marcas de subjetividade dos interlocutores (ouvinte e falante). Além do "*grau de envolvimento*", o autor se utiliza também dos seguintes critérios: "*tipo de marca*", "*interlocutor que a produz*", "*a quem elas se dirigem*", "*relação com o desenvolvimento tópico*" e "*valor de atenuação*" (Galembeck, 2003: 75).

[11] Sobre uma proposta descritiva da composição estrutural de cartas de leitor, ver Matias (2018).

[12] Convém destacar que, em trabalho anterior, desenvolvido no âmbito do Grupo do Texto do Projeto de História do Português Paulista (PHPP), ao analisar a diacronia da referenciação em cartas de leitor e em editoriais paulistas dos séculos XIX e XX, Cintra (2017) verifica, no transcurso do período examinado, também uma tendência ao comedimento emotivo nas amostras novecentistas desses gêneros.

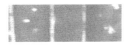

O PARAFRASEAMENTO EM CARTAS DE REDATOR BAIANAS

José Gaston Hilgert
Débora Longo Andrade

SUMÁRIO

APRESENTAÇÃO 146

PARÁFRASES MARCADAS E NÃO MARCADAS 149

A DISTRIBUIÇÃO DOS CONSTITUINTES
DAS RELAÇÕES PARAFRÁSTICAS 156

A SEMÂNTICA DAS RELAÇÕES PARAFRÁSTICAS 158

A RELAÇÃO ENTRE MOVIMENTOS SEMÂNTICOS
E CARACTERÍSTICAS FORMAIS E FUNCIONAIS DAS PARÁFRASES 161

CONSIDERAÇÕES FINAIS 167

APRESENTAÇÃO

No âmbito do Projeto para a História do Português Brasileiro, o presente capítulo estuda o recurso ao parafraseamento no processo de construção de cartas de redator em jornais baianos dos séculos XIX e XX. Foram examinadas 160 cartas, 53 publicadas de 1801 a 1900, e 107, de 1901 a 2000 (Barbosa e Lopes, 2002; Carneiro e Oliveira, 2012).[1] Nelas foram analisadas as relações parafrásticas com o objetivo geral de verificar a estrutura e as funções do parafraseamento na construção do gênero textual em foco e comparar, entre si, os resultados desses períodos.

Parte-se do fundamento de que o parafraseamento – aliás, como qualquer outro processo de construção textual – é um procedimento linguístico-discursivo de construção de sentidos, sempre considerando que, na produção discursiva, sentidos só se constroem em razão da natureza interativa dos enunciados, sejam eles de expressão oral ou escrita.

O parafraseamento é inerente à propriedade das línguas naturais da elasticidade dos discursos, que, segundo Greimas e Courtés (2008),

> [...] consiste na aptidão do discurso a distender linearmente hierarquias semióticas, a dispor em sucessão os segmentos discursivos pertencentes a níveis muito diferentes duma dada semiótica. A produção do discurso se acha assim caracterizada por dois tipos de atividades aparentemente contraditórias: expansão e condensação. (Greimas e Courtés, 2008: 157)

A elasticidade se manifesta em diferentes níveis do processamento linguístico com especial evidência ao desdobramento sintático das frases por meio da coordenação e da subordinação, e aos movimentos semânticos na construção dos enunciados-textos. Em relação à semântica, no dizer dos mesmos autores,

> [...] se observa, com efeito, que unidades discursivas de dimensões diferentes podem ser reconhecidas como semanticamente equivalentes. A atividade metalinguística reconhecível no interior do discurso e o fenômeno da paráfrase, considerado em seu princípio, decorrem dessa elasticidade do discurso, cujo exemplo mais evidente é constituído pelo jogo das denominações (= condensações) e das definições (= expansões) linguísticas. (Greimas e Courtés, 2008: 157)

Na perspectiva da elasticidade discursiva, o parafraseamento consiste, então, no ato de instituir, no processo de construção textual, um movimento semântico de um enunciado A (o enunciado parafraseado) para um enunciado B (o enunciado parafraseante, ou seja, a paráfrase), por meio do qual o enunciador opera *uma transposição de um nível de sentido em direção a outro*" (Parret, 1988: 223). Nessa transposição, de acordo com Fuchs (1994: 129), a paráfrase estabelece entre um enunciado de origem (EO) e um enunciado reformulador (ER) uma relação de equivalência semântica, entendida como um *parentesco semântico*, que pode manifestar-se em grau maior ou menor, nunca, porém, como uma equivalência semântica absoluta. Na evolução dos discursos, não se sucedem equivalências semânticas absolutas, já que elas negariam o próprio princípio da progressividade discursiva. Mesmo as repetições, tão frequentes nas falas cotidianas, não sequenciam enunciados semanticamente idênticos nem assumem identidade funcional nas interações em que ocorrem. Portanto, na paráfrase, sempre ocorre um deslocamento de sentido em relação à unidade parafraseada, que ora tem função generalizadora, ora especificadora, ou, simplesmente, explicitadora. As diferentes funções são determinadas pelas demandas enunciativas na evolução do discurso.

Exemplificamos a relação de equivalência semântica na passagem (1). Assinalamos que, nos segmentos analisados, EO e ER serão respectivamente denominados, neste capítulo, de *matriz* (m) e *paráfrase* (p).

(1)   [20,1 CR BA][2] (**m1**) *Todos sabem o que são* **as | festas do Natal**
(**p1/m2**) **as festas das | creanças,**
(**p2**) **a phase que nos lem- | bra a nossa descuidosa idade e | em que nos expandimos nos | mais affectivos sentimentos para | com os amigos e familia.** (*Folha do Norte*, 13 de novembro de 1910)

Fica explícita a relação de equivalência entre a matriz e a paráfrase (m1 > p1 = "as festas do Natal" > "as festas das creanças"; e m2 > p2 = "as festas das creanças" > "a phase que nos lembra a nossa descuidosa idade [...]"), no desdobramento semântico do período. Ambas as relações resultam em paráfrases de caráter explicitador e, ao mesmo tempo, definidor. Destaque-se que a paráfrase não é simplesmente estabelecida por força de um deslocamento semântico estático, predefinido e constante. Pelo contrário, o caráter parafrástico entre os enunciados resulta de *"relações semânticas locais, do tipo associativo, construídas pelo jogo da interpretação"* (Fuchs, 1994: 130), ou seja, ela é predicada pelo enunciador, no aqui e agora da enunciação, visando produzir as mais variadas modulações semânticas destinadas a construir sentidos e assegurar intercompreensão entre os interlocutores e, assim, levar a bom termo o ato comunicativo em curso.

Do ponto de vista da gênese do discurso, podem-se relacionar dois fatores principais, complementares entre si, responsáveis pelo desencadeamento de paráfrases. O primeiro, particularmente perceptível nas interações face a face, evidencia-se no fato de os sentidos se construírem no aqui e agora do desdobramento interativo. Por isso, as formulações linguísticas por meio das quais construímos os enunciados são sempre provisórias, isto é, sujeitas a frequentes e inesperadas reformulações determinadas pelo sentido exigido em dado momento do percurso enunciativo. A paráfrase é uma dessas reformulações que se impõem para precisar o sentido em determinadas circunstâncias, o que Parret (1988: 242) ratifica ao dizer que *"o parafraseamento, enquanto fato de discurso, é restringido pelos mecanismos da enunciação"*. Em outras circunstâncias, são outros os tipos de reformulação demandados, como a repetição, a correção.

O segundo fator é constituído pela dimensão de incompletude, de indefinição, de ambiguidade pragmático-semântica dos enunciados linguísticos. Em razão desse caráter, a paráfrase é desencadeada para completar o que é incompleto, para definir o que é vago, para desfazer eventual ambiguidade de sua matriz, o que vem secundado nas palavras de Parret (1988: 241): *"a unidade parafraseada comporta uma certa ambiguidade, e a paráfrase tende a eliminar global ou parcialmente esta ambiguidade"*.

Estudamos o parafraseamento das cartas de redator em análise, focalizando os seguintes aspectos de sua ocorrência na construção dos textos: o anúncio ou não dos enunciados parafrásticos por meio de marcadores parafrásticos, identificando paráfrases marcadas e não marcadas; a distribuição das relações parafrásticas, distinguindo paráfrases adjacentes de não adjacentes; os movimentos semânticos entre matriz e paráfrase, com destaque à generalização e à especificação; e, por fim, a relação entre os movimentos semânticos e as características formais e funcionais das paráfrases. São os mesmos aspectos que já observamos em estudo anterior (Hilgert, 2015), com exceção da distinção entre autoparáfrases e heteroparáfrases, já que ela só cabe na análise de um *corpus* de diálogos entre dois ou mais interlocutores. Se, numa interação entre dois falantes, qualquer um deles parafrasear seu próprio enunciado, produzirá uma autoparáfrase; e, se um deles parafrasear o enunciado do outro, a paráfrase será identificada como heteroparáfrase. Fica evidente, portanto, que, no presente estudo, só cabem autoparáfrases.

Tendo em conta, então, essas categorias, procedemos à análise das relações parafrásticas nas cartas, observando o parafraseamento à luz das categorias definidas em diferentes jornais dos dois séculos em comparação.

PARÁFRASES MARCADAS E NÃO MARCADAS

O enunciador pode predicar a paráfrase, introduzindo-a ou não com um marcador parafrástico. A presença do marcador identifica as *paráfrases marcadas*, e sua ausência, as *não marcadas*. O marcador sinaliza que ao enunciado por ele introduzido deve ser atribuído um parentesco semântico com o enunciado de origem. Nesse sentido, os marcadores parafrásticos classificam-se em dois tipos: os especializados e os não especializados. Nas cartas de redator de ambos os séculos em análise, encontram-se marcadores desses tipos.

Os marcadores especializados anunciam em seu próprio significado que o enunciado que introduzem tem natureza parafrástica e exercem essa função em qualquer contexto. Assim, expressões como, por exemplo, *em outras palavras*, *como disse há pouco*, *como você falou, retomando*, particularmente recorrentes nas interações faladas, denominadas por Gülich e Kotschi (1987: 46) de marcadores *fortes*, antecipam ao interlocutor que o enunciado subsequente manterá equivalência semântica com um anterior. São poucas as ocorrências desse tipo de marcador nas cartas analisadas. Observemos alguns exemplos:

(2)   [20,1 CR BA] **(m1)** *Quando se diz DE TRAN- | SACTA ADMINISTR<A>ÇÃO*
        (p1) *quer se dizer* (mp = marcador parafrástico) *de adminis- | trações passadas, sem que| se especialise ou se determi- | ne qual das*

passadas admi- | *nistrações, que nos legou* | *esse predio de valor, de* | *optima topographia e boa* | *edificação.* (*Folha do Norte*, 25 de dezembro de 1909)

(3)   [20,1 CR BA] **(m2)** *Após passar um sensível pe-* | *riodo de lutas desencontradas* | *enquanto estudava, me sentia* | *solitario,*

(p2) *quero dizer* **(mp)**, *sem apoio* | *e equilíbrio.* (*Folha do Norte*, 22 de fevereiro de 1947)

(4)   [19,2 CR BA] **(m3)** *Homens entendidos em economia* | *politica* **condemnam, e chamam absurdo** | *tudo quanto pode encarecer o genero* | *no paiz d'onde é produzido,*

(p3) *isto é* **(mp)** – *con-* | *demnam em geral os direitos de expor-* | *tação, a não ser sobre um genero espe-* | *cialissimo.* || *Infelizmente o nosso assucar não* | *tem qualidade alguma especial; ao con-* | *trario é inferior, relativamente fallando,* | *ao que se exporta de Havana, São Domin-* | *gos, Jamaica, Benarés etc. etc.* (*Jornal da Bahia*, 22 de janeiro de 1857)

(5)   [19,2 CR BA] **(m4)** *As ruas da cidade, umas mal calçadas, outras sem calçamento, tornam se em sua maioria* | *intransitaveis na estação invernosa; ao lado do* | *edificio municipal, no becco da cadeia, temos* | *um exemplo desta triste verdade* || *As pontes arruinam-se, desmoronam-se e* | *não se trata de reconstruil-as; haja vista o pessimo estado em que se acha a denominada* | *ponte grande do Sergi-mirim.* ||

(p4) *Em summa* **(mp)**, *quem visitar esta cidade, sem* | *tirá ao percorrel-a a mais desagradavel impres* | *são e não poderá com certeza formar juizo fa-* | *voravel ao zelo de sua municipalidade.* (*Echo Sant'Amarense*, 16 de junho de 1881)

(6)   [19,1 CR BA] **(m5)** [...] *e o Exercito nun-* | *ca terà uma perfeita organisação de paz, e outra* | *de guerra,* **em quanto uma Lei geral de recru-** | **tamento, Lei que deve merecer o nome de pri-** | **maria, não estabelecer os alistamentos e o tem-** | **po de serviço, por uma forma exacta, e sem dis-** | **tinguir o filho deste, ou d'aquelle;**

(p5) *em uma pa-* | *lavra* **(mp)** *dos 16 á 20 annos todos, com pequenas ex-* | *cepções, devem ser soldados, ou se considerarem* | *promptos ao primeiro appello.* (*Diário da Bahia*, 19 de janeiro de 1836)

(7)   [19,2 CR BA] **(m6)** *Si procurarmos a melhor demonstração deste | facto, não encontraremos muito custo em descobril-o no modo por que nossos adversarios en | tendem captar os favores populares,* **fallando á | imaginação do povo, em logar de fazel-o á razão, | exaltando lhe os sentimentos, explorando lhe as | paixões, cortejando lhe os preconceitos, em vez | de dizer-lhe as verdades de que elle precisa, il | ludindo-o, e não instruindo-o**
        (p6) em uma palavra (mp), | *deturpando e não illustrando-o a opinião* **nacional**. (*Correio da Bahia*, 8 de janeiro de 1876)

No exemplo (2), a identidade é predicada pelo correlacionamento sintático entre os dois enunciados, estabelecido pela fórmula equacional *quando se diz A, quer se dizer B*. Em qualquer contexto, ela há de ser considerada um marcador parafrástico, pois seu uso implica uma afirmação de equivalência semântica entre dois enunciados.

Em (3), o marcador "quero dizer" poderia ser permutado por *isto é*, anunciando ambos, conforme revela o segmento (4), uma paráfrase do enunciado que lhes antecede. Talvez se possa admitir que o primeiro é, nesse sentido, mais específico, uma vez que destaca o caráter *dicendi* da predicação de identidade.

Em (5), o marcador "em summa", significando *em resumo, em síntese*, por si só identifica que a sequência retomará, resumidamente, o anteriormente dito. O mesmo sentido assume o marcador "em uma palavra", nos segmentos (6) e (7).

Consideramos esses marcadores *fortes* pelo fato de sinalizarem, em qualquer contexto, uma equivalência semântica. No entanto, nos seguintes exemplos, (8) e (9), esse fato poderia aparentemente ser questionado em relação aos marcadores "em suma" e "em resumo":

(8)   [19,1 CR BA] **(m7)** *Lendo a Gazeta da Bahia Número 40, encontrei n'ella* **hum avizo feito por Manoel | Ferreira Oliveira Guimarães á meo respei- | to,**
        (p7) *em que* **em suma (mp)** *diz,* **que ninguem fa- | ça commigo negocio, nem tranzação | alguma com huma Letra passada por | Lourenço Luiz Pereira de Souza da quan- | tia de 245$, a vencer-se á quatro me- | zes.** (*Gazeta da Bahia*, 26 de maio de 1830)

(9)   [19,1 CR BA] **(m8)** *Se os meus votos fossem | ouvidos eu pediria **huma** columna no lu- | gar do perigo:*
(p8) *ella seria **em resumo** (mp) a | historia do desastre que ameaçou o Bra- | sil; e o testemunho de que hum Deos | Omnipotente mete a mão debaixo da ca- | beça dos Grandes Principes no momento | em que Elles cahem, para depois levan- | ta-Los, e restitui-Los aos Seus Thronos.* (*Gazeta da Bahia*, 9 de janeiro de 1830)

Ambas as expressões em questão introduzem enunciados claramente resumitivos, sem que a eles anteceda explicitamente o parafraseado pelo resumo. Este, contudo, vem implicitamente referido: no caso (8), trata-se do "avizo feito por Manoel Ferreira Oliveira Guimarães á meo respeito"; e, em (9), da "columna". Nas duas relações temos, então, uma matriz implícita, supostamente analítica, para uma paráfrase condensadora-resumitiva, anunciada por marcador forte.

Os marcadores *não especializados* levam essa denominação por não anunciarem a relação de equivalência por si só, isto é, por sua significação lexical específica. São, nesse sentido, marcadores parafrásticos *a posteriori*, já que são considerados como tais somente depois de o enunciado que introduzem ter reconhecida sua equivalência semântica com o enunciado-origem (Hilgert, 2015: 260). É o contexto, portanto, que possibilita identificá-los como marcadores parafrásticos. Fora da relação parafrástica exercem outras funções na construção textual, sendo por isso chamados por Gülich e Kotschi (1987: 46) de marcadores *fracos*, conforme registram estas passagens:

(10)   [19,1 CR BA] **(m9) Os | Theatros sempre se reputarão | a mais adequada Escholla de | Moral e sociabilidade, porque | esta sciencia toma ali pelo ad- | jutorio da Poesia Dramatica hu- | ma forma a mais animada e a | mais capaz de ensinuar-se a | toda a classe de pessoas, até | mesmo áquellas a quem para | adquirirem a dita sciencia fal- | ta o conhecimento da leitura:**
(p9) em fim a Architetura, a Escol- | tura, a Pintura, a Muzica, a | Dança, e pode-se dizer todas | as bellas Artes áporfia(sic) offerecem | lá, modelos de suas primorozas | producções, atrahem o gosto | para com ellas, e fornecem já | com o expectaculo das mesmas | producções alguma instrucção | respectiva. (*Gazeta da Bahia*, 29 de maio de 1830)

152

O parafraseamento em cartas de redator baianas

(11)   [20,1 CR BA] *Dêsse Estado colossal, simpa-* | *tica amiguinha, me leva-* | *ram para* | *São Paulo,*
(m10) onde passei alguns | **anos em estudos e ligeiras ob-** | **serva-** | **ções...**
(p10) enfim, onde o dese- | **jo de abraçar um meio me apa-** | **receu, no** | **proposito de adquirir** | **o importante para a minha su** | **bsistencia,** *não* | *obstante meus* | *pais me cercaram de tudo, me* | *nos de idéias, porque* | *ésses se* | *criam nas pessôas e não vêm* | *das imposições de outros.* (*Fo-* | *lha do Norte,* 22 de fevereiro de 1947)

(12)   [19,1 CR BA] **(m11)** *Attenda-se, que de ordinario esses Escriptores,* | *como que confiados na crença estupida da clas-* | *se pouco illuminada* | *da Sociedade,* **maliciosamen-** | **te escrevem falsidades, calumnias, e** | **até absur-** | **dos;**
(p11) e então empenham-se somente em insultar | **vilmente, quantos** | **detestam suas immoralidades,** | **suas expressões virulentas e subversi-** | **vas da or-** | **dem,** *embora não alarguem muito o circulo do* | *seu mise-* | *ravel domínio* [...]. (*Diário da Bahia,* 20 de maio de 1836)

(13)   [19,2 CR BA] *Desde que o flagello epidemico do cho-* | *lera-morbus in-* | *vadio o territorio do impe-* | *rio, e que lobrigamos o accesso da fome* | *como uma consequencia provavel,*
(m12) do alto | **da imprensa aos que se acham investidos** | **do Governo** | **desafiamos toda a attenção,** | **e empenhamo-nos em encarecer a crise** | **alimenticia que se preparava em ordem a** | **conseguirmos que as me-** | **didas energicas a ob-** | **viassem.** ||
(p12) Então, *folgamos de dizel-o,* **as nossas** | **vozes foram escutadas,** **os nossos protestos** | **aceitos, e a causa da sociedade em geral e** | **das** **classes pobres em particular foi mais** | **ou menos attendida e remedia-** **da.** (*Jornal da Bahia,* 9 de abril de 1857)

(14)   [20,2 CR BA] **(m13)** *Teve a mais ampla repercussão o discurso pro-* | *nunciado pelo Governador Luiz Viana, sábado último,* | *em soleni-* | *dade realizada no salão nobre do Forum Filinto* | *Bastos,* **quando S.** **Exa. Sancionou a lei que criou a** | **Universidade da Feira de San-** **tana, e assinou atos man-** | **dando abrir concorrência para a cons-** **trução da Estrada** | **do Feijão, que muito beneficiará a nossa terra,**

e insti- | tuindo o Curso de Ciências Sociais da Faculdade de | Educação. O Governador assinou, ainda, os contratos | com as firmas que irão, a partir de fevereiro, construir | 1.027 casas populares do plano de ampliação do Núcleo | do Trabalhador, no Campo Limpo e assinou a Lei que | autoriza o govêrno a instalar, nesta cidade, o Centro | de Desenvolvimento Industrial, órgão de planejamento | e de assessoramento de indústrias que será o maior | do mundo ocidental e contará com o pôio da ONU. ||

(p13) A Feira marcha, portanto, cada vez mais na van-|guarda das grandes realizações graças aos esforços do | Govêrno Municipal e por contar com a amizade e o | carinho do Governador do Estado que em favor | do nosso progresso e do bem estar de nosso povo tem | dispensado substancial parcela de seus esforços. (*Folha do Norte*, 31 de janeiro de 1970)

Em (10), o marcador "em fim" assume, no contexto, o sentido de *em outras palavras* e, em (11), "enfim" corresponde a *ou seja* ou a *isto é*, introduzindo, por isso, uma paráfrase. Em outros contextos, *enfim* se apresenta com função adverbial, com o sentido de *por último, finalmente*.

No contexto dos segmentos (12) e (13), "então" é um marcador que introduz um enunciado conclusivo reiterativo e, por isso, de natureza parafrástica. Nos textos em geral, sua função é adverbial, significando *nesse tempo, nessa situação, em momento futuro*.

Por fim, em (14), o marcador "portanto" é uma conjunção conclusiva que introduz um enunciado que expressa uma conclusão resumitiva da exposição analítica anterior.

Fica evidente, nas três últimas passagens, que os marcadores "então" e "portanto" são perfeitamente permutáveis, introduzindo ambos enunciados conclusivos com função sintetizadora. É esse papel resumidor das conclusões que confere a esses termos que as introduzem o caráter de marcadores parafrásticos.

Tratamos até aqui das *paráfrases marcadas* nas cartas de redator. Numericamente elas são minoria. Predominam, nos séculos XIX e XX, as paráfrases *não marcadas*, ou seja, aquelas em que o desdobramento parafrástico ocorre sem que marcadores as anunciem. Nesses casos, a predicação de identidade semântica é especialmente evidente, o que dispensa os marcadores, vindo frequentemente associada a paralelismos sintático-lexicais, a sequências apositivas, a relações hiperonímico-hiponímicas.

Vejamos alguns exemplos:

(15)   [19,2 CR BA] **(m14)** *Uma voz unanime,*
       (p14) *um clamor universal* | *é o que se faz ouvir no meio de nós contra* | *a carestia dos generos alimenticios, a qual* | *vai gradualmente subindo de ponto.* (*Jornal da Bahia*, 9 de abril de 1857)

(16)   [20,1 CR BA] **(m15)** *Bemdito esse revigorar de* | *energias,*
       (p15/m16) *esse resurgir de for-* | *ças,*
       (p16) *esse despertar de fé* que | *o novo anno nos traz.* (*Folha do Norte*, 30 de dezembro de 1911)

(17)   [19,2 CR BA] **(m17)** *Desde o ministerio até as presidencias de* | *provincia, destas até as assembléas provin* | *ciaes é* ***profunda a apathia.*** ||
       (p17) *Nada, absolutamente nada é capaz de* | *despertar do* ***somno*** *em que estão immersos os homens que, por mau fado nosso* | *ainda nos governam.* (*Echo Sant'Amarense*, 28 de junho de 1881)

(18)   [20,2 CR BA] **(m18)** *A Revista do Globo,*
       (p18) *quin-* | *zenário ilustrado,*
       (m19) *é uma grande* | *revista*
       (p19) *e está colocada entre* | *as grandes publicações do ge-* | *nero no país.* (*Folha do Norte*, 13 de janeiro de 1951)

(19)   [20,2 CR BA] **(m20)** *Chamo a atenção dos meus amigos de Feira de Santana* | *para* ***perspectivas enormes*** *que se abrem para a cidade, com a* | *nova estrada que liga à capital.*
       (p20/m21) *Estive lá, segunda feira, com* | *os meus amigos Tsutska e Mabe, que com sua sensibilidade* | *de grandes artistas souberam admirar e estimar* ***pequenos*** | ***objetos que adquiriram, souberam ver a humanidade que circu-*** | ***la vendendo seus produtos, numa melange raramente vista de*** | ***tipos, de cores, de condições sociais***.
       (p21) *Aí é que vejo o que* ***o tu-*** | ***rismo*** *poderia trazer nesta imensa feira das segundas, para a* | *capital do sertão.* (*Folha do Norte*, 12 de março de 1960)

Nos segmentos (15) e (16), a relação de equivalência semântica entre os enunciados se mostra na sequenciação sinonímica apresentada em paralelismos sintático-lexicais. Em (17), essa relação é de imediata percepção na relação entre "profunda a apathia" e "somno". Em (18), mantendo o paralelismo sintático-lexical, a paráfrase (p18) é um desdobramento apositivo da matriz (m18), e a relação (m19 > p19) envolve um movimento semântico especificador, de natureza classificatória. Em (19), o núcleo nominal hiperonímico "perspectivas enormes", da matriz (m20), vem, na sequência imediata, desdobrado em alguns de seus hipônimos (p20) ("pequenos objetos que adquiriram, souberam ver a humanidade que circula vendendo seus produtos, numa melange raramente vista de tipos, de cores, de condições sociais"). Essa especificação é, na sequência, retomada por outro hiperônimo, "o turismo" (p21), que, por sua vez, define a natureza das anteriormente mencionadas "perspectivas enormes". É essa evolução semântica, em movimentos de análise e síntese, associada à sua configuração sintática que torna perceptível o relacionamento parafrástico na constituição desses enunciados.

A DISTRIBUIÇÃO DOS CONSTITUINTES DAS RELAÇÕES PARAFRÁSTICAS

Nas relações parafrásticas, a paráfrase pode seguir imediatamente a matriz ou então manifestar-se mais adiante na sequência textual, inserindo-se, neste caso, entre a paráfrase e a matriz um segmento textual mais ou menos longo. Às paráfrases do primeiro tipo damos o nome de *paráfrases adjacentes*; às outras, de *não adjacentes*.

Analisemos as relações parafrásticas assinaladas respectivamente nos segmentos a seguir:

(20)   [20,1 CR BA] **(m1)** *Numa carta anonima pedem- | nos que chamemos a attenção | da policia para pô. cobro á | **conducta reprovada de tres |*** ***mulheres***
        (p1/m2) *verdadeiras, serigai- | tas*
        (p2/m3) *moradoras na rua do meio as quaes se mettem na minduba |*

(p3) *e num tira-que-tira de obceni- | dades, ás portas de suas casas, | dia e noite não respeitam ás | famílias d'aquellas proximida- | des.* (*Folha do Norte*, 5 de julho de 1912)

(21)   [20,1 CR BA] **(m4)** ***Vamos suspender, por dous | mezes, a publicação da Folha | do Norte.*** || *Será o tempo em que te | nham chegado os materiaes | que vamos encommendar. Teremos então uma gazeta | [ilegível] novos moldes sympa- | thicos onde a belleza ma- | terial se emparelhará com | a belleza moral que temos | desprendido por todo um | anno de lutas. || E, voltando á liça, refei- | tos, vigorosos, melhormen-|te armados, é que os-tenta- | remos a brilhatura das | campanhas em que se acha | empenhada a nossa honra | de cumprir, á risca, o pro- | gramma que traçamos. ||* **(p4)** ***Calar-se-á, por dous | mezes apenas, o porta- | voz do povo feiren-se.*** (*Folha do Norte*, 25 de setembro de 1909)

O segmento (20) constitui-se de um encadeamento de três relações parafrásticas, m1 > p1/m2 > p2/m3 > p3, com paráfrases adjacentes, as quais exercem, na constituição do texto, funções locais – no caso, o redator tenta precisar a informação-núcleo contida na matriz: "á conducta reprovada de *tres mulheres*". Podemos dizer que as paráfrases vão sucessivamente explicitando e especificando o sentido de suas matrizes. Nas cartas das duas sincronias em pauta, predomina a ocorrência de paráfrases *adjacentes*, que são, em sua absoluta maioria, *não marcadas*, de acordo com a descrição do tópico anterior.

Para exemplificação das *não adjacentes*, trazemos a paráfrase do segmento (21). Na matriz (m4) é anunciada a suspensão da circulação do jornal *Folha do Norte* por dois meses. Na sequência, apresentam-se razões para tal procedimento e, particularmente, iniciativas a serem tomadas nesse período para o jornal voltar à circulação com melhor nível de qualidade. Finalizada essa exposição, o anúncio inicial é retomado em forma de paráfrase não adjacente (p4), a qual revela evidente função coesiva e conclusiva. É comum na estruturação dos textos o fato de que a coerência da totalidade textual seja feita por meio de uma paráfrase não adjacente da proposição de abertura, tendo essa paráfrase, em geral, caráter resumidor.

Examinemos, a esse propósito, o segmento (22):

Notamos que, no segmento (22), o tópico discursivo é aberto pela matriz

(22) [20,2 CR BA] **(m5)** *Pertencemos à uma zona do | Estado onde se fazem* urgente- *| mente* **imprescindiveis grandes** *| verbas para a solução de an* *| gustiantes problemas de inegável alcance público.*

(p5/m6) *Um servi- | ço de águas e esgôtos para Fei- | ra e outras cida-* *des vizinhas; um | real melhoramento no farneci- | mento de energia* *elétrica a to- | dos os municípios do recôncavo; | pavimentação da* *estrada Bahia | - Feira e construção de outras | ligações rodoviárias e* *ferroviá- | rias em nossa região; abertura | de novos ginásios e esco-* *las, ca- | sas populares e hospitais para | as populações que vivem tão* *| carentes de tais serviços funda- | mentais;*

(p6) *enfim, êsses e outros | problemas de imediata oportu- | nidade es-* *tão a exigir pronta so- | lução, para o que largas somas | dos dinheiros* *públicos consti- | tuem condição indispensável.* (*Folha do Norte*, 5 de abril de 1952)

Notamos que, no segmento (22), o tópico discursivo é aberto pela matriz (m5), seguida de um detalhado desdobramento parafrástico (p5) que especifica os "angustiantes problemas de inegável alcance público". Finalmente, nova paráfrase (p6) fecha o tópico com clara função de síntese, assegurando, assim, unidade e coerência para o todo.

No que respeita às funções, notamos, nas cartas analisadas, que as pará-frases adjacentes tendem a intervir na microestruturação textual. Detalham, enumeram, especificam, explicitam, em suma, por meio delas se desenvolve a elasticidade analítico-expansora do texto. Já as paráfrases não adjacentes, nor-malmente, atestam a elasticidade sintético-condensadora, assumindo funções macroestruturais do texto, conferindo-lhe coesão e coerência, e, portanto, uni-dade de sentido.

A SEMÂNTICA DAS RELAÇÕES PARAFRÁSTICAS

Definimos a paráfrase dizendo que um enunciado *p* é paráfrase de um enun-ciado *m* quando o primeiro mantiver com este uma relação de equivalência semântica, definida como "parentesco semântico". A paráfrase é, portanto, eminentemente de natureza semântica. Ela implica, em qualquer instância, um deslocamento de sentido em relação ao enunciado parafraseado, mantendo com este um grau de equivalência semântica maior ou menor, podendo ela se esten-der de uma equivalência forte a uma equivalência fraca.

Nos materiais dos dois séculos em análise igualmente verificam-se ocor-rências com maior e menor grau de equivalência semântica entre matriz e pa-ráfrase. Explicitaremos essa noção de grau de equivalência semântica por meio das seguintes relações parafrásticas de nosso *corpus*:

(23)   [19,2 CR BA] **(m1)** *E essa | voz*
       (p1) *e esse clamor não se limitam a signi- | ficar o preço exorbitante por que se obtem | a alimentação; [...]. (Jornal da Bahia, 9 de abril de 1857)*

(24)   [20,1 CR BA] *ANNO BOM. || [...].*
       (m2) *E é assim que o desejamos, |*
       (p2) *é assim que o queremos, pa- | ra os nossos amigos, para os | nos-sos conterraneos, para to- | dos os brasileiros, para todos | os homens. (Folha do Norte, 30 de dezembro de 1911)*

Nos segmentos (23) e (24), as paráfrases mantêm uma grande identida-de semântica com as matrizes, reconhecida tanto na possibilidade de permuta sinonímica entre os enunciados quanto pelo paralelismo sintático entre eles. Vejamos o caso (25):

(25)   [19,2 CR BA] **(m3)** *O Senhor major Alexandre Gomes d'Argôllo | Fer-rão, que no dia 19 do corrente tomou posse | do commando da força policial d'esta pro- | vincia, nos faz esperar pelos seus honrosos || pre-cedentes, **um grande melhoramento n'a- | quelle corpo**.*
       (p3) *O Senhor major será o primeiro a reconhecer | as faltas, que lá existem, e mais que tudo **deve | procurar incutir nos seus soldados a convic- | ção de que os soldados de policia a ninguem | devem offen-der**. (Jornal da Bahia, 25 de janeiro de 1854)*

Em (25), a paráfrase (p3) somente atualiza uma possibilidade de significa-ção da matriz, na medida em que a noção de um grande melhoramento no corpo policial fica restrita, na paráfrase (p3), ao dever de procurar incutir em seus soldados a convicção de que a ninguém devem ofender. Evidencia-se, assim, um grau de equivalência menor entre os dois enunciados relacionados. Obser-vemos agora o que ocorre em (26), que retoma o exemplo em (4):

(26)   [19,2 CR BA] **(m4)** *Homens entendidos em economia | politica* **condem-**
nam, e chamam absurdo | tudo quanto pode encarecer o genero | no
paiz d'onde é produzido,
(p4) *isto é – con- | demnam em geral os direitos de expor- | tação, a*
não ser sobre um genero espe- | cialissimo. || *Infelizmente o nosso*
assucar não | tem qualidade alguma especial; ao con- | trario é in-
ferior, relativamente fallando, | ao que se exporta de Havana, São
Domin- | gos, Jamaica, Benarés etc. etc. (*Jornal da Bahia*, 22 de
janeiro de 1857)

Nessa relação (26), a natureza parafrástica do enunciado (p4), ainda que
introduzida pelo marcador "isto é", só é perceptível pelo contexto. Na matriz,
a noção de condenar e chamar absurdo tudo quanto pode encarecer o açúcar
no país aparece ampla e indefinida, a ponto de a palavra "assucar" vir sub-
sumida em seu hiperônimo "genero". A paráfrase concretiza as informações
da matriz, identificando o açúcar como sendo esse "genero" e explicitando o
objeto da condenação. A percepção da equivalência entre os dois enunciados
depende muito, portanto, da compreensão do contexto em que a relação parafrástica está inserida, fator que igualmente restringe o grau de percepção da
equivalência semântica.

Há situações em que essa pulsação semântica do geral para o específico e
deste novamente para o geral se manifesta numa única sequência textual, como
mostra a passagem (22) anteriormente analisada. A matriz (m5), em formulação
hiperonímica, anuncia "angustiantes problemas de inegável alcance público",
portanto, uma denominação genérica, que em seguida, na paráfrase (p5), é ex-
plicitada em seus hipônimos, ou seja, na enumeração dos "problemas". Por fim,
conclui-se o tópico novamente por uma paráfrase englobante (p6), introduzida
pelo marcador "enfim", que tem evidente função resumitiva, assegurando unidade e coerência ao conjunto do texto.

A RELAÇÃO ENTRE MOVIMENTOS SEMÂNTICOS E CARACTERÍSTICAS FORMAIS E FUNCIONAIS DAS PARÁFRASES

Quando vinculamos a paráfrase à propriedade da elasticidade discursiva, dissemos, citando Greimas e Courtés (2008), que ela, a elasticidade, pode-se realizar por meio de duas atividades: a expansão e a condensação. Ambas são inerentes aos deslocamentos de sentido que caracterizam as relações parafrásticas. De um modo geral, observa-se que há dois movimentos: a especificação e a generalização. Na primeira, parte-se de uma matriz semanticamente englobante para uma paráfrase analítico-especificadora, movimento que podemos identificar como de *decomposição semântica*. Na segunda, ocorre o processo inverso, na medida em que o enunciado-matriz detalhado e analítico é parafraseado por um enunciado de significação geral e sintética, movimento que resulta em uma *recomposição semântica*. Exemplos recorrentes desses processos na constituição dos textos são os resumos e as definições. Os primeiros constituem uma paráfrase sintética de um enunciado analítico; já as definições consistem em partir de um termo ou expressão geral (enunciado-matriz englobante) para a sua explicitação, na forma de uma paráfrase analítica.

Há uma relação direta entre esses dois movimentos semânticos e os processos de elasticidade discursiva. A especificação (decomposição semântica) formaliza-se em geral numa *paráfrase expansiva*, ou seja, num desdobramento sintático mais expandido e, por isso, mais complexo do que o da matriz; e, na generalização (recomposição semântica), a estrutura sintática da paráfrase é menos complexa em relação ao enunciado-origem, caracterizando uma *paráfrase condensadora*.

Cabe, no entanto, registrar que não são incomuns relações parafrásticas em que, apesar dos referidos movimentos semânticos, os enunciados se mantêm sintaticamente simétricos. São "variações parafrásticas", nas palavras de Gülich e Kotschi (1987: 24), que aqui denominamos *paráfrases simétricas*, em razão de seu paralelismo sintático.

Os três tipos de paráfrase (*expansiva, condensadora* e *simétrica*) ocorrem nos dois séculos em análise. A *expansão* parafrástica mostra-se nestes segmentos das cartas:

(27) [20,1 CR BA] **(m1) _só as pobres orphãs,_ |**
(p1) _só essas infelizes criaturinhas_ | _para cujo amparo se abriu o A-_ | _zylo de Lourdes nada teem,_ | **_porque lhes faltam até os ca-_** | **_rinhos martenaes para suavi-_** | **_sar-lhes a existência._** (_Folha do Norte,_ 13 de novembro de 1910)

(28) [19,2 CR BA] **(m2)** _Contra aquelle, o preço exhorbitante,_ | _clamam_ **as classes medias da sociedade;**
(p2) _as_ | _que sem serem ricas são, no rigor da pala-_ | _vra, abastadas: possuem quanto é bastan-_ | _te ás suas necessidades; podem mesmo em_ | _epochas de abundancia fazer algumas eco-_ | _nomias._
(m3) _Contra esta, a fome, clamam_ **as | classes pobres,**
(p3) _as que possuem unicamente_ | _o necessario, o indispensavel, e isto_ **_á custa_** | _de um trabalho aturado e nunca impune-_ | _mente ou nunca sem fatalidade interrom-_ | _pido._ (_Jornal da Bahia,_ 9 de abril de 1857)

(29) [20,1 CR BA] **(m4)** _Fóra do que é bom e util_ | _á sociedade, a imprensa se_ | **_degrada:_**
(p4) _desce dos degráus_ | **_marmoreos da nobreza para_** | _as furnas cali-_ **_ginosas da nequi-_** | _cia, sem louros nem trophèos,_ | _sem ovações nem delírios._ (_Folha do Norte,_ 21 de setembro de 1929)

As paráfrases expansivas são as mais recorrentes nas cartas de ambas as sincronias, o que se explica por elas corresponderem ao princípio geral da progressão textual. Em razão dele os textos se expandem por meio da argumentação, desdobrando causas e consequências; explicitam circunstâncias de diferentes ordens; definem conceitos; coordenam informações e atributos, enfim, configuram a dimensão textual numa unidade de sentido. Exemplares nesse sentido são as lições didáticas para a elaboração do parágrafo-padrão: todas elas propõem como abertura o tópico frasal, que é um enunciado que informa a ideia geral do parágrafo. A sequência poderia, de certa forma, ser definida como um desdobramento parafrástico do tópico introdutório. Nos excertos que destacamos em (27) e (28), registram-se paráfrases expansivas de função definidora na medida em que delimitam, respectivamente, o sentido de "as pobres orphãs" (m1 > p1), de "as classes medias da sociedade" (m2 > p2) e de "as classes pobres" (m3 > p3), nos contextos em que se encontram; em (29), a paráfrase realiza uma decomposição semântica do termo englobante "degrada", definindo os traços pertinentes para o contexto em que ocorre.

Estes outros segmentos registram a *condensação* parafrástica:

(30) [20,2 CR BA] **(m5)** *Lembro que está faltando um bom restaurante, onde se | coma a* **carne de sol**, *uma* **maniçoba** *garantida*, **umas frutas**, **(p5)** *os |* **pratos da terra** *que são saboríssimos. (Folha do Norte*, 12 de março de 1960)

(31) [20,1 CR BA] *Jorge DIAS escreveu para | Eunice Rabelo Mata | Li com agrado, o magistral co- | mentario ou referencia, publica- | do nesta "Folha" no dia 15 do | andante, sobre a minha ligeira | apreciação pelas singularidades, | quando durante as festas em | louvor á N. S. Santana.*

   (m6) Com- | preendi, depois de lê-lo com a- | tenção que a nobre companhei- | ra Eunice Rabelo Maia, me dis- | tinguiu sobremo- do, no meu me- | diocre mas agradavel mister de | jornalista, que tambem me deu | o prazer de conhecer a sua ele- | gante pena. || Eu quero por isso, aproveitar | bondosamente esse magnânimo | ensejo afim de conseguir des- | cobrir outros notaveis sentimen- | tos na gentil confreira, por in- | termedio dos meus trabalhos, | visto que a sua presteza de com- | preensão me pode esclarecer | perfeitamente o que vale um | esforço individual. || *Muito agradeço, cara colega, | pela sua brilhante confraterniza- | ção e pelo seu confronto que | robustece mais o meu modo de | entender e sentir o que eu pro- |curo pelo mundo.*

   (p6) Essas atenções dispensadas fo- | ram bem recebidas *e (como eu |já lhe disse)* **(mp) me aproximaram | das qualidades interessantes de | sua inteligente pessôa, como | algo que atrae algo e perdura | grata- mente no espírito**. (*Folha do Norte*, 22 de fevereiro de 1947).

(32) [19,1 CR BA] **(m7)** *Serà crivel, que* **esses Escriptores, que actual- | mente pregam, que só uma mudança no nosso | estado politico nos fará incomparavelmente fe- | lizes**, *assim o pratiquem de boa fé? Seraõ mais | sinceros e patriotas* **aquelles, que em suas folhas | gri- tam pela Republica de prompto**, *ou aquelles, | que nos chamam a*

desandar do caminho, que | havemos trilhado, para tornarmos ao antigo es- | tado das nobrezas hereditarias e transmissiveis? | A' qual delles devemos acreditar? Em nosso | pensar á nenhum. **Quer de uns, quer de outros | são suas doutrinas mentirozas, absurdas**, *e só | pro-* **prias de quem procura estimular, por todos | os meios, a anarchia, a desastrada guerra civil**. *| A' não ser isto assim, como se atreveriam elles, | que dizem professar principios oppostos, á uni- | rem-se, e lançarem mãos dos mesmos meios | communs? Quer os de um, quer os de outro | partido, os inculcados Democratas puros, e os | regressistas por excellencia,* **todos chamam cri- | mes e traições quaesquer actos, sem excepção, | do Governo, mesmo aquelles, em que a Lei | se não offende, e sim a prevenção de homens | ambiciozos e mal intencionados, que abusam da | credulidade das pessoas irrefectidas**, *para au- | gmentarem a desconfiança contra o regimen ado- | ptado, e preparar a quèda daquelles Funcciona- | rios publicos, que elles querem substituir, ainda | que seja por poucos dias. Pode-se pois pronos- | ticar uma rapida e continuada alternativa de | Ministros d'Estado, dos mais Empregados e | mesmo de Regentes até a Dictatoria, se acaso | o bom senso, e o experimentado patriotismo dos | honrados Brasileiros, não se oppozer* **à furia | dos loucos, e dos perversos ambiciosos, que | procuram pôr a sua vontade ácima das Leis, | e os seus aviltres em vez de regras**

[...]

(p7₁) *devemos desprezar as | desarrasoadas doutrinas de* **taes anarquizadores**.

[...]

(p7₂) *que, sem reflectir, venham á cahir in- | cautos nas armadilhas* **dos malvados**,

[...]

(p7₃) *saibam desprezar os gritos destemperados* **desses | energumenos**,

[...]

(p7₄) *Ora, se fosse verdade tudo quanto escrevem |* **esses anarchistas**

[...]

(p7₅) *para | sustentar a tranquilidade e boa ordem, que |* **uma facçaõ qualquer em delirios** *ousa perturbar*

[...]

(p7₆) ***Os | anarchistas de todos os credos politicos*** *esbra- | vejam*

[...]

(p7₇) ***esses mesmos anarchisadores****, são os que | antigamente clama- vam contra o exercito e Ma- | rinha*

[...]

(p7₈) *quando de | prompto não lhe he possivel dar as providencias, | que se fazem mister a* **alguns anarchistas** *mes- | mos insurgidos no Norte, e Sul do Brasil.* (Diário da Bahia – Politico, Litterario, e Mercantil, 20 de maio de 1836)

As paráfrases condensadoras tendem a exercer nas cartas de redator e, pelo visto, nos textos em geral, função coesiva preponderantemente sintetizadora. No segmento (30), na relação m5 > p5, a paráfrase, não marcada verbalmente, tem função apositiva de caráter englobante, na medida em que "pratos da terra" constitui um hiperônimo para "carne de sol", "maniçoba", "umas frutas". Em (31), a paráfrase (p6), anunciada pelo marcador "(como eu já lhe disse)", retoma resumidamente todo o segmento anterior (m6), no qual o narrador faz referências elogiosas à destinatária Eunice Rabelo Maia.

O exemplo em (32), além da função condensadora, mostra um dos procedimentos coesivos mais recorrentes na construção de textos em geral, que entendemos ser de natureza parafrástica. Referimo-nos ao processo da *categorização* na retomada coesiva. Observe-se que, na matriz (m7), discorre-se sobre os "escriptores" que difundem ideias em favor da República, solapando dessa forma o regime monarquista em vigor, de quem o narrador é contundente defensor. Em sua exposição, relaciona diferentes expressões de desqualificação desses "escriptores", como estas: "quer de uns, quer de outros são suas doutrinas mentirozas, absurdas"; "proprias de quem procura estimular, por todos os meios, a anarchia, a desastrada guerra civil"; "todos chamam crimes e traições quaesquer actos, sem excepção, do Governo, mesmo aquelles, em que a Lei se não offende, e sim a prevenção de homens ambiciozos e mal intencionados, que abusam da credulidade das pessoas irrefectidas"; "à furia dos loucos, e dos perversos ambiciosos, que procuram pôr a sua vontade ácima das Leis, e os seus aviltres em vez de regras".

Na sequência, o narrador continua a desenvolver sua argumentação, conduzindo a referenciação a esses "escriptores" assim desqualificados por meio de rotulações lexicais que de alguma forma reúnam os traços desqualificadores anteriormente apontados. Esses rótulos, de caráter parafrástico condensador, vêm relacionados na sequência: "taes anarquizadores"; "dos malvados"; "desses energumenos"; "esses anarchistas"; "uma facçaõ qualquer em delirios"; "Os anarchistas de todos os credos politicos"; "esses mesmos anarchisadores"; "alguns anarchistas". Todos esses rótulos têm caráter condensador em sua função coesiva do texto.

Por fim, apresentamos exemplos de paráfrases simétricas:

(33) [20,1 CR BA] *E a festa do NA- | NO BOM se alastra e se espraia | por todo esse mundo espiritual| e doce. ||*

(m8) *Bemdito **esse revigorar de | energias**,*

(p8) ***esse resurgir de for- | ças, esse despertar de fé** que | o novo anno nos traz. (Folha do Norte, 30 de dezembro de 1911)*

(34) [20,1 CR BA] *Procu- | rando corresponder ao apoio, | ao carinho, á estima e ao | applauso do nosso publico, | todo o nosso desejo, para | satisfazel-o, é lutar*

(m9) ***cres- | cendo,***

(p9)/(m10) ***progredindo,***

(p10) ***alçando | o vôo evolutivo para as re- | giões do mais alto, lá onde | fica a cuspide do nosso cas- | tello de esperanças**. (Folha do Norte, 25 de setembro de 1909)*

(35) [19,2 CR BA] *Hoje que esse mesmo povo governa | se pr si; hoje que a civilisação moder | na, baniu inteiramente o preconceito e | fez do Brazil uma patria de irmãos; hoje que o sentimento patriotico deve | ria crescer na razão directa dos nossos | grandes commettimentos e a alma po | pular devia manifestar-se*

(m11) ***forte,***

(p11)/(m12) ***robus | ta,***

(p12) ***pujante** ante a trilogia immensa de || 2 de julho, 13 de maio, e 15 de novem | bro, parece-nos que um negro crepe de | indifferença, uma vasta mortalha*

(m13) *de | descrença,*

(p13) *de desesperança*, envolve o | em suas funebres dobras e leval-o á | quem sabe? (*Pequeno Jornal*, 3 de julho de 1890)

As paráfrases simétricas constituem desdobramentos semânticos que se situam, em geral, paradigmaticamente relacionados em determinada casa de uma sequência frasal, podendo exercer diferentes funções sintáticas. Costumam ser listas de sintagmas ou simples atributos, de caráter sinonímico, sem deixar, no entanto, de estabelecer deslocamento semântico, muitas vezes produzindo um crescente sentido de intensificação, outras, um efeito de sentido de reiteração retórica.

CONSIDERAÇÕES FINAIS

Definimos o parafraseamento como um procedimento de construção textual inerente à propriedade das línguas naturais da elasticidade dos discursos. Segundo essa propriedade, os textos, entendidos como produtos da enunciação linguística, evoluem em sua progressão por movimentos semânticos de análise e de síntese. Na análise, noções e ideias gerais são desdobradas em seus componentes constitutivos, fenômeno que se revela, por exemplo, na definição de conceitos e no desdobramento argumentativo. Na síntese, os elementos analisados e discutidos são condensados, comumente na forma de resumos e denominações. O parafraseamento participa ativamente dessa pulsação semântica dos textos que se reflete na estruturação sintático-lexical dos componentes da relação parafrástica. Esta é, essencialmente, uma relação semântica, em que se predica um grau de equivalência semântica entre dois enunciados no aqui e agora do desenvolvimento textual. Tendo em conta essa concepção semântico-funcional, focalizamos neste estudo o parafraseamento como fator de construção das cartas de redator de jornais da Bahia, dos séculos XIX e XX. Ainda que tenhamos analisado dados de períodos distintos, a análise não revelou que as relações parafrásticas das cartas tivessem características que pudessem ser atribuídas a fatores diacrônicos, o que indica um funcionamento estável do processo ao longo do período analisado.

Estabelecer relações de equivalência semântica entre enunciados é um procedimento comum inerente à construção do gênero textual carta de redator de jornais, independentemente da época em que esses textos foram publicados. Seria afoito, a nosso ver, estender essa conclusão aos textos em geral, uma vez que é plausível haver caracterizações específicas na configuração das paráfrases em gêneros distintos, como entre o gênero carta de redator e o gênero reportagem. Mesmo nos limitando às cartas analisadas e as reclassificando, por exemplo, por sua especificidade temática, talvez encontrássemos especificações no que diz respeito ao predomínio de uma ou outra das categorias parafrásticas que orientaram este estudo. Mantendo-nos, contudo, restritos ao único gênero que aqui analisamos, e considerando o critério diacrônico de publicação das cartas, nada nos autoriza a estabelecer diferenças, mas, sim, nos permite identificar traços de permanência no parafraseamento entre cartas de um e outro século.

Para concluirmos essas considerações, queremos destacar alguns aspectos de nossa análise. No que diz respeito à distinção entre paráfrases marcadas e não marcadas, mostrou-se que há absoluto predomínio das últimas. São pouquíssimas tanto as introduzidas por marcadores fortes quanto as anunciadas por marcadores fracos. Esse fato mostra que, na evolução dos textos, a equivalência semântica entre dois enunciados é de fácil e imediata percepção, na maioria das vezes cadenciada por paralelismos sintático-lexicais. Os marcadores lexicais ocorrem especialmente em situações em que se impõe uma síntese, isto é, uma paráfrase resumitiva, que costuma exercer um papel coesivo e de coerência em favor da unidade de sentido do texto.

Com relação às paráfrases adjacentes e não adjacentes, as mais recorrentes são as primeiras. Elas tendem a exercer um papel local na construção dos sentidos. Predominam em sequências lexicais e sintagmáticas sinonímicas, tendo o papel de produzir efeitos de sentido de intensidade e, em alguns contextos, de ênfase retórica. As não adjacentes têm função macro-organizacional do texto ou de um parágrafo. Vêm com frequência relacionadas às paráfrases marcadas e resumitivas.

Do ponto de vista dos movimentos semânticos nas relações parafrásticas e de sua correspondente expressão sintático-lexical, há um predomínio evidente da *análise* semântica, traduzida lexical e sintaticamente nas paráfrases expansivas. Esse fato se explica pelo próprio princípio da progressão textual: tópicos frasais são desenvolvidos, conceitos são definidos, argumentos são expostos e detalhados, informações e dados são enumerados. Já o movimento de *síntese* semântica, de reunificação dos elementos analíticos em enunciados sumarizadores, se realiza em paráfrases condensadas, isto é, em enunciados englobantes, sintaticamente menos complexos e, às vezes, reduzidos a um termo ou a um simples sintagma nominal, como ocorre nos procedimentos de denominação e de categorização. Nesse sentido chama atenção a retomada coesiva por encapsulamento e rotulação, que entendemos serem de natureza parafrástica.

Esperamos ter mostrado com este estudo a relevância e a caracterização do parafraseamento na construção do gênero carta de redator em jornais baianos dos séculos XIX e XX, no âmbito do PHPB.

NOTAS

[1] O *corpus* utilizado em nossa pesquisa pode ser acessado em: <https://sites.google.com/site/corporaphpb>. Acesso em: 4 abr. 2022.

[2] Entre colchetes, no início de cada exemplo, estão abreviadas as seguintes informações: século (19,1, 19,2, 20,1 ou 20,2), gênero textual carta de redator (CR) e estado em que ocorreu a publicação (BA).

O PARAFRASEAMENTO EM CARTAS DE LEITOR BAIANAS

Fábio Fernando Lima

SUMÁRIO

APRESENTAÇÃO..172

A PARÁFRASE COMO ESTRATÉGIA DE CONSTRUÇÃO TEXTUAL 173

O PARAFRASEAMENTO EM CARTAS DE LEITOR BAIANAS
DO SÉCULO XIX..178

O PARAFRASEAMENTO EM CARTAS DE LEITOR BAIANAS
DA PRIMEIRA METADE DO SÉCULO XX..183

O PARAFRASEAMENTO EM CARTAS DE LEITOR BAIANAS
DA SEGUNDA METADE DO SÉCULO XX..187

CONSIDERAÇÕES FINAIS..190

APRESENTAÇÃO

Neste capítulo, trataremos da diacronia da estratégia textual-interativa do parafraseamento em um material composto por cartas de leitor de jornais baianos publicados ao longo dos séculos XIX e XX. Para a operacionalização desta tarefa, associamos à Perspectiva Textual-Interativa, que abrange uma abordagem sobre o parafraseamento, os estudos sobre Tradições Discursivas (Kabatek, 2001, 2006, dentre outros), interessados na descrição dos traços que incidem sobre um gênero discursivo ao longo da sua transmissão, garantindo sua continuidade, bem como na análise das mudanças sofridas pelo gênero ao longo dos tempos.

Analisadas em perspectivas teóricas diversas na Linguística, as paráfrases ganharam especial destaque no interior de uma concepção textual-interativa sobre a linguagem, contexto em que foram classificadas como uma estratégia de construção de sentido, tal como a *repetição* e a *correção*.

Embora as paráfrases já tenham sido amplamente descritas e analisadas (Hilgert, 1999, 2006, dentre outros), pode-se perceber que, nos trabalhos elaborados até aqui, não foi abordada a relação entre tais construções e a argumentação, o que vem a constituir, justamente, um outro cerne da proposta de análise deste capítulo, objetivo assentado no pressuposto definido por Koch (2004) de que as estratégias textuais-interativas visam, entre outros aspectos, a provocar a adesão do interlocutor àquilo que é dito.

Partimos da hipótese de que há uma correlação entre as características composicionais da Tradição Discursiva (TD) *carta de leitor* e as formas e as funções das paráfrases em cada período específico desse gênero do jornalismo impresso, em circulação nos jornais baianos dos séculos XIX e XX. Buscamos especificamente descrever a materialidade e a funcionalidade do parafraseamento nas cartas de leitor, em cada período analisado, estabelecendo comparações entre eles e observando possíveis correlações das paráfrases com a TD em questão.

Para a composição dos *corpora* de análise, recorre-se ao material disponibilizado pelo Projeto para a História do Português Brasileiro, fazendo uso do *corpus* impresso de cartas de leitor baianas (Barbosa e Lopes, 2006; Carneiro e Oliveira, 2012). Optamos por recortar 40 cartas de leitor de cada século, divididas da seguinte maneira: 20 cartas de leitor publicadas entre 1801 e 1850 nos jornais *Gazeta da Bahia, Recompilador Cachoeirense* e *Jornal da Soc. de Agricultura, Commercio, e Industria da Provincia da Bahia*, nas quais se observou a ocorrência de 23 paráfrases; 20 cartas de leitor publicadas entre 1851 e 1900 nos jornais *Jornal da Bahia, Jornal de Notícias, Echo Sant'Amarense, Diário da Bahia* e *Faísca*, tendo sido observada a ocorrência de 37 paráfrases; 20 cartas de leitor publicadas entre 1901 e 1950 no jornal *Folha do Norte*, totalizando 29 paráfrases; 20 cartas de leitor publicadas entre 1951 e 2000 no jornal *Folha do Norte*, totalizando 39 paráfrases.

Todas as paráfrases foram analisadas à luz dos critérios formais e funcionais estabelecidos por Hilgert (2006).

A PARÁFRASE COMO ESTRATÉGIA DE CONSTRUÇÃO TEXTUAL

Nas pesquisas realizadas sob uma óptica textual-interativa da linguagem no Brasil, foi indubitavelmente a partir do conjunto de trabalhos elaborados por Hilgert (1999, 2006) que o interesse pela paráfrase ganhou dimensões mais expressivas. Ao longo de seus diversos artigos sobre o assunto, o autor perseguiu a elaboração de uma descrição minuciosa e uma tipologização das paráfrases, considerando-as sempre como uma atividade de formulação textual.

Hilgert (1999, 2006) admite, para isso, que o texto é um complexo de atividades linguístico-comunicativas realizadas interacionalmente, de modo a resultar de uma sequência de atividades de composição. Na medida em que o enunciador visa sempre levar o ouvinte a realizar uma ação ou a crer em algo (ponto de vista que se associa ao adotado pela Teoria da Argumentação, como se poderá observar mais adiante), ele necessita, antes de qualquer coisa, alcançar um objetivo anterior: que seu enunciado seja linguisticamente construído de maneira tal que o ouvinte lhe reconheça a intenção comunicativa, isto é, que lhe compreenda o enunciado.

Construir linguisticamente o enunciado significa, de acordo com Hilgert (1999: 107), *"dar forma e organização linguística a um conteúdo, a uma ideia, enfim, a uma intenção comunicativa"*. É justamente essa preocupação com o *dizer* que vai evidenciar, na materialidade textual, uma série de marcas responsáveis pela caracterização específica de sua formulação, às quais o enunciador se vê impelido a recorrer para ter sucesso no seu objetivo comunicacional. Assim se realizam as atividades de *formulação textual*.

De acordo com o autor, as paráfrases evidenciam, nesse contexto, uma descontinuidade no fluxo da formulação: à medida que o enunciador percebe algum tipo de questão associada a sua formulação linguística (como erros, falhas, busca de palavra adequada, de enunciados mais completos, explícitos ou explicativos, dentre outros), ele interrompe a sucessão de enunciados que realiza e retoma algum em forma de paráfrase. É nesse sentido que o autor enquadra tais estratégias, ao lado das correções, como uma atividade de reformulação textual, haja vista que sempre procedem à reformulação de enunciados anteriores, o que lhes reserva um caráter metaformulativo.

O parafraseamento é definido como *"uma estratégia de construção textual que se situa entre as atividades de reformulação, por meio das quais novos enunciados remetem, no curso da fala, a enunciados anteriores, modificando-os total ou parcialmente"* (Hilgert, 2006: 275). De acordo com Fuchs (1994: 130-131), o caráter parafrástico entre enunciados resulta de *"relações semânticas locais, do tipo associativo, construídas pelo jogo da interpretação"*, de tal maneira que *"a paráfrase não é, em si mesma, uma propriedade de formulações linguísticas, mas o resultado de uma estratégia cognitivo-discursiva dos sujeitos"*.

Nesse contexto, a relação que se estabelece entre o enunciado de origem (EO) e o enunciado reformulador (ER) é de equivalência semântica, *"que pode manifestar-se em grau maior ou menor, nunca, porém, como uma equivalência semântica absoluta"* (Hilgert, 2006: 275). Descarta-se, portanto, a plena equivalência semântica: o que há é um grau de equivalência, que pode manifestar-se de maneira *forte* ou *fraca*.

As passagens destacadas em (1) são ilustrativas dessa atividade, no caso, a expressão "na sombra de si mesma" corresponde ao EO, e o segmento "sinão no anonimato definido dos descontentes que na representam", ao ER:

(1) [20,1 CL BA][1] *Mas, si de facto há, entre nós, uma corrente | oposicionista, vive ainda oculta **na sombra de si | mesma**, sinão no **anonimato definido dos des- | contentes que na representam**, cuja desmarcada | ambição de governar e de subir, seria um peri- | go*

para os ambientes onde eles infelizmente se ge- | *ram L1.* (*Folha do Norte*, 14 de abril de 1928)

Na busca de uma caracterização e tipologização de tais estratégias, o autor distingue as paráfrases, primeiramente, no que se refere ao movimento semântico entre o EO e o ER e às características formais e funcionais, em três grandes grupos: paráfrases *expansivas*, *redutoras* e *simétricas*.

De modo análogo ao observado em (1), as paráfrases simétricas são aquelas que apresentam simetria sintática entre o EO e o ER. De acordo com Hilgert (2006: 297), suas funções englobam, sobretudo, as atividades inerentes ao processo de seleção lexical na construção do texto, por meio das quais "*o enunciador verbaliza on-line o trabalho de escolha lexical*".

Nesse processo, há sucessivos deslocamentos semânticos da matriz para a paráfrase, com uma gradativa aproximação lexical, tendo em vista uma proposição lexical mais precisa e conveniente em relação aos objetivos da comunicação:

> [...] em geral, esse deslocamento é orientado por um princípio de movimentação do genérico para o específico, do vago para o impreciso, do aberto para o fechado e até do "errado" para o "certo" (no caso de correções parafrásticas). Algumas vezes ele responde a uma necessidade de adequação vocabular ou de precisão terminológica. E, não raras vezes, [...] as paráfrases simétricas somam-se à matriz para, em conjunto, expressarem um conceito apropriado aos propósitos do enunciador, num dado momento da interação. (Hilgert, 2006: 297-8)

As paráfrases expansivas são aquelas em que o ER se apresenta lexical e sintaticamente mais complexo, caracterizando a expansão. Suas funções estão associadas, na maioria das vezes, à apresentação de explicações definidoras de matrizes constituídas por noções abstratas, o que pode ocorrer, frequentemente, por meio de exemplificações, ou à explicitação, precisando ou especificando informações contidas nas matrizes. Observe, a esse respeito, o exemplo em (2), em que "hidrocefalia" é a matriz e "que é uma doença que se caracteriza por um acúmulo anormal no crânio de líquido cefalorraquiano, acompanhado do aumento da cabeça, proeminência da fonte, atrofia encefálica, deficiência mental e convulsões" é a paráfrase:

(2)   [20,2 CL BA] *Rogério está acometido de* **hidrocefalia que é uma doença que** | **se caracteriza por um acúmulo anormal no crânio de líquido**

| cefalorraquiano, acompanhado do aumento da cabeça, | proemi-
nência da fonte, atrofia encefálica, deficiência mental | e convulsões.
(*Folha do Norte*, 8 de agosto de 1987)

As paráfrases redutoras, por sua vez, constituem casos diametralmente opostos às expansivas: nessas ocorrências observa-se uma redução sintático-lexical na passagem do EO para o ER, cujas funções são compreendidas, na maioria das vezes, entre as atividades de resumir e denominar. Observe, a esse respeito, o exemplo em (3), em que o segmento "á direcção que parecia ter sido traçada, como limite" é a matriz, e "isto he, do oriente ao occidente" constitui a paráfrase resumidora:

(3)   [19,1 CL BA] *Porém depois de 1817 as informaçoens | dos viajantes successivamente fiseram reconhecer, | que a Cholera Asiatica era mais terrivel entre | os povos visinhos do | Ganges, da China, Cochin- | china, Costa de Malabar, e Bourbon, na Arabia, | na Persia, no Egypto etc. onde o numero das vic- | timas, decimadas pelo seo furor, bem se pode ava- | liar em mais de 4 milhoens. || Chegando à Persia, e ao Egypto a Cholera asia- | tica continuou a seguir **á direcção que parecia ter sido traçada, como limite, isto he, do oriente ao | occidente**. (Jornal da Soc. de Agricultura, Commercio, e Industria da Provincia da Bahia,* 15 de março de 1833)

No que diz respeito à distribuição dos enunciados em relação parafrástica, Hilgert (2006) destaca ainda que podem se manifestar de forma *adjacente* ou *não adjacente*. As paráfrases adjacentes ocorrem imediatamente após a matriz, de modo análogo ao observado nos exemplos em (1), (2) e (3). De acordo com o autor, as paráfrases adjacentes intervêm na *microestruturação textual*, e a maior parte de suas ocorrências realiza a aproximação lexical no processo de escolha das palavras mais adequadas ao propósito comunicativo do enunciador. A aproximação lexical ocorre por meio de deslocamentos semânticos, na passagem da matriz para a paráfrase, podendo se materializar,

> [...] por exemplo, na definição de um termo mais adequado ao contexto; na substituição de um termo de uso comum por outro de uso especializado e vice-versa; na desambiguação de um termo potencialmente polissêmico; na passagem de um hiperônimo para um hipônimo; num

fazer denominativo; num fazer explicativo. Se a relação parafrástica for constituída de enunciados mais longos, predominam as funções explicativa, precisadora, informadora e exemplificadora da paráfrase. (Hilgert, 2006: 284)

As paráfrases não adjacentes são aquelas nas quais se observa, entre a matriz e a paráfrase, um segmento textual de dimensão variada. De acordo com Hilgert (2006), essas paráfrases tecem a *macroestrutura do texto*, à medida que mantêm a centração tópica, demarcam diferentes etapas do desenvolvimento do tópico e operam o seu fechamento. Nesse sentido, esse tipo de paráfrase concorre "*para a coesão tópica e, ao mesmo tempo em que interrompe uma evolução dispersiva e até desviante do tópico, a este assegura um desenvolvimento coerente*" (Hilgert, 2006: 284).

Observe, a esse respeito, o exemplo em (4), em que o segmento "uma informação mentirosa, absolutamente falsa como esta" corresponde ao EO, e "a calunia de que estava sendo vitima" corresponde ao ER, estando esses segmentos separados por uma porção textual:

(4)   [20,1 CL BA] *"Carnes infetadas estão | expostas á venda" | Restabeleça-se a verdade | Eu Manoel Vieira Dantas, fa- | bricante de carne do sol, ha 18 | anos nesta cidade, fui apontado | pelo novel jornal "Correio Fei- | rense", como xarqueador de | bois pôdres. || E'lastimavel que o digno re- | dator responsavel pelo dito jor- | nal se tivesse deixado levar | por* **uma informação mentirosa, | absolutamente falsa como esta.** *|| Declaro ao público de Feira | de Santana e de outras cidades | visinhas que os bois pôdres que | foram apanhados na Queimadi- | nha, suburbio desta cidade, es- | tiveram á porta de minha fábri- | ca de carne do sol, levados por | alguns senhores meus conheci- | dos; eu fiz porém, retirá-los ime- | diatamente e foram conduzidos | para lugar ignorado por mim. | Depois da noticia do "Correio | Feirense", procurei immediata- | mente o Sr. Dr. Representante | da Saúde Pública, desta cidade | e me defendi d*a **calunia de que | estava sendo vitima.** *|| Feira, 19 de Fevereiro de 1942. | Manoel Vieira Dantas. | N.5507–1–1. (Folha do Norte*, 21 de fevereiro de 1942)

Vale dizer, no entanto, que, muito embora a classificação apresentada por Hilgert (2006) seja capaz de contemplar todas as ocorrências de paráfrases, outras questões significativas podem ser exploradas. Uma delas diz respeito à relação entre parafraseamento e argumentação: na medida em que se considera a paráfrase uma estratégia de construção textual, cuja função compreende, dentre outros fatores, provocar a "adesão" (Koch, 2004: 104) do interlocutor, consideramos importante relacionar o parafraseamento à Teoria da Argumentação (Perelman e Olbrechts-Tyteca, 1996), conforme se poderá observar na análise dos dados.

O PARAFRASEAMENTO EM CARTAS DE LEITOR BAIANAS DO SÉCULO XIX

No jornalismo nascente do século XIX, as cartas de leitor eram publicadas na íntegra, aparentemente sem a influência do redator. De acordo com Sodré (1999), neste período,

> [...] um só artigo, via de regra, ocupava todo o espaço do pequeno jornal. Quando havia necessidade de completá-lo, recorria-se ao que era denominado correspondência, espécie de vala comum onde, a título de contribuição externa, extravasava-se a linguagem mais torpe. (Sodré, 1999: 148)

Nesse período, as cartas de leitor serviam a uma vasta diversidade comunicativa, chegando a se constituir em um dos gêneros discursivos jornalísticos mais comuns nos anos de 1800 (Matias, 2018). Em relação a essa diversidade, Fraga (2005) observa o seguinte:

> [...] as cartas serviam como um canal pelo qual as pessoas podiam se defender e defender alguma causa, esclarecer, elogiar, denunciar. Enfim, quase tudo se podia fazer por meio das cartas; a carta era a notícia que, na falta de outra "forma", servia e se adequava perfeitamente aos interesses dos escritores e às limitações da linguagem jornalística da época. Não havia ainda como nas folhas atuais, o artigo de opinião, a página de política, de notícias das cidades, de lazer etc.; as correspondências reuniam diversos interesses, sendo, talvez, a seção de maior teor daqueles impressos, já que ocupava a maior parte do jornal. (Fraga, 2005: 68)

No que se refere aos seus aspectos composicionais, as cartas de leitor publicadas no século XIX possuíam certa regularidade textual, dando origem a TDs específicas, responsáveis pela recorrência e materialização de determinadas estratégias textual-interativas. De acordo com Matias (2018), essas recorrências atendem à seguinte subdivisão:

a. apresentação/saudação: o leitor saudava o redator do jornal e, em seguida, apresentava, em geral, o assunto a ser tratado a seguir;
b. exposição: o escrevente expunha o assunto, seja por meio de sequência narrativa seja por meio de argumentativa;
c. agradecimento/conclusão: momento no qual o autor da carta pedia a publicação do seu texto, agradecendo ao redator do jornal e tecendo elogios. Podia haver uso de sentenças-síntese a fim de finalizar a produção da carta.

No que tange aos assuntos abordados, podemos dizer que se referiam aos mais variados temas vivenciados pela sociedade da época, com grande ênfase em temas pessoais: pedidos, reclamações, comentários, busca de contato com parentes ou amigos, informações, desabafo, comentários a favor e contrários a políticos da época, entre outros (Andrade, 2008a). Segundo Pessoa (2002: 201-202), esse gênero típico do jornalismo impresso *parece ter se transformado no artigo jornalístico muitas vezes rotulado de opinião*.

Como evidência de que as cartas de leitor eram publicadas integralmente, temos, de acordo com Matias (2018: 201), a ausência, nesses textos, de referência ou comentário que supusessem avaliação de editor e a particularidade de tais cartas se apresentarem, na maioria das vezes, bastante extensas, *o que levava alguns editores inclusive a diminuírem a fonte*.

É nesse contexto que justificamos o fato de termos nos deparado, na análise dos dados, com praticamente um equilíbrio, no decorrer do século XIX, entre o percentual de paráfrases adjacentes (53,5%, 32 de 60 casos) e não adjacentes (46,5%, 28/60) e, ainda, com o predomínio de paráfrases expansivas (45%, 27/60) ante as simétricas (38,5%, 23/60) e as redutoras (16,5%, 10/60): com textos bastante extensos, há a necessidade maior de assegurar a coesão tópica, garantindo ao texto uma evolução coerente – função principal das paráfrases não adjacentes – e, além disso, de sustentar e ancorar novos argumentos em uma mesma direção argumentativa. Observe:

(5)   [19,1 CL BA] *Senhor Redactor da Gazeta da Bahia. || Quero dever-lhe mais o obzequio | de inserir na sua folha o requerimento | que fiz á Sua Excelencia para* **dezemganar ao | Respeitavel Publico de que a Casa do | Theatro não ameaça a menor ruina**. *|| Illustrissimo e Excelentis- mo Senhor || Despacho.||Remetido aos Senhores. Coro- | nel José Eloy Pessoa, e | Tenente Coronel Euzebio | Gomes Barreiros, para | proce- derem a vestoria, e | attestarem o seu resultado. | Bahia 13 de Julho de 1832. || Pinheiro. || Diz Domingos Antonio Zuanny, Em- | prezario do Theatro de São João desta Ci- | dade que tendo-se espalhado* **o boato de | se acharem fendidas as paredes da Casa | do mesmo Theatro, e ameaçarem ruina**, *| por este motivo, entregando os Assi- | guantes as chaves dos Camarotes deixou | de haver representação na noite 8 do | corrente, e sendo necessario* **desvanecer | esse infundado receio**, *pro- cedeudo-se(sic) por | Engenheiros a vestoria, exame em to- | da casa, do Theatro, e publicado pela | Imprensa o seo resultado: || Post scrip- tum Vossa Excelencia [ilegível] digne man- | dar que os Engenheiros pro- | cedão o referido exame, a | fim de que chegando pela | Imprensa ao conhecimento do | Publico o seu resultado se | convença d*a falcida- de daquel- | le boato*. || E Receberá || Mercê || Attestação.|| Em vertude do respeitavel despacho su- | pra examinamos cuidadosamente a Casa, | e paredes do Theatro, e conseguinte- | mente cingindo-nos á letra do requeri- | mento attestamos:* **que não estão as pa- | redes fendidas, e nem desaprumadas e | ultimamente attestamos: que o Theatro | não dá até o prezente indicio algum de || se ressentir em consequencia de desa- | batimento das terras adjacentes**. *|| José Eloi Pessoa.|| Euzebio Gomes Barreiros.|| Domingos Antonio Zuanny. (Gazeta da Bahia*, 28 de julho de 1832)

Antes de passarmos à análise propriamente dita das paráfrases presentes no excerto, cumpre destacarmos, em sintonia com Matias (2018), que, nas cartas de leitor da primeira metade do século XIX,

> [...] era perceptível a presença de um participante da comunicação discursiva mais explícito para quem o discurso era direcionado e com quem se relacionava. Esse participante era o *Senhor Redactor*, um me- diador discursivo, porque ele era a ponte entre o leitor e o participante

interlocutor-direto, o real endereçamento discursivo, para quem o discurso se constituía efetivamente. (Matias, 2018: 205)

O participante interlocutor-direto das cartas publicadas no período poderia ser representado pelo grande público em geral, por uma instituição pública ou por um indivíduo qualquer – no exemplo em questão, o grande público.

Nesse exemplo, as paráfrases não adjacentes e expansivas "o boato de se acharem fendidas as paredes da Casa do mesmo Theatro, e ameaçarem ruina" e "que não estão as paredes fendidas, e nem desaprumadas e ultimamente attestamos: que o Theatro não dá até o prezente indicio algum de se ressentir em consequencia de desabatimento das terras adjacentes" exercem, em relação à matriz "dezemganar ao Respeitavel Publico de que a Casa do Theatro não ameaça a menor ruina", não apenas a função de precisar as informações e especificações nela contidas, mas de sustentar o ponto principal da argumentação em curso. Nesse sentido, essas paráfrases, além de manter a centração tópica do texto, estabelecem uma argumentação baseada na estrutura do real,[2] propriamente mediante uma *figura de caracterização* (Perelman e Olbrechts-Tyteca, 1996)[3] – também as paráfrases "desvanecer esse infundado receio" e "a falcidade daquelle boato" (não adjacentes e redutoras) atuam na argumentação: materializam a figura retórica da caracterização, propriamente a da perífrase, ao mesmo tempo em que contribuem para a repetição do argumento central em curso, estabelecendo, nos termos de Perelman e Olbrechts-Tyteca (1996), uma *figura de presença*.[4]

Essa funcionalidade da paráfrase não adjacente e expansiva foi muito profícua nas cartas de leitor do período em questão, conforme apontam os próprios percentuais: 50% (14/28 casos) dessa modalidade, em face a 28,5% de paráfrases não adjacentes e simétricas (8/28 casos) e a 21,5% de paráfrases não adjacentes e redutoras (6/28 ocorrências). Tais dados indicam uma forte correlação entre essa modalidade parafrástica e os aspectos composicionais das TDs das cartas de leitor no século XIX.

No exemplo em (6), os parafraseamentos (não adjacentes e simétricos) também são ilustrativos do papel argumentativo do processo. A paráfrase "nem sabe o que diz, nem diz o que quer" apresenta o argumento central do enunciador, e as paráfrases "Não soube o que disse" e "Não disse o que pretendia" retomam e repetem esse posicionamento principal.

(6)   [19,2 CL BA] *Fructas do tempo* || *O Senhor Martins **sabe o que diz? Diz o que quer?** | O homem é tão imbecil, que **nem sabe o que diz,** | **nem diz o que quer** || Ha dias dizia ao engenheiro fiscal da estrada de Pa- | raguassú que o governo imperial approvara um de- | creto da presidencia || **Não soube o que disse**, porque suppoz que um pre- | sidente da provincia pode decretar, porque ignora | completamente a technologia da sciencia adminis- | trativa || No mesmo dia á um cidadão, que representou com- | tra a eleição da villa da Barra do Rio de Contas, Sua | Excelência respondeu – Apresente a queixa contra o processo | eleitoral de sua parochia para ser tomada na conside- | ração, que merecer. || **Não disse o que pretendia**, porque a queixa apre- | sentou o homem, quando representou contra a eleição || Fique-se, pois, sabendo que quando alguem quizer | mostrar ao governo as illegalidades de qualquer elei- | ção deve fazel –o queixando-se, e não apresentando || É muito divertido o Senhor conselheiro Bernardo! || Se elle não tivesse feito tão grandes asneiras, se ele | não fosse tão ruim, pela minha parte perdoava-lhe, | porque tem me divertido muito!...* (Diário da Bahia, 9 de janeiro de 1869)

Há que se destacar o tom de pessoalidade dessas cartas. Ademais, sobretudo no que diz respeito ao exemplo em (6), há que se sublinhar, ainda, o caráter ultrajante da linguagem adotada. Esse tipo de linguagem foi muito recorrente nas cartas publicadas no decorrer do século XIX, e era dessa forma que se tratava "*o debate através dos jornais cujos textos apresentavam a linguagem que melhor traduzia aquela situação: a linguagem virulenta da denúncia, da injúria, do insulto, da difamação*" (Fraga, 2005: 75).

Veja agora o caso em (7):

(7)   [19,1 CL BA] *Senhor Redactor. || Nem era bem, que deixassem de | apparecer em scena as pobres, mais le- | gaes Eleições do dia 21 de Outubro pro- | ximo passado para Juiz de Paz, Sup- | plente, e Camaristas, na pobre Fregue- | zia de Santo Estevão de Jacuipe!! Por- | que então a hypocrisia, e maledicencia | de mãos dadas, deixariam de afflictas | morderem a retrocida cauda, e n'um ou | outro bote desmascarar'se. || Apparece em o Numero 37 do Recopila- | dor Cachoeirense de Quarta feira 7 do | passado mez de Novembro, uma Cor- | respondencia de*

> *Luiz Fernandes Pereira | Tupinambá; ex Supplente desta Fregue- | zia,* **pertendendo desfigurar as Eleições***, | ***enchendo-as de falsidades***, com o intui- | to de nodoar a inteireza e circunspecção | do actual Juiz de Paz, Presidente d'a- | quellas Eleições Jeronimo Pires Gomes, | ao qual chrismou por Francisco Pires | Gomes;* [...]. *(Recopilador Cachoeirense,* 12 de dezembro de 1832)

Observamos, em (7), uma paráfrase adjacente e simétrica, o segmento "enchendo-as de falsidades" em relação à matriz "pertendendo desfigurar as Eleições". Esse tipo de ocorrência está relacionado, no mais das vezes, a um processo de escolha lexical do enunciador, não concorrendo, de modo mais crucial, para a estruturação tópica do texto. No entanto, de forma análoga às paráfrases não adjacentes, o tipo em questão é responsável por repetir aspectos da ideia central que se pretende promover, criando uma figura de presença, à medida que atua para intensificação desses argumentos.

O PARAFRASEAMENTO EM CARTAS DE LEITOR BAIANAS DA PRIMEIRA METADE DO SÉCULO XX

A passagem do século assinala, no Brasil, de acordo com Sodré (1999), o início da transição da pequena à grande imprensa. Os pequenos jornais, de estrutura simples, começam a dar lugar às empresas jornalísticas, dotadas de equipamento gráfico necessário ao exercício de sua função. Essa transição, esboçada e iniciada antes do fim do século XIX, fica bem marcada no início do século XX, e está naturalmente ligada às transformações do país, em seu conjunto, e, nele, à ascensão burguesa, ao avanço das relações capitalistas: a transformação na imprensa é um dos aspectos desse avanço e o jornal, daí em diante, opera como empresa capitalista, de maior ou menor porte.

A ascensão burguesa acompanha, necessariamente, o lento desenvolvimento das relações capitalistas do país e sofre tortuoso processo, que nada tem de contínuo e harmonioso. Ao mesmo tempo, padece da normal antecipação do econômico sobre o político, isto é, sofre os reflexos de uma burguesia economicamente ascensional, embora sem continuidade, mas ainda economicamente débil. Essa disparidade, marcada por defasagem, define-se no problema político-co essencial, que é o problema do poder (Sodré, 1999).

Nesse contexto, no que tange à temática das cartas de leitor de jornais baianos da primeira metade do século XX, observa-se uma forte tendência ao debate político-partidário, em geral fazendo defesa das posições alinhadas ao governo das mais variadas esferas, em detrimento das posições de oposição –, o que, por certo, refletia o posicionamento dos próprios jornais. Mantém-se, no entanto, o tom pessoal das cartas do leitor.

Se a opção política das cartas, refletindo a do próprio jornal, pressupõe uma seleção prévia, outro aspecto parece indicar uma presença um pouco mais ostensiva do editor: o título, inexistente nas cartas de leitor publicadas ao longo do século XIX. A presença de um título – que se manterá nas cartas publicadas na segunda metade do século XX – parece indicar uma incorporação, por parte das cartas de leitor, de uma TD própria do gênero notícia, bem como a interferência de uma normatização editorial na composição de elementos do gênero. No entanto, ao que tudo indica, as cartas seguiam publicadas na íntegra.

Paralelamente, conforme poderemos observar em (8), a figura do redator como mediador da interação vai se enfraquecendo. Concordamos, assim, com a posição assumida por Matias (2018), de acordo com a qual a primeira metade do século XX corresponde a uma *"fase de transição"* das cartas de leitor, em que conviveram características *"antigas"* e algumas *"mais atualizadas"*, *"devido ao fato de haver elementos recorrentes das décadas anteriores e por haver elementos que surgiram e estabilizar-se-iam nas décadas seguintes"* (Matias, 2018: 214-5).

(8)   [20,1 CL BA] *Oposicionista na Feira de Santana | A não ser | que seja constituido por **elementos nulos e fra-** | **cassados no nosso meio, elementos que ficaram | esquecidos das administrações criteriosas e sensa-** | **tas**, e que, por isso talvez, revoltados contra os que | sobem nos braços do povo para bem do povo, es- | tejam a forjicar, presentemente, os costumeiros an- | tigos enredos politicos daqueles tempos ominosos, | de que a Feira civilizada de hoje, não mais pre- | tende volver. || Mas, si de facto há, entre nós, uma corrente | oposicionista, vive ainda oculta **na sombra de si | mesma, sinão no anonimato definido dos des-** | **contentes que na representam**, cuja desmarcada | ambição de governar e de subir, seria um peri- | go para os ambientes onde eles infelizmente se ge- | ram, si por acaso, se realizassem, alguns dos seus| pretenciosos*

*desejos de politiqueiros intransigen- | tes, que vivem a rosnar vingan- | ças e desabafos. A | demais, não podemos nem queremos acreditar na | existencia de **um partido contrario, francamente | oposicionista**, quan- do, de doze anos a esta parte, as | atitudes assumidas pelos nossos be- nemeritos in- | tendentes, têm-se feito merecedoras dos mais | calorosos aplausos. || Que continue, portanto, o dr. Elpidio da | Nova a trilhar o caminho aberto pelos seus ina- | tacaveis antecessores, colocando se como sempre | ao lado da justiça e do direito, da liberdade e | do pro- gresso, porque assim, terà satísfeito as | grandes aspirações do nosso povo. || Quanto a**os descontentes que em toda par- | te se formam nes- ses abjetos conluíos de opo- | sicionistas sistematicos**, não tenha susto, que se- | rão varridos pela vassoura higienica do despre- | zo publico, para o lixo onde se atiram as vasi- | lhas imprestáveis. || ALOISIO RE- SENDE. (Folha do Norte*, 14 de abril de 1928)

Em (8), observamos a presença de paráfrases adjacentes ("elementos que ficaram esquecidos das administrações criteriosas e sensatas", cuja matriz é "elementos nulos e fracassados no nosso meio"; "sinão no anonimato definido dos descontentes que na representam", que tem como matriz "na sombra de si mesma"); e, ainda, de paráfrase não adjacente ("os descontentes que em toda parte se formam nesses abjetos conluíos de oposicionistas sistematicos", em relação à matriz "um partido contrario, francamente oposicionista").

Nesse período de transição, as paráfrases não adjacentes corresponderam à maioria expressiva das ocorrências (76%, 22/29 casos), o que se pode atribuir ao mesmo imperativo apontado para o século XIX: com textos bastante exten- sos, sem recortes, há uma necessidade maior de assegurar a coesão tópica, ga- rantindo ao texto uma evolução coerente.

Nesse recorte da primeira metade do século XX, há uma franca tendência, dentre essa maioria de ocorrências de paráfrases não adjacentes, pela apresen- tação sob a forma de expansivas (63,5% dos casos, 14/22 ocorrências). Consi- deramos esse aspecto prioritariamente e intrinsecamente relacionado à falta de preocupação com a apresentação de um texto conciso, já que as cartas de leitor seguiam publicadas na íntegra.

Quanto à estruturação argumentativa, essas paráfrases mantêm a função de sustentar a direção argumentativa, conforme se pode observar em (9):

(9)   [20,1 CL BA] *AO PÚBLICO* | *Repercutiu, como* **nota de escandalo**, *pela* | *Cidade,* **um protesto judicial que se diz in-** | **terposto por minha que-** | **rida e veneranda mãe,** | **Anísia Alves de Lacerda, e que foi publicado** | **pela "Folha do Norte" do dia 2 do mês cor-** | **rente**. || *Caso, que, se* | *verdadeiro, deveria mor-* | *rer dentro do âmbito familiar, veio trazido* | *por terceiros inescrupulosos para a arena* | *judicial, e daí passa, agora,* | *para os comen-* | *tários de ruas.* || *Expediente grosseiro e juridicamente* | *ine-* | *ficaz, outra cousa não exprime sinão a ga-* | *[[ga]]nância irrefle-* | *tida dos que votam culto ex-* | *clusivamente ao dinheiro.* || *Bem sabido é* | *por doutores e leigos que* | **o protesto** *não tira e nem dá direito, e que,* | *si algumas vezes, tem fôrça conservatoria,* | *basta para isso que apenas* | *sejam citados os* | *interessados na contenda.* || *Escândalo foi, portanto,* | *o que visou* **aque-** | **la publicação em letras vistosas e estampa-** | **das** | **em página e coluna de destaque**. *Nenhuma* | *finalidade jurídica alí se* | *vislumbra.* || [...] || *Afim de que se não continue a iludir a o-* | *pinião* | *pública e todos fiquem conhecendo a* | *realidade dos fatos, sou forçado* | *a trazer* | *agora, à publicidade a defesa por mim ofere-* | *cida na ação,* | *que, segundo tambem se diz* | *foi proposta por minha genitora, que con-* | *tinúa alheia a tudo.* (*Folha do Norte*, 9 de dezembro de 1944)

Constituída por uma argumentação que tem como cerne a estruturação do real (Perelman e Olbrechts-Tyteca, 1996) – "afim de que se não continue a iludir a opinião pública e todos fiquem conhecendo a realidade dos fatos" –, a carta em (9) prima, mais uma vez, de modo análogo ao observado no século XIX, pelo caráter pessoal.

Nesse texto, podemos observar as paráfrases não adjacentes expansivas "aquela publicação em letras vistosas e estampadas em página e coluna de destaque" (em relação à matriz "o protesto") e "um protesto judicial que se diz interposto por minha querida e veneranda mãe, Anísia Alves de Lacerda, e que foi publicado pela 'Folha do Norte' do dia 2 do mês corrente" (relativamente à matriz "nota de escandalo"). Paráfrases como essas possibilitam inserir elementos à ideia central que se pretende destacar: a falsidade dos fatos que circularam e, por isso mesmo, a ineficácia de uma ação judicial.

O PARAFRASEAMENTO EM CARTAS DE LEITOR BAIANAS DA SEGUNDA METADE DO SÉCULO XX

Conforme afirmamos na seção anterior, à década de 1920 é atribuída a etapa embrionária da transição do jornalismo literário para o empresarial, correspondendo essencialmente, *stricto sensu*, à transição da fase artesanal para a industrial. No caso específico do Brasil, a superação definitiva do jornalismo literário pelo empresarial tem seu início na década de 1950: consolidada a radiodifusão, ampliado o mercado pela televisão e abertas oportunidades aos conglomerados de jornais e revistas, a pequena e diversificada imprensa de iniciativa individual, remanescente do jornalismo local de fins do século XIX e início do século XX, começa a desaparecer das grandes cidades. Tem seu início a concentração do sistema de veiculação de notícias. Os jornais, principalmente, deixam de ser numerosos, frutos do trabalho de poucas pessoas, para se tornarem produtos de uma ação coletiva, organizada e, certamente, poderosa (Bahia, 1990).

Ainda de acordo com Bahia (1990), é a partir da década de 1950 que os jornais sofrem importantes reformas que abrangem, dentre outros aspectos, formato e composição. No que concerne aos gêneros textuais, a subdivisão hoje conhecida em seções claramente delineadas, com as marcas características de cada uma delas, vai tomando forma: os editoriais passam a ser destacados, as cartas de leitor passam a ocupar seções, espaços e páginas predefinidas, e assim por diante.

Os grandes jornais passam a adotar uma atitude pretensamente crítica e investigativa, sobretudo no campo político, revestida pelo discurso acerca da necessidade de uma cobertura imparcial dos fatos. Essa tentativa de aproximação da objetividade, em detrimento da subjetividade, impõe às cartas de leitor mudanças significativas, propriamente a passagem de cartas de cunho mais pessoal e interpelativo para a predominância de cartas de cunho mais impessoal e opinativo, passagem esta que envolve a mudança do predomínio de cartas de denúncia/solicitação para a dominância de cartas de manifestação de opinião (cf. capítulo "A organização tópica em cartas de leitor paulistas", neste volume).

Paralelamente, com espaços prefixados, essas cartas deixam de ser publicadas integralmente, passando pelas mãos da equipe de edição do jornal. Por razões de espaço da seção ou por direcionamento argumentativo, as cartas são triadas e podem ser resumidas, parafraseadas ou mesmo ter informações eliminadas, o que, segundo Bezerra (2002: 211), faz essas cartas passarem a se configurar como cartas "*com co-autoria: o leitor, de quem partiu o texto original, e o jornalista, que o reformulou*".

Esse processo de "enxugamento" e de edição das cartas de leitor tem um forte impacto nas TDs do referido gênero do jornalismo impresso e na natureza e função das paráfrases analisadas: apesar de a estratégia textual-interativa do parafraseamento permanecer bastante recorrente (39 paráfrases em 20 cartas de leitor analisadas), são as paráfrases adjacentes que passam a corresponder à maioria dos casos (64%, 25/39), em detrimento das não adjacentes (36%, 14/39) – já que, com textos mais curtos, reduz-se uma necessidade maior de assegurar a coesão tópica. Paralelamente, também como consequência desse processo, de modo diverso aos períodos anteriores, diminuem as ocorrências de paráfrases expansivas (41%, 16/39) em benefício das simétricas e redutoras. Os exemplos em (10) e (11) ilustram alguns casos:

(10) [20,2 CL BA] *JOSELITO AMORIM APOIA | ANTONIO NAVARRO | Aos meus amigos || Afastado da política há cerca de trinta | anos, porém com uma administração que pro- | duziu, em pouco mais de 3 anos, sem deixar | um centavo de dívida,* **o Colégio Municipal, até | hoje o maior e melhor Colégio do Município, | os Colégios João Barbosa de Carvalho, | Edelvira de Oliveira, General Osório, Ana | Brandoa, Ernestina Carneiro, Georgina | Erisman, o Parque de Exposição João Martins | da Silva, prédios escolares em Maria Quitéria, Jaguara, Jaiba, Bonfim de Feira, energia para | o distrito de Maria Quitéria, | projetos aprova- | dos e recursos depositados em bancos para | energia de Bonfim de Feira e Jaguara, cons- | trução do Colégio Estadual com a participa- | ção do Município na ordem de cinquenta por | cento do valor da obra, participação financei- | ra junto ao Estado, para a construção do | Forum Filinto Bastos e Estação Rodoviária e | Construção do Estádio Municipal, essas | obras** *me credenciam a pedir aos amigos que | conduzam à Câmara de Vereadores o dr. An- | tonio Navarro Silva, cidadão inteligente, ho- | nesto e que já tendo ocupado várias funções | públicas às desempenhou com sabedoria e | dignidade. || Peço o seu voto para o dr.*

Antonio | Navarro Silva. || Joselito Falcão de Amorim | ex-Prefeito de Feira de Santana. (Folha do Norte, 10 de agosto de 1996)

(11)   [20,2 CL BA] *CARTA DE LEITOR | Feira de Santana, 22 de janeiro de 1997 || Prezados Senhores: || Desejando os melhores votos de um sucesso ainda | maior em 97, faço desse jornal portador da carta aberta ao | vereador Messias Gonzaga. || Meu prezado Dom Quixote de La Câmara, parabéns pelo | "Melhor de 96". Continue vestindo sua rota armadura e lutan- | do contra os moinhos de vento. Você vencerá, verá como Dom | Quixote o seu sonho realizado, mas na certeza do reconheci- | mento apenas **dos honestos, dos trabalhadores de oito horas, | dos professores, gente do povo, gente boa e decente, humil- | des filhos de Deus.** || O sonho tem o seu valor. || [...]. Continue insistindo no reparo da ver- | gonha das aprovações das contas por decurso de prazo. A | Câmara não fiscaliza suas próprias contas... Insista, o Sancho | Pança Everaldo Soledade pagará os auditores independentes. || **Sabe quantas vezes estas contas serão abertas ao povo?| Nenhuma. Os Presidentes colocam na gaveta para que os seus | sucessores também o façam** e o atual não vai ser excessão. É | tudo como dantes no quartel de Abrantes. || A verba extra de R$ 500.000,00 repassada em dezembro | pela Prefeitura ninguém sabe o que foi feito visto ter ficado | fabuloso débito. Já caiu no esquecimento com 30 dias apenas | de acontecimento.* (*Folha do Norte*, 22 de março de 1997)

Em (10), a paráfrase adjacente redutora "essas obras" assume a função de resumir as realizações do ex-prefeito de Feira de Santana, apresentadas enquanto argumentos alicerçados na estruturação do real, propriamente baseados em fatos. No contexto em que foram proferidas, as realizações elencadas pelo enunciador e a sua paráfrase redutora exercem, sobre a porção textual subsequente, uma ligação de sucessão, unindo um fenômeno a suas causas (sendo, no caso, "essas obras" o fenômeno que o credencia, como consequência, "a pedir aos amigos que conduzam à Câmara de Vereadores o dr. Antonio Navarro Silva"). Paralelamente, na medida em que une uma pessoa a seus atos, o excerto em questão aciona, ainda, uma ligação de coexistência.

Em (11), podem ser observadas, dentre outras, paráfrases adjacentes simétricas ("gente do povo, gente boa e decente, humildes filhos de Deus", cuja matriz é "dos honestos, dos trabalhadores de oito horas, dos professores"; "Os Presidentes colocam na gaveta para que os seus sucessores também o façam", que tem como matriz a passagem "Sabe quantas vezes estas contas serão abertas ao povo? Nenhuma"), que, no caso, atribuem ao texto novos termos, contribuindo para a promoção, no plano argumentativo, de uma determinada figura de presença.

No que tange à estrutura composicional das cartas de leitor dos jornais baianos analisados, observamos, nesta segunda metade do século XX, uma estabilização das características surgidas nos períodos anteriores, sempre na sequência a seguir: a TD *título*; a *apresentação* dos motivos que levaram o escrevente a escrever a carta; a *exposição* dos fatos e do assunto específico; a *conclusão*, em geral apresentando uma síntese; e a *assinatura*.

Ademais, verifica-se uma consolidação da impessoalidade nas cartas do final do século XX. Conforme bem aponta Matias (2018), essa impessoalidade deve ser devidamente compreendida no seguinte sentido:

> [...] o uso frequente de marcas linguísticas, [...] que demarcavam a relação entre o produtor das cartas e os seus interlocutores, no século XIX, parece ter se "perdido" nos caminhos da história. Perdeu-se a explicitude de se falar do "eu" para se falar diretamente do "outro". Parte-se de um tom um tanto quanto subjetivo, para uma explícita objetividade, característica presente nos textos jornalísticos atualmente. Vale salientar: uma objetividade, mas não desprovida de posicionamentos político-ideológicos de quem produziu a escrita das cartas. (Matias, 2018: 226)

CONSIDERAÇÕES FINAIS

O objetivo deste capítulo foi o de descrever e analisar, diacronicamente, o processo textual-interativo do parafraseamento no gênero textual do jornalismo impresso carta de leitor. Para isso, partiu-se do pressuposto de que há uma correlação entre as características composicionais das TDs da carta de leitor e as formas e as funções das paráfrases em cada período específico de emprego desse gênero, em circulação nos jornais baianos dos séculos XIX e XX, de modo que a materialidade do gênero determina a emergência de determinados tipos de paráfrases em detrimento de outras.

Tomando em consideração a proposta de caracterização formal e funcional das paráfrases elaborada por Hilgert (2006), e considerando o fato de as cartas serem publicadas, no decorrer do século XIX e início do século XX, na íntegra e sem maiores restrições em termos da extensão dos textos, foi possível observar, com a análise dos dados, momentos de equilíbrio, alternando com períodos de vasta proeminência das paráfrases não adjacentes face às adjacentes, e ainda o predomínio de paráfrases expansivas ante as simétricas e redutoras. Na verdade, com textos bastante extensos, há a necessidade maior de assegurar a coesão tópica, garantindo uma evolução coerente – função principal das paráfrases não adjacentes –, e, além disso, de sustentar e ancorar novos argumentos em uma mesma direção argumentativa, o que atribuímos a um potencial significativo das paráfrases não adjacentes e expansivas para esse fim (seja ancorando e acionando o desenvolvimento de novas estratégias argumentativas, seja proporcionando a introdução de definições, exemplificações e explicitações, seja introduzindo a retomada e repetição das ideias que se quer defender, dentre outras funções).

Em um segundo momento, precisamente na segunda metade do século XX, os jornais sofrem importantes mudanças quanto a forma e conteúdo, marca significativa da passagem de um jornalismo artesanal para um jornalismo produzido em escala industrial. No que concerne aos gêneros textuais, a subdivisão hoje conhecida em seções claramente delineadas toma forma, e as cartas de leitor passam a ocupar seções, espaços e páginas predefinidas, com espaços prefixados. Como consequência, as cartas deixam de ser publicadas integralmente, passando pelas mãos da equipe de edição do jornal, que se tornam "coautores", triando as cartas a serem publicadas, eliminando informações, editando-as, resumindo-as.

Esse processo de "enxugamento" e de edição das cartas de leitor tem um forte impacto nas TDs do referido gênero do jornalismo impresso e, por conseguinte, na natureza e função das paráfrases analisadas: apesar de a estratégia textual-interativa do parafraseamento permanecer bastante recorrente, foi possível constatar que são as paráfrases adjacentes que passam a corresponder à maioria dos casos, em detrimento das não adjacentes (já que, com textos mais curtos, reduz-se uma necessidade mais decisiva de assegurar a coesão tópica).

Paralelamente, também como consequência desse processo, de modo diverso aos períodos anteriores, diminuem, na segunda metade do século xx, as ocorrências de paráfrases expansivas, em face de um aumento das ocorrências de paráfrases simétricas e redutoras.

No período em questão, no que tange às mudanças sofridas pelas cartas de leitor, destaca-se a passagem do predomínio de cartas de cunho mais pessoal e interpelativo para a predominância de cartas de cunho mais impessoal e opinativo, fruto da transformação de um jornalismo que tenta, de forma geral, se aproximar da objetividade, em detrimento da subjetividade. No decorrer dessa mudança, persiste um caráter argumentativo das cartas, o qual se adapta de uma argumentação para defesa de solicitações mais pessoais, para uma argumentação direcionada à defesa de opinião, ou seja, de uma orientação mais subjetiva para uma postura de interesse mais social/coletivo.

No entanto, em que pesem as mudanças impingidas à carta de leitor, a temática das cartas tratou sempre de assuntos relacionados a "fatos" que circunscreveram os escreventes e/ou a sociedade em geral nos períodos em análise. Possivelmente esse caráter da carta de leitor embasa o tipo de estrutura argumentativa assumida pelo parafraseamento no material analisado, propriamente a função de acionar ou sustentar, em todos os casos analisados, argumentos baseados na estrutura do real (Perelman e Olbrechts-Tyteca, 1996).

Nesse sentido, as considerações aqui apontadas ratificam a posição de autores como Koch (2004), que sustentam que as estratégias de formulação textual visam levar o interlocutor a crer em algo ou agir, o que sempre é conquistado por meio da argumentação. Na verdade, os estudos acerca das estratégias textual-interativas, da diacronia dos gêneros textuais (com suas tradições específicas) e da argumentação possuem laços indissociáveis, de tal maneira que a busca pela persuasão e as determinações sócio-históricas que incidem sobre um gênero em um certo período histórico chegam a favorecer, no decorrer de um texto, o uso mais frequente de determinadas estruturas linguísticas em detrimento de outras.

NOTAS

[1] Entre colchetes, no início de cada exemplo, estão abreviadas as seguintes informações: século (19,1, 19,2, 20,1 ou 20,2), gênero textual carta de leitor (CL) e estado em que ocorreu a publicação (BA).

[2] Os argumentos baseados na estrutura do real são aqueles que se valem da relação mais ou menos estreita existente entre eles e certas fórmulas lógicas ou matemáticas para instaurar uma solidariedade entre juízos estabelecidos e outros que se procura promover. Apesar de serem classificados conforme as estruturas do real às quais se aplicam e de poderem ser encontrados no uso comum, não se trata de descrições objetivas do real, mas "*da maneira pela qual se apresentam as opiniões a ele concernentes, podendo estas, aliás, ser tratadas quer como fatos, quer como verdades, quer como presunções*" (Perelman e Olbrechts-Tyteca, 1996: 298). São subdivididos entre argumentos que se aplicam a ligações de sucessão, que unem um fenômeno a suas consequências ou a suas causas – argumento pragmático, da direção, dentre outros –, e argumentos que se aplicam a ligações de coexistência, que unem uma pessoa a seus atos, um grupo aos indivíduos que dele fazem parte e, em geral, uma essência a suas manifestações – por exemplo, o argumento de autoridade.

[3] Mediante o emprego de elementos discursivos como definições, descrições ou interpretações que se materializam na superfície textual, as *figuras de caracterização* buscam impor ou sugerir uma caracterização específica por parte do enunciador em relação ao seu objeto de discurso. Incluem-se, aqui, a perífrase, a prolepse e a correção.

[4] Diferentemente das *figuras de caracterização*, as *figuras de presença* são aquelas que "*despertam o sentimento da presença do objeto do discurso na mente tanto de quem o profere quanto daquele que o lê ou ouve*" (Guimarães, 2001: 154). Elas intensificam a presença desse mesmo objeto. Trata-se de elementos como a repetição, a sonoridade (rimas, homofonia) ou o detalhamento do objeto discursivo em questão, que emerge sobre a materialidade textual.

A REPETIÇÃO EM CARTAS DE LEITOR CATARINENSES

Solange de Carvalho Fortilli

SUMÁRIO

APRESENTAÇÃO 196

A REPETIÇÃO COMO PROCESSO CONSTITUTIVO DO TEXTO 197

A CARTA DE LEITOR 200

FORMAS DA REPETIÇÃO EM CARTAS DE LEITOR CATARINENSES
DOS SÉCULOS XIX E XX 201

FUNÇÕES DA REPETIÇÃO EM CARTAS DE LEITOR CATARINENSES
DOS SÉCULOS XIX E XX 207

CONSIDERAÇÕES FINAIS 215

APRESENTAÇÃO

Neste capítulo, tratamos do processo de repetição em cartas de leitor publicadas em jornais de Santa Catarina nos séculos XIX e XX. O objetivo geral do trabalho é delinear as formas de materialização das repetições e suas funções textual-interativas no gênero mencionado. Alinhando-nos à abordagem diacrônica formulada neste livro, assumimos, com base na Perspectiva Textual-Interativa (Jubran e Koch, 2006), que os processos de construção textual, em grande medida, são determinados pela finalidade sociocomunicativa do gênero textual em que ocorrem.

Para esse tratamento diacrônico do processo de repetição materializado em um gênero específico, apoiamo-nos na concepção de Tradição Discursiva (Kabatek, 2006), a qual envolve uma visão de diacronia permeada por práticas sociais de interlocução verbal. Isso significa que a repetida utilização de determinado material linguístico e de propriedades de elaboração textual em diferentes episódios de comunicação verbal promove um discurso relativamente convencionalizado, baseado em modos tradicionais de dizer. Nesse sentido, os gêneros textuais constituem uma das modalidades de Tradição Discursiva, por representarem essa relativa estabilidade de formulação textual.

Para Bakhtin (2003), os gêneros se particularizam por portarem um conteúdo temático, uma construção composicional e um estilo. O primeiro corresponde às diferentes atribuições de sentidos e recortes temáticos possíveis para um dado gênero do discurso. Não se deve entender conteúdo temático como assunto, mas como um leque de temas que podem ser tratados em um gênero. Fiorin (2006), ao discutir os estudos bakhtinianos, explica essa ideia com base nas cartas de amor, gênero que veicula conteúdo relativo aos envolvimentos amorosos, mas que exibe, em cada um de seus exemplares, um tratamento específico do tema. Intimamente ligado ao conteúdo, está o estilo do gênero, caracterizado pela escolha de recursos linguísticos (fraseológicos, gramaticais e lexicais) que são utilizados pelo falante para atingir o ouvinte e obter uma reposta. Por fim, a construção composicional diz respeito à estruturação geral interna do enunciado, à forma como ele é organizado, o que o torna visivelmente reconhecido e lhe atribui natureza relativamente estável. Conforme pontua Bakhtin (2003: 268), os enunciados e seus tipos estáveis, ou seja, os gêneros discursivos, ligam a história da sociedade e a história da linguagem, pois *"nenhum fenômeno novo (fonético, léxico, gramatical) pode integrar o sistema sem ter percorrido um complexo e longo caminho de experimentação e elaboração de gêneros e estilos"*.

Tal consideração acerca dos gêneros textuais, sobretudo sobre sua construção composicional, autoriza-nos a pensar que o comportamento de um fenômeno, no nosso caso, da repetição, pode ser uma parte constitutivamente relevante de um determinado gênero, de tal modo que o estudo diacrônico de um processo textual pode, inclusive, contribuir para entendimento da história do gênero.

Para desenvolver o presente capítulo, foi utilizado material compilado pela equipe do Projeto para a História do Português Brasileiro. São, ao todo, 101 cartas de leitor catarinenses do século XIX e 101 do século XX. Esse conjunto de cartas foi analisado para detecção de ocorrências do processo de repetição.

A REPETIÇÃO COMO PROCESSO CONSTITUTIVO DO TEXTO

Na Perspectiva Textual-Interativa (PTI), a linguagem é vista como

> [...] uma forma de ação, uma atividade verbal exercida entre pelo menos dois interlocutores, dentro de uma localização contextual, em que um se situa reciprocamente em relação ao outro, levando em conta circunstâncias de enunciação. Ressalta-se, assim, a visão de linguagem como manifestação de uma competência comunicativa, definível como capacidade de manter a interação social, mediante a produção e entendimento de textos que funcionam comunicativamente. (Jubran, 2006b: 28)

A PTI toma como uma de suas bases a Pragmática, que considera a língua como uma forma específica de comunicação social, o que implica estudá-la em situações comunicativas de uma sociedade em conjunto com outras práticas não linguísticas. Nesse sentido, o texto é considerado *"não como produto estanque de uma interlocução verbal, mas como processo dinâmico sujeito a pressões de ordem interacional"* (Jubran, 2007: 314). Isso significa que, por meio da atividade verbal, os falantes realizam tarefas comunicativas, trocas de metas e interesses dentro de um espaço discursivo. Considera-se também que o conhecimento sociointeracional, condição para o exercício da linguagem, engloba os conhecimentos ilocucional, comunicacional e metadiscursivo. Porém, no processamento do texto, a competência comunicativa mobiliza conhecimentos não só dos sistemas cognitivos citados, mas também conhecimentos referentes a modelos textuais globais, os quais se configuram como a competência comunicativa que permite manter a interação por meio de textos (Jubran, 2007).

Outro princípio fundamental da PTI é o de que os fatores interacionais são constitutivos do texto e inerentes à expressão linguística. No processo de constituição textual, ocorrem sistematicidades e regularidades cujas marcas evidenciam o processamento verbal. Partindo-se da ideia de que *"certas propriedades sintáticas de superfície são controladas no nível discursivo em função das propostas comunicativas"* (Marcuschi, 2006: 220), pode-se compreender processos como organização tópica, referenciação, parafraseamento, parentetização, repetição, correção e outros como evidências dessa articulação entre a materialidade do texto e as contingências de seu processamento.

Dentre esses processos, focalizamos a repetição. Em Risso (1990: 75), já se encontram considerações a respeito do que se chama de recorrência da informação, *"que pode manifestar-se na superfície textual por procedimentos como a repetição, a paráfrase, o reparo, a referência, a substituição, a elipse"*. Para que não se confundam tais estratégias, todas voltadas à retomada de conteúdo textual, mas portadoras de especificidades, a autora define a repetição como *"a retomada sem variação ou com alguma variação formal, em posição contígua ou não, de uma mesma palavra, conjunto de palavras, oração ou frase"* (Risso, 1990: 75). Quanto às funções da repetição, a autora delineia o comportamento das repetições justamente na estruturação tópica, reconhecendo estratégias como compensação da descontinuidade intratópica, articulação intertópica, delimitação do contorno tópico e direcionamento circular da estrutura tópica.

Já em Marcuschi (2006), o mesmo fenômeno é definido como *"a produção de segmentos textuais idênticos ou semelhantes, duas ou mais vezes no âmbito de um mesmo evento comunicativo"* (Marcuschi, 2006: 221). A observação de que um segmento pode guardar uma relação de semelhança ou identidade com outro explica a ocorrência de repetições exatas ou com variação em relação à matriz, que é a primeira manifestação do segmento. Outra consideração importante é quanto ao evento comunicativo, que é entendido como uma unidade de interação, desde seu início até o final. No caso deste estudo, cada carta de leitor é tomada como um evento comunicativo e é em seu interior que serão buscadas as repetições.

Do ponto de vista da distribuição das repetições na cadeia textual, Marcuschi (2006) estabelece que as repetições podem estar mais próximas à matriz, sendo chamadas de adjacentes, ou mais distantes, podendo haver casos em que um segmento é repetido vários tópicos depois da primeira aparição no texto. É importante observar que, no decorrer do texto, um mesmo elemento pode não ter o mesmo referente, já que a identidade lexical não equivale à identidade referencial. Com referentes diversos, uma mesma palavra não é portadora do mesmo conteúdo, portanto, não se pode considerar que, com ela, se disse a mesma coisa.

Partindo da diversidade de elementos que podem ser repetidos no interior do texto, Marcuschi (2006: 224) estipula a categoria linguística do segmento alvo da repetição:

a. repetições fonológicas (aliteração, alongamento, entonação etc.);
b. repetições de morfemas (prefixos, sufixos etc.);
c. repetições de itens lexicais (geralmente N e V);
d. repetições de construções suboracionais (SN, SV, SPrep, SAdj, SAdv);
e. repetições de construções oracionais.

Já com relação às funções, Marcuschi (2006), abordando dados de língua falada, afirma que as repetições atuam em diversos aspectos da formulação textual-discursiva:

a. no plano da *coesividade*, em que podem contemplar a sequenciação propriamente dita, a referenciação, a expansão oracional, a parentetiza-ção e o enquadramento funcional;
b. no plano da *continuidade tópica*, promovendo a amarração, introdução, reintrodução, delimitação do tópico;
c. no plano da *argumentatividade*, por meio da reafirmação, contraste ou contestação de argumentos;
d. no plano da *interatividade*, atuando na monitoração da tomada de turno, ratificação do papel do ouvinte, incorporação de opinião.[1]

Assim, com base nas descrições supracitadas, as ocorrências do nosso *corpus* de cartas de leitor serão analisadas de acordo com dois parâmetros principais:

a) a forma, isto é, a categoria linguística que se manifesta no segmento alvo da repetição e b) a função desempenhada pela repetição no texto. A partir da análise desses dois parâmetros, pretende-se chegar ao perfil do fenômeno no âmbito do gênero no material investigado.

A CARTA DE LEITOR

Conforme Silva (2002), na história das práticas comunicativas mediadas pela escrita, o gênero carta foi um dos primeiros que tornou possível a existência de relações interativas sem que os interlocutores estivessem no mesmo lugar. É possível pensar, nesse sentido, que as cartas pessoais estiveram presentes nos primórdios dessa trajetória, mas se desenvolvem, se consolidam e se transformam em função de uma série de aspectos socioculturais e históricos.

A autora analisa cartas pessoais e assinala que o falante conhece um modelo relativamente fixo para tal texto, o que foi construído historicamente, por meio de práticas sociais. Assim, na primeira parte de uma carta pessoal encontram-se enunciados que podem ser vistos como abertura do evento comunicativo. Essa abertura consta de um cabeçalho que exerce a função de contextualizador, articulando o texto à situação, no que diz respeito à origem e à época em que o texto foi produzido. Nas cartas de leitor, tais dados se materializam no próprio jornal (a data, por exemplo).

As cartas circulam em campos de atividade diversos, apresentando funções comunicativas variadas: nas relações pessoais, nos negócios etc. Assim, de acordo com Melo (1999: 23), *"diferentemente das cartas pessoais, de cunho privado, a carta de leitor tem um caráter público, eminentemente aberto"*. Também o interlocutor é bastante diverso daquele que se espera que receba uma carta pessoal: escreve-se para leitores virtuais, *"que, podendo ser qualquer um, são todos, é o público leitor, heterogêneo e bastante indeterminado"* (Melo, 1999: 23). Medeiros, Mota e Fabiano (2011) afirmam que a carta do leitor foi se constituindo de acordo com as necessidades interacionais, para estabelecer diálogo entre o produtor e o interlocutor, apresentando adaptações até os dias atuais. Em tempos em que os meios de comunicação eram mais limitados, as pessoas comuns se apropriavam do recurso jornalístico para relatar episódios pessoais ou coletivos vividos pela população, o que se revelava como uma possibilidade de publicar sua crítica, opinião, reclamação ou pedido pessoal.

A repetição em cartas de leitor catarinenses

Perdurando até os dias atuais, as cartas de leitor são divulgadas em jornais e revistas e veiculam a visão do público acerca de notícias, reportagens e temas de interesse nacional que foram alvo de publicações do jornal. Em geral, as cartas se apresentam em registro formal ou semiformal do português. Ainda, segundo Melo (1999), há sempre uma seleção das cartas a serem publicadas e, entre aquelas que são selecionadas, pode haver ainda uma edição, para adaptá-las ao exíguo espaço do portador (jornal ou revista).

Ligadas à expressão de opiniões, a carta do leitor tem como aspecto bastante saliente a argumentação. O termo está ligado a persuadir e convencer e, no caso da carta de leitor, deve se valer de ideias e motivos que levem o máximo de pessoas a concordar com o enunciador. Embora ligados, convencer e persuadir são mecanismos diferentes. O convencimento se dá no plano das ideias, quando o locutor gerencia uma informação, com demonstrações e provas, para mudar a opinião do outro. Já a persuasão se estabelece no plano das emoções, quando o interlocutor é levado a adotar determinado comportamento em função do que o locutor enuncia. Segundo Medeiros, Mota e Fabiano (2011), a definição de uma tese é condição fundamental à argumentação. No gênero em questão, a tese geralmente corresponde a protestos coletivos, a solicitações de ajuda ou à narração de algum episódio coletivo ou particular que mereça destaque, correspondendo aos diferentes propósitos que uma carta pode ter.

Feitas essas considerações sobre a natureza da carta de leitor, passamos à análise das formas e funções da repetição nesse gênero.

FORMAS DA REPETIÇÃO EM CARTAS DE LEITOR CATARINENSES DOS SÉCULOS XIX E XX

No conjunto de cartas analisadas, há exemplares coletados em diferentes jornais do estado de Santa Catarina e oriundos da capital e de cidades do interior. Nota-se, dentre os materiais do *corpus*, uma preponderância de cartas mais extensas no século XIX em comparação às do século XX, o que terá relação com as formas das repetições nos textos.

As 101 cartas de leitor que compõem o material do século XIX exibem juntas 204 ocorrências de segmentos repetidos, excetuando-se repetições fonológicas e morfológicas, já que vamos nos concentrar naquelas acima do nível morfemático. Um primeiro procedimento é detalhar a categoria linguística

201

do segmento repetido, tarefa para a qual nos baseamos em Marcuschi (2006). Com a análise desse aspecto, espera-se observar a estrutura daquilo que é repetido, ou seja, as formas que o gênero carta do leitor possibilita que sejam recorrentes. A repetição, em certos casos, é considerada um aspecto que pode gerar empobrecimento do texto, todavia, o fenômeno é estudado aqui como significativo para a constituição textual, o que impõe a tarefa de investigar *o que* vem sendo repetido no gênero em análise, com seu respectivo perfil nos dois séculos envolvidos.

Nas cartas de leitor oitocentistas predominam repetições que envolvem segmentos suboracionais, com 56% das ocorrências (114 de 204 casos). Essas repetições são aquelas que reproduzem sintagmas, ou seja, constituintes oracionais dos mais diversos tipos, como se vê em (1):

(1)   [19,2 CL SC][2] *Cabotagem nacional. Esta é a verdade que nenhum negociante | ignora, e admira como a directoria da praça | do commercio de Porto-Alegre, composta de | distinctos commerciantes, pretensa sustentar | o contrario. || Se os vapores, apezar da rapidez e certeza | de suas viagens, contribuissem tanto como | pensa a directoria, para o aniquilamento | dos navios de vela, então estes estariam aca- | bados ou muito reduzidos na Inglaterra e | Estados-Unidos, que, como todos sabem, possue | **seu grande numero de vapores**. || Mas os factos provam que não obstante o | **grande numero de vapores** que estas duas | nações possuem, os navios de vela progri- | dem.* (*O Despertador*, 13 de outubro de 1883)

Esse tipo de repetição vai além do item lexical, abrangendo um segmento maior, mas que não tem estatuto de oração. Em alguns casos, como no apresentado, toda a construção serve para designar o referente colocado em pauta, sendo que o núcleo ("vapores") vem acompanhado de modificadores, os quais são relevantes para a correta designação do referente. Em (1), por exemplo, "seu grande numero de", que antecede "vapores", não só especifica esse último, mas também é parte decisiva da argumentação, já que, pela leitura do excerto, nota-se que o que está sob discussão é justamente a informação que esse segmento modificador traz: o número significativo de navios a vapor, o que poderia desbancar os navios a vela. Tal interpretação elucida a natureza de algumas repetições suboracionais, as quais assim se constroem justamente para dar conta de referenciar um objeto com a especificidade que é necessária dentro de determinado evento comunicativo.

Há também um outro tipo específico de segmento suboracional repetido no *corpus*. São aqueles que funcionam como introdutores de uma estrutura a ser repetida, como mostrado em (2):

(2)   [19,2 CL SC] *Hermelino Jorge de Linhares ao publicco. E como no mesmo officio não conste o | motivo da minha exoneração, passo a explica-lo para que o publico fique sabendo e | julgue como entender. || **Não foi por** faltas commettidas no cum- | primento dos deveres do cargo que exerci; || **Não foi por** desidia, inercia, preguiça ou | outro qualquer mau procedimento; || **Não foi por**que seja máu cidadão, mau | pai de familia, seductor de moças honestas | e das proprias parentas; || **Não foi por**que tivesse por minha conta | 4 concubinas com filhos, despendendo com | ellas aquillo que devia despender com meus | filhos legitimos; || **Não foi por**que roubasse escandalosa- | mente ao Estado quantias fabulosas. || Não. (O Despertador*, 18 de fevereiro de 1880)

Trata-se de segmentos suboracionais que se repetem ao iniciar uma estrutura sentencial que também virá a ser repetida. Tal estruturação, ao reinvocar o segmento introdutório, bem como a organização sentencial, desencadeia uma noção de insistência de ideias centradas em um mesmo propósito. Nos casos em tela, nota-se a intenção de convencimento que está por trás de tal encadeamento, pois os elementos repetidos são introdutores de argumentos que se somam em busca de convencer o leitor: em (2), há um primeiro motivo prefaciado pelo segmento repetido ("Não foi por") e mais quatro razões que o enunciador introduz com a mesma construção suboracional.

A ideia de um crescente de alegações por parte do enunciador é favorecida, também, pelo ritmo imposto pelo paralelismo sintático, que reproduz a intensificação e a força dos questionamentos ou afirmações colocadas em jogo. Mais detalhamentos sobre os efeitos das repetições serão fornecidos quando da discussão de suas funções, mais adiante.

Nesse mesmo século, as repetições que envolvem segmentos oracionais representam 23,5% dos casos (48/204), como exemplificado em (3):

História do Português Brasileiro

(3)   [19,2 CL SC] *Ao publico. Aproveito a occasião para declarar que | me retiro para a Côrte no 1.º paquete que | vier do Sul, e que* **me retiro sem dever di- | nheiro a ninguem** *em todo o territorio desta | provincia. ||* **Retiro-me sem dever dinheiro;** *porém me | ausento levando commigo a lembrança das | pessôas que me honraram com sua estima e | com sua amizade nesta capital e n'outros | logares da provincia.* (*O Desperta-dor*, 12 de julho de 1882)

As repetições oracionais guardam a particularidade de trazer ao discurso toda uma ideia que já fora verbalizada anteriormente. Como se vê, trata-se de um tipo de repetição menos comum, pois promove a recorrência, na íntegra, de uma ideia dada. Em (3), por exemplo, a repetição "Retiro-me sem dever dinheiro", embora seja informação já fornecida ao leitor, serve de mote para a introdução de uma informação nova: "Retiro-me sem dever dinheiro; porém me ausento levando commigo a lembrança das pessôas que me honraram". Ou seja, não é aleatória a repetição de uma frase como um todo.

Já as repetições de itens lexicais, considerados apenas quando ocorrem com um item lexical simples (Marcuschi, 2006), foram responsáveis por 20,5% dos casos (42/204) no mesmo período. As ocorrências em (4) mostram esse tipo de repetição:

(4)   [19,1 CL SC] *Fique porém o meu amigo na certeza de | que, nos encon-trarmos, pois que | já o conheço, lhe communicarei verbal- | mente não só a coisinha que indiquei, | com tambem mais hum* **bocadinho** *que | se passou entre mim e um amigo do Senhor | Doutor Severo no dia 19 de Julho do anno | passado,* **bocadinho** *tal, que me cauzou bas- | tantes dissabores de bôca. Des- | culpe o meu amigo a minha repugnancia | em satisfazer-lhe; e tenha a bondade de | acceitar os novos agradecimentos com que | retribuo aos seus favores, e os puros votos | de sincera amizade que lhe consagra. || O seu amigo e com-panheiro d'armas e dos | trabalhos || Francisco Ramires Cardozo.* (*O Novo Iris*, 18 de junho de 1850)

Em (4), a palavra "bocadinho", alvo da repetição, integra uma cadeia re-ferencial, atualizando o referente em questão. Assim como em outros casos anteriores, de acordo com a noção de texto aqui adotada, aquilo que se entende

204

por referente não se alinha à ideia de designação apriorística das entidades do mundo via linguagem. Ao contrário, considera-se que as entidades designadas são objetos de discurso ao invés de objetos de mundo, no sentido de que se constroem por meio das interações, das *"práticas discursivas e cognitivas social e culturalmente situadas"* (Mondada e Dubois, 2003: 17). Conceber dessa maneira os referentes atualizados no discurso implica considerar a *instabilidade constitutiva* dos objetos de discurso, enxergando-os como dados não prontos que são apreendidos e reelaborados pelos falantes via interação. Mais do que isso, essa visão sobre os objetos de discurso exige que se fale não em referentes, mas em referenciação, a fim de tornar claro que o ato de referir traz em si um processo, já que *"as opções lexicais se reconstroem e se amoldam ao que está sendo negociado entre os interlocutores, dependendo de seus propósitos enunciativos"* (Cavalcante, Rodrigues e Ciulla, 2003: 10). Assim, a repetição não se comporta como uma tautologia simplesmente, mas como parte da edificação de um objeto de discurso colocado em jogo na interação.

Já as 101 cartas de leitor novecentistas forneceram 150 ocorrências de repetição. Nosso olhar continua voltado para quais segmentos linguísticos podem ser repetidos: 62% dos casos desse século (93/150) são repetições de itens lexicais, como em (5):

(5) [20,2 CL SC] *Não faz muito | tempo, inauguraram a nova | Adutora dos Pilões, para abastecimento de **água** a Florianópolis. O resultado não | foi dos melhores. Se antes | com a adutora primitiva ha- | via falta d'**água**, agora o | problema se agravou, prin- | cipalmente nos fins de se- | mana. Periodicamente | rompem canalizações de **água** no Estreito, acidentes | que deixam a Ilha sem o | precioso líquido. Acredito | que a solução seria renovar | todas as redes mestras que | servem as principais ruas. | Outro dia fui tomar banho e | depois de estar completa- |mente ensaboada a **água** sumiu e tive que terminar o | banho na base da caneca.* (Jornal de Santa Catarina, 22 de setembro de 1971)

Em (5), o procedimento de retomada lexical é o mesmo já descrito anteriormente: há uma remissão operada por elemento idêntico, o que contribui para o estabelecimento de uma cadeia referencial.

Já as repetições de segmentos suboracionais, no século XX, somam 32% das ocorrências (48/150), como se vê em (6):

(6) [20,2 CL SC] *Arapuca Clandestina. Ricardo já de início, procurou | declarar-se, talvez com pensa- | mento que surtisse efeito, disse | que tinha recebido seu vencimen- | to que era para pagar o aluguel | da casa e o restante para aten- | der as despesas com alimentação |* ***de sua espôsa e seus filhinhos****.* [...]. *É desagradável, amigo, um ser como | eu que o meu vencimento mal dá | para atender minhas necessida- | des primárias e agora estou com- | pletamente limpo. Como poderei | chegar a presença* **de minha es- | posa e meus filhinhos** *que estão | a minha espera como quem es - | pera Deus* [...]. (*A Nação*, 9 de agosto 1965)

Em (6), ocorre o emprego e, posteriormente, a repetição de uma combinação de referentes ("espôsa", "filhinhos") que o escrevente deseja manter no discurso, avivando-os na cadeia de referentes à medida que o texto progride.

As repetições de segmentos oracionais representam apenas 6% das ocorrências (9/150) encontradas no século em questão, como se ilustra em (7):

(7) [20,2 CL SC] *A carta de Bender. Formulo a presente para manifestar minha re- | pulsa a iniquidade praticada pelo pretenso jorna- | lista Celso Martins em comentários publicados no | jornal "Extra" de ontem, através dos quais* ***tentou | macular a honra do vereador e jornalista Ramiro | Gregório da Silva****. Fosse o indivíduo Celso Martins | pessoa de maior crédito a ele me dirigiria, mas en- | tendo que não merece a minha atenção. A propósito | aproveito todavia, o ensejo para cumprimentar o | jornalista Antonio Neves e seus colegas de profis- | são, por terem suspenso por 30 dias quem tanto mal | tentou fazer a um homem honrado, trabalhador e | leal, como é o Ramiro. || Fazendo meção (sic) aos fatos com que o senhor Celso | Martins* ***tentou denegrir a honra de Ramiro****, cum-|pre-me, como cidadão, dizer* [...]. (*A notícia*, 9 de janeiro de 1983)

Em (7), repete-se, com variação, uma informação sobre uma calúnia, tema que justifica a escritura da carta e pode esclarecer as motivações do escrevente para recorrer à mesma afirmação anteriormente posta no fluxo do discurso.

Observando os dados apresentados até aqui, pode ser destacada a seguinte mudança: do século XIX ao XX, verifica-se expressiva diminuição no percentual de repetição de segmentos oracionais (que cai de 23,5% para 6%), assim como no percentual de segmentos suboracionais (que diminui de 56% para 32%), em contraposição ao aumento na frequência da repetição de itens lexicais (a qual sobe de 20,5% para 62%). Ou seja, nota-se decréscimo na incidência da repetição de segmentos linguísticos mais longos, ficando o processo mais circunscrito à repetição de segmentos menores.

Trata-se, pois, de uma alteração possivelmente conectada a mudanças ocorridas, ao longo do período, em padrões de normatização dos jornais e, em particular, no funcionamento da carta de leitor (e de outros gêneros). No material analisado, percebe-se, de um século ao outro, uma nítida diminuição na extensão das cartas, processo ao qual poderia estar relacionada a mudança para a preferência por repetições com menos material linguístico.

Ao tratar de textos do gênero editorial, Gomes (2007) menciona a recorrência de informações como algo que foi desfavorecido ao longo do tempo: "*É provável que o que a tornou rarefeita nos séculos seguintes foi a simplificação sintática e o enxugamento (redução do tamanho) dos editoriais, motivado pela redução do espaço gráfico que culminou na economia linguística*" (Gomes, 2007: 167). Cremos que seria possível associar essa redução do espaço gráfico do jornal ao que ocorreu também com o gênero carta do leitor: seguindo a tendência de falar mais com menos material linguístico, afinal, as publicações eram pagas (Zavam, 2009), passaria a não ser viável escrever textos com longos trechos repetidos.

FUNÇÕES DA REPETIÇÃO EM CARTAS DE LEITOR CATARINENSES DOS SÉCULOS XIX E XX

Neste segundo momento de nossa análise, voltamos nossa atenção às funções textual-discursivas desempenhadas pelos segmentos repetidos. No decorrer do período diacrônico em investigação, percebe-se certa invariabilidade no funcionamento das repetições em termos das funções que exercem. Em ambos os séculos, identificamos o uso de repetições de forma relativamente similar, considerando sua atuação nos planos da coesividade, da topicalidade, da argumentatividade e da interatividade, sendo possível notar, porém, uma diferença considerável neste último domínio.

No plano da coesividade, nas cartas de leitor oitocentistas, podem ser destacadas duas subfunções: a coesão referencial por remissão idêntica e a coesão sequencial. A coesão referencial é *"aquela em que um componente da superfície do texto faz remissão a outro(s) elemento(s) do universo textual"* (Koch, 1990: 30). Dentre as estratégias de coesão referencial, a autora destaca as formas referenciais com lexema idêntico ao núcleo do sintagma nominal antecedente:

(8)   [19,2 CL SC] *A pedido de alguns catharinenses na côrte, | transcreve-mos do Jornal do Commercio da- | quella cidade de 10 do corrente, o seguinte: || Ao seu eleitorado || No Jornal do dia dous, | um falso Catharinense,| para ver se* **o Doutor Braga** *| na eleição não o vence, || declarou que por artigo | da reforma eleitoral, | sendo este incompa-tivel |* **o** *elege-lo era um mal. || Gastou seus cobres, coitado! | E afinal não lucrou nada, | pois no Desterro* **o** *conhecem desde a* **sua** *retirada. || Assim, pois, fique sabendo | que a sua penna s'estraga, | sempre que metter as botas |* **no honrado Doutor Braga**. (*Jornal do Commercio*, 6 de junho de 1881)[3]

Em (8), na expressão "Doutor Braga", pode-se reconhecer a função de coesão referencial, mediante sua participação em um processo de instauração e manutenção de um referente no texto. Para promover esse processo, o autor emprega algumas diferentes estratégias voltadas a manter o referente ativado, no caso, os pronomes "o" e "sua" e, então, a expressão repetida "Doutor Braga".

Já o caso a seguir pode exemplificar o emprego da repetição na coesão sequencial. Esse tipo de coesão *"diz respeito aos procedimentos linguísticos por meio dos quais se estabelecem, entre segmentos do texto (enunciados, partes de enuncia-dos, parágrafos e mesmo sequências textuais), diversos tipos de relações semân-ticas e/ou pragmáticas à medida que se faz o texto progredir"* (Koch, 1990: 49):

(9)   [19,2 CL SC] **Se o Senhor Chaves se lembrasse** *do quanto | escreveu no seu jornal em 1881 e 1882;* **se** *|* **visse** *que, então, publicava a circular do di- | rectorio central, apresentando para candida- | tos no 1.º districto o Doutor Taunay e no 2.º o | advogado Oliveira;* **se tivesse** *recordação de | que sua opinião, manifestava em carta parti- | cular, foi de que ao directorio central com- | petia a escolha dos candidatos para um e | outro districto, certamente não procederia | de modo pelo qual agora*

procedeu, levan- | tando uma completa scisão no partido com a | sua prematura apresentação, quando aliás | sabia que não seria o escolhi- do e apresenta- | do pelo referido directorio. || **Se o senhor Chaves se lembrasse** *que foi um | dos signatarios da circular do directorio da | Laguna de 23 de Fevereiro de 1882, publi- | cada na Verdade, conhece- ria que era ques- | tão de brio, de honra para o partido a sus- | tentação da candidatura d'aquelle a quem | então reconhecia prestimoso chefe do parti- | do cuja causa defendia com a mais palpi- | tante justiça, por- que por injustiça clamo- | rosa deixou de ser reconhecido deputado o | então eleito.* || **Se tivesse** *em mente o escripto assignado | pelo Senhor Doutor Luiz Vianna, na Verdade de 12 | de Março de 1882, ahi veria que este disse [...].* (*O Despertador*, 10 de outubro de 1884)

O exemplo ilustra um caso de coesão sequencial parafrástica por reiteração de estruturas sintáticas (Koch, 1990). Verificam-se repetições de orações su- bordinadas condicionais, introduzidas pela conjunção *se*, precedentes à oração principal. Esse expediente estende-se por toda a tessitura textual do excerto, constituindo a base de sua estrutura e evidenciando o papel do paralelismo como mecanismo organizador do texto.

Já exemplos como a seguir ilustram o emprego da repetição, nas cartas oitocentistas, no plano da topicalidade, particularmente seu uso com a função de retomada de tópico:

(10)   [19,2 CL SC] *O estado de calamidade, miseria e falta | de recursos em que está a villa de São Mi- | guel, Tijuquinhas, Caeira e outros lugares | pertencentes áquelle municipio, é tal, que | não póde haver pessoa, embora seja muito | deshumano e sem amor do proximo, que | vendo o quadro tão triste, por falta de re- | cursos e de todos os meios possiveis para |combater a miseria, não estenda sua mão | em auxilio de tanta desgraça [...].* || *Não será desconhecido a Vossa Excelência, e mes- | mo é caso muito recente,* **as desgraças que | soffreram a villa do Itajahy**, *Blumenau e | suas circumvisinhanças, devido a grande | inundação ahi havida; porém, para os gran- | des prejuizos e desgraças provenientes | dessa causa, foram incontinenti mandados | pelo administrador desta provincia, nessa | occasião, todos os recursos de que esses in- | feli- zes precisavam, e bem assim desta pro- | vincia e de muitas outras do*

*imperio, e até |do Estado Oriental houveram donativos | que attigiram a uma somma muito favo- | ravel, para accudir a esses necessitados. || **As desgraças causadas em Itajahy**, pela | inundação não foram mais desastrosas do | que as causadas pela terrivel enfermidade | [que] ha muito reina em São Miguel, Tijuqui- | [nha], Caeira e outros pontos. Para o Itajahy houve medicos, alimen- | tos, roupa e muito dinheiro. (O Despertador*, 17 de maio de 1882)

Para Risso (1990: 80), *"a repetição, de efeito concatenador, compensa as alternâncias e as intersecções entre os tópicos e explicita formalmente a sua centração no mesmo conjunto geral de referentes"*. Esse efeito é notado em (10), em que a repetição serve para recolocar no fluxo do discurso ideias que haviam sido momentaneamente suspensas. No caso, há uma suspensão da abordagem sobre as desgraças de "Itajahy" para dar lugar a breves informações sobre a atitude das autoridades diante do quadro. Algumas sentenças adiante, voltam à baila as mencionadas desgraças ocorridas nessa vila, o que se configura como retomada de tópico.

No plano da argumentatividade, no *corpus* do século XIX, as repetições envolvem-se, sobretudo, em ocorrências que reafirmam um argumento já enunciado, como no exemplo a seguir:

(11)   [19,2 CL SC] *Houve injustiça em não ser confirmada | sua nomeação interina, como bem o de- | monstrou o Senhor Cotrim em seu discurso. | Este Senhor procedeu como devia, para mostrar | que o ex-agente* **tinha a necessaria aptidão | para o desempenho do cargo**. *|| O ex-agente nunca foi adepto do Pa- | triota e somente bom conservador. Em São | Francisco é bem conhecido, como o attestá- | rão muitos cidadãos circumspectos em um | abaixo assignado publicado no Conservador, | o no pouco tempo que servio, mostrou ter |* **a necessária capacidade para o desempenho | do cargo**. *|| Agora, por ultimo, devo declarar ao arti- | culista que julgo ser melhor recuperar-se mais | de si, do que dos outros, pois seus escriptos | bem conhecidos não o recommendão á pro- | vincia.* (O Despertador*, 3 de agosto de 1877)

Em (11), há repetição quase idêntica de um segmento oracional, a qual contribui para que determinada ideia fique contundentemente mostrada no percurso de convencimento do outro. A natureza argumentativa do gênero carta de leitor suscita a necessidade de dar veracidade às ideias que são veiculadas e, nesse sentido, o tipo de repetição que se apresenta em (11) não deixa o leitor perder de vista aquilo que parece ser o mote do discurso, o que o moveu a enviar seu escrito ao jornal (defender a aptidão de alguém). Dada a natureza fortemente política dos jornais no século XIX (Zavam, 2009), podemos entender as repetições em (11) como formas importantes de intensificar a defesa de um argumento, em uma época em que temas como o da carta eram extremamente polêmicos.

Ocorrências como a destacada em (12), por sua vez, ilustram o funcionamento da repetição no plano da interatividade:

(12)   [19,1 CL SC] *A palha que vem de Abrantes || Não posso dar palha a bestas || Nem a burros semelhantes. || Quando porém sempre se quizesse | dizer alguma cousa para contentar aos Lei- | tores cobiçosos, como eu, dos Pedacinhos | do seu Iris, parece-me,* **Senhor Editor**, *| que a publicação daquelle bellissimo sone- | to descrevendo o Poeta do Brejo, e que foi | acolhido com tanto enthusiasmo, seria tam- | bem uma resposta de mão chêia ao tal Se- | nhor, q[u]e tantos dezejos tem de ver immor- | talisar seu nome em pictorescos quartetos |* **Senhor Editor**, *si Vossa Mercê se dignar inserir es- | tas toscas idéias, muito obrigado lhe ficará, | e mais ainda si for de graça.* (*O Novo Iris*, 21 de junho de 1850)

Marcuschi (2006) afirma que, no plano da interatividade, as repetições podem se voltar à expressão de opinião pessoal, à monitoração da tomada de turno, à questão da ratificação do papel de leitor/destinatário, à absorção de ideias de um falante ao discurso do outro etc. No caso em (12), os itens em destaque promovem a interação do autor do texto com o leitor (ou um dos leitores em particular), evocando o destinatário primordial da carta ("Senhor Editor"). Para Gomes (2007), uma repetição como essa pode representar fortalecimento do envolvimento com o leitor, por meio de uma construção mais enfática e mais intensa.

Já no século XX, como mencionado, as repetições manifestam um comportamento funcional semelhante ao observado no período anterior. As cartas em (13) e (14) ilustram a repetição como mecanismo de coesão, particularmente de coesão referencial e sequencial, respectivamente:

Hitória do Português Brasileiro

(13)   [20,2 CL SC] *Vilson Kleinübing. Em sua edição de 30/12/98, este jornal | publicou em artigo de autoria de Francisco | Karam, na página A-3, a respeito da morte | do **senador** Vilson Kleinübing, sugerindo | que a tomografia a que o paciente foi sub- | metido no Hospital Albert Einstein, em | agosto de 1998, já mostrava sinais de avan- | ço do câncer, sem que esses tivessem sido | reconhecidos pela equipe de radiologia do | hospital e que esse "erro" teria postergado | o diagnóstico da recidiva da doença, tiran- | do do **senador** a chance de cura. || As afirmações são totalmente infunda- | das, pois a imagem suspeita do hilo direito | já estava presente desde 1997, quando | inclusive o **senador** retornou de Brasília | para nova tomografia, mais detalhada. [...]. A doen- | ça do **senador** passou a comportar-se de | maneira "explosiva" a partir de setembro [...].* (*A Notícia*, 16 de janeiro de 1999)

(14)   [20,2 CL SC] *Arapuca Clandestina. Despedindo-me de Ricardo, | embora fui, pensando em levar | a público o que está se passando | naquela ARAPUCA clandestina | situada bem no coração da cida- | de sem que as autoridades conhe- | çam a realidade da miserável si- | tuação daqueles que ali vão na | esperança de uma sorte que ja- | mais terão. É um absurdo dei- | xar a mercê daqueles aquela fon- | te ilegal de conseguir dinheiro. | É alarmante. É insuportável co- | nhecer êsse fato sem levar ao co- | nhecimento das autoridades do | que está se passando que sòmen- | te com esta poderá cerras as por- | tas daquela ARAPUCA clandes- | tina que atrai para ali dezenas | de cidadãos que entram com di- | nheiro e saem sem eles.* (*A Nação*, 9 de agosto de 1965)

No exemplo em (13), pode-se notar a distribuição de repetições do substantivo "senador" ao longo de todo o trecho, o que destacaria seu papel como parte do processo de coesão referencial. Em (14), a coesão sequencial se estabelece pela repetição do verbo "é", que introduz elementos similares do ponto de vista de sua configuração, instaurando um esquema de paralelismo.

O exemplo a seguir ilustra a atuação da repetição no domínio da topicalidade:

(15)   [20,2 CL SC] *Ano novo. Senhor editor, || Não há mais como e o que | esconder do povo: os poderes | executivos do Brasil, Santa Ca- | tarina e*

Blumenau estão falidos. | E, sem querer diminuir as des- | pesas públi-
*cas – principalmente | porque **96 é ano de eleições** – a | única salvação*
possível para o | estado nos três níveis é esfolar | a pele do contribuinte,
assaltan- | do o bolso do povo com a res- | surreição do imposto sobre o
| cheque para tapar os buracos da | saúde; imposto sobre consumo | de
combustíveis para tapar os | buracos da BRs; instalação em | lugares
incertos e não sabidos | em rodovias de radares sacanas | comandados
por empresas parti- | culares (sem controle de nenhu- | ma autoridade
constituída); | multas por nao uso do cinto de | segurança, capacete,
| estacionamento com 15,5 centí- | metros da calçada e outras bar- |
baridades mais [...]. Por isso tudo e muito mais, | há a necessidade ur-
gente de | uma reforma em nossas cabeças | como contribuintes: quem
man- | da no País, no Estado e em | Blumenau somos nós e não | esses
políticos e seus apanigua- | dos, que por incompetância, ir- | respon-
sabilidade e usurpação | colocaram tudo em falência to- | tal. E como
***1996 é ano eleitoral**, | é a oportunidade de começar- | mos a mostrar*
isso, votando | com clareza e consciência, dei- | xando simplesmente de
ser va- | quinhas-de-presépio, trouxas e | coadjuvantes neste cenário de
| derrota total em função da poli- | ticalha. (Jornal de Santa Catarina,
3 de janeiro de 1996)

Em (15), a expressão "96 é ano de eleições" aparece, uma primeira vez, como informação de segundo plano, ocorrendo até como parte de uma inserção parentética. Mais adiante na continuação do texto, há repetição da expressão, pela forma "1996 é ano eleitoral", que é colocada em primeiro plano na articulação tópica da carta.

Na esfera da argumentatividade, assim como no século anterior, as repetições relacionam-se principalmente à reafirmação de argumentos, como se vê a seguir:

(16)   [20,2 CL SC] *Espigão. || Senhor Redator: || Há algum tempo, escrevia |*
para esta coluna com intuito de | fazer ver às autoridades do infortú- |
nio que causaria aos moradores e à | ambientação natural da tranquila
e | residencial Avenida Trompowsky a | construção de um terrível "es-
pigão" | com oito andares. || Pois bem, nada foi feito para | alertar os
*construtores da **ilegali- | dade e inviabilidade da citada obra**, | já que*

Hist ória do Português Brasileiro

> *esta encontra-se num perí-* | *metro residencial.* || *Haverão de dizer os construtores:* | *Mas, então, como foi liberados os* | *dois outros prédios ali existentes?* | *Bom, segundo fontes da própria* | *Prefeitura Municipal de Florianó-* | *polis, a lei que proíbe tal evento, foi* | *sancionada após a execução destes* | *prédios já construídos. Portanto,* | *há **ilegalidade nesta obra** e, sendo* | *assim, cabe aos fiscais da Polícia Militar Federal, ou* | *ao próprio Prefeito Cordeiro, em-* | *bargar esta obra antes que apare-* | *çam os primeiros pilares de concreto* [...]. (*O Estado*, 1º de março de 1981)

A carta em (16) argumenta em defesa do embargo de determinada obra, e um argumento central para essa conclusão seria a ilegalidade (sobre a qual recai a repetição) da construção, que, por sua vez, seria sustentada pela vigência de lei que a impediria. Como se vê, a expressão repetida ocupa lugar fundamental no encadeamento argumentativo do texto.

Finalmente, o exemplo em (17) ilustra a atuação da repetição, no material do século xx, no plano da interatividade:

(17)   [20,2 CL SC] *Acirema, **minha irmã**:* || *Recordo-me ainda dos tempos* | *em que juntos sentávamos à* | *mesa após o término da Hora do* | *Brasil, para nos dedicarmos a* | *nossos afazeres escolares.* || *Devíamos responsabilidades, mas* | *é bem verdade que não foram* | *poucas as vezes em que nos de-* | *bruçamos sôbre os livros, não pa-* | *ra explorá-los mas para repou-* | *sarmos nossas mentes e nossos* | *corpos.* [...] *E os tempos* | *se passaram, **minha irmã**, e já* | *não mais éramos compulsados a* | *estudar diariamente, o que repre-* | *sentava um privilégio, uma con-* | *cessão por nosso pai outorgada,* | *que já nos encarava pessoas de* | *relativa responsabilidade.* (*O Estado*, 14 de outubro de 1959)

Também no século xx, expressões repetidas como as destacadas em (12) favorecem uma espécie de proximidade entre escrevente e leitor da carta, estabelecendo contato com o destinatário.

Como mostram os exemplos, realmente é possível notar, conforme apontamos anteriormente, que o comportamento da repetição, em termos de suas funções, é similar no decorrer dos dois séculos. Merece, porém, destaque uma diferença que pudemos identificar com relação ao funcionamento das repetições no plano da interatividade: do século XIX ao XX, verifica-se certa diminuição na incidência de repetições com a subfunção de ratificar o papel de leitor/destinatário. São exemplos as repetições em (12) e (17), que atuam especificamente como vocativos. Os vocativos que desempenham essa função somam 60 ocorrências no total. Dessas, 42 ocorrem no material do século XIX, representando 20,5% das repetições desse período, e 18 aparecem no século XX, correspondendo a 12% das repetições do período.

Assim como na mudança relativa aos tipos de segmentos repetidos, também a diminuição da repetição desse tipo de vocativo pode estar relacionada a mudanças na história dos jornais e das cartas de leitor em particular. Com base no que apontam autores como Gomes (2007) e Zavam (2009), pode-se dizer que a imprensa jornalística brasileira, no transcorrer do século XIX ao XX, teria passado por um processo de profissionalização. Como parte desse percurso, os textos publicados teriam passado, especialmente em termos de estilo redacional, por uma transição de uma postura mais pessoal para uma postura mais impessoal. A nosso ver, poderia estar relacionada a essa tendência a diminuição da incidência de repetições com função de vocativo atestada em nossos dados, tendo em vista a relação desses casos justamente com o estabelecimento de uma maior proximidade entre escrevente e destinatário.

Nas cartas oitocentistas, o gênero, ao favorecer uma linguagem mais pessoalizada, privilegia temas pessoais, como os familiares, sendo que, em muitos casos, os textos são direcionados a um destinatário particular. Há também muitas cartas de resposta, mesmo porque o jornal era um dos meios para que os usuários pudessem interagir a distância. Nas cartas novecentistas, a linguagem menos pessoal prioriza temas de interesse mais abrangente, em detrimento de temas como os familiares. Seria, pois, uma nova tendência de fato convergente com certo desfavorecimento da incidência de repetições de vocativos, como apontado em nossos dados.

CONSIDERAÇÕES FINAIS

Partindo da ideia de que, na elaboração de um texto, ocorrem regularidades cujas marcas evidenciam o processamento verbal, analisamos a repetição em cartas de leitor catarinenses dos séculos XIX e XX, com vistas a traçar o perfil desse fenômeno relacionado às especificidades desse gênero no decorrer do período selecionado. Focalizamos (i) a constituição formal das repetições, observando três configurações que se mostraram principais no *corpus* (repetições de itens lexicais, de segmentos suboracionais e oracionais) e (ii) as funções do processo, atentando para sua atuação nos planos da coesividade, da topicalidade, da argumentatividade e da interatividade.

Tanto acerca das formas, quanto das funções das repetições, os dados indicam, no geral, um funcionamento estável do processo no transcorrer do período em análise. Destaca-se, porém, uma tendência de o processo, ao longo do tempo, incidir principalmente sobre segmentos com menos material linguístico, no caso, itens lexicais, em detrimento dos outros dois tipos de segmentos analisados. Conforme apontamos, seria uma mudança que poderia estar ligada a uma progressiva diminuição da extensão das cartas, possível parte de alterações históricas na configuração dos jornais e do gênero carta de leitor em particular. Notamos, igualmente, uma mudança, ao longo do período, relativa à diminuição na incidência de repetições de vocativos que ratificam o papel de leitor/destinatário, a qual poderia estar atrelada a um percurso de diminuição do grau de pessoalidade no modo de expressão das cartas e demais textos do jornal.

Como se pode ver, os dados permitem correlacionar características do comportamento diacrônico da repetição nas cartas de leitor a fatos da evolução histórica do gênero observados na trajetória representada pelo material analisado. Trata-se, pois, de um dado que vai ao encontro de um dos princípios fundamentais da abordagem diacrônica adotada neste volume, segundo o qual a implementação dos processos textuais acompanharia a dinâmica histórica dos gêneros textuais.

As constatações aqui relatadas, sobretudo as duas mudanças observadas, podem servir como dado para comparações futuras com novas pesquisas sobre a diacronia da repetição em outros gêneros e/ou *corpora*, para que, então, se possa pensar sobre a possibilidade de depreensão de generalizações sobre a diacronia do processo de repetição. O material analisado exibe, em ambos os séculos, basicamente as mesmas formas e funções das repetições, o que parece natural, devido ao estatuto da repetição como processo constitutivo do texto. Notam-se, porém, alterações nas tendências de formas e funções empregadas, o que pode sugerir que se concentrariam nesses aspectos possíveis alterações diacrônicas no caso do processo de repetição. Em particular, a mudança observada envolvendo a diminuição da incidência de vocativos que ratificam o papel de leitor/destinatário poderia sugerir alguma correlação da variação diacrônica da repetição com o eixo da gradualidade entre funções textuais e interativas, central na PTI. São hipóteses como essas que trabalhos futuros podem reavivar e avaliar em maior profundidade.

NOTAS

[1] Além desses planos, Marcuschi (2006) reconhece o plano da *compreensão*, o qual não chegamos a abordar neste trabalho, focalizando os demais.

[2] Neste capítulo, os colchetes no início de cada exemplo abreviam informações conforme a seguinte codificação: "19,1", "19,2", "20,1" e "20,2" indicam o século em que foi publicado o texto do qual procede o exemplo e se a publicação ocorreu na primeira ou na segunda metade do século; "CL" significa que o exemplo provém de carta de leitor; "SC" indica que a publicação ocorreu no estado de Santa Catarina.

[3] Alguns exemplares não contam com título.

A REPETIÇÃO
EM ANÚNCIOS CATARINENSES

Solange de Carvalho Fortilli

SUMÁRIO

APRESENTAÇÃO..220

A PERSPECTIVA TEXTUAL-INTERATIVA
E O PROCESSO DE REPETIÇÃO..221

O ANÚNCIO..223

FORMAS E FUNÇÕES DA REPETIÇÃO
EM ANÚNCIOS CATARINENSES DOS SÉCULOS XIX E XX...........................228

CONSIDERAÇÕES FINAIS..235

APRESENTAÇÃO

Neste capítulo, focalizamos o processo de repetição, analisando seu funcionamento em anúncios publicados em jornais de Santa Catarina nos séculos XIX e XX. Descrevemos as configurações formais e as funções textual-interativas das repetições nesse material, de modo a identificar manutenções e alterações nesses dois aspectos do processo, ao longo do período em questão.

Em termos de pressupostos teórico-metodológicos, conceituação de repetição, formas e funções do processo, dentre outros elementos básicos para desenvolvimento do trabalho, adotaremos, como se poderá ver, as mesmas ideias estipuladas para o capítulo "A repetição em cartas de leitor catarinenses", em que desenvolvemos o mesmo tipo de análise da repetição, porém, em cartas de leitor (também extraídas de jornais catarinenses, publicadas no decorrer do mesmo período). Desse modo, elementos eventualmente expostos aqui de modo sintético podem ser vistos com mais detalhes naquele capítulo.

Assim como no trabalho precedente, seguimos a abordagem diacrônica formulada neste volume, a qual é elaborada com base em pressupostos da Perspectiva Textual-Interativa (PTI) principalmente, em articulação com estudos sobre o conceito de Tradição Discursiva (TD). Nessa abordagem, entende-se que o estudo diacrônico de um processo de construção de textos deve ser desenvolvido no contexto da história de um gênero textual, considerando que a diacronia de um dado processo vai se delineando, em grande medida, de acordo com o percurso histórico da finalidade comunicativa do gênero em que o processo é observado. A concepção de gênero que assumimos, em acordo com a abordagem em foco, ancora-se, sobretudo, em Bakhtin (2003), como exposto adiante.

A abordagem pressupõe ainda que, por meio da comparação entre estudos específicos sobre um processo, cada um conduzido em um gênero diferente, seja examinada a possibilidade de reconhecimento de tendências características do funcionamento diacrônico do processo em si, comuns ao que se verifica na diacronia do processo em diferentes gêneros. Nesse sentido, a partir dos resultados aqui expostos, e tendo em vista os resultados obtidos no capítulo precedente, propomos algumas reflexões a respeito.

Para esse tratamento diacrônico do processo de repetição manifestado em um gênero específico, que materializa certos modos de enunciar em determinado momento histórico, serão feitas algumas considerações sobre o que a sociedade vivenciava no período em questão, as quais podem estar ligadas ao funcionamento dos anúncios e aos processos de construção textual nele atualizados.

Os anúncios investigados foram publicados em Florianópolis no ano de 1850, considerados aqui como representativos do século XIX, e nas duas metades do século XX. Os exemplares do século XIX são provenientes do jornal *O Novo Iris*. Já os da primeira metade do século XX são dos jornais *O Dia* e *O Estado*, e os anúncios da segunda fase do século XX são do jornal *O Estado*.

O capítulo está organizado da seguinte forma: na seção seguinte, são destacados alguns pontos teóricos sobre a PTI e sobre o processo de repetição; em seguida, tecem-se considerações sobre os gêneros textuais e, em específico, sobre o gênero anúncio; na sequência, é apresentada a análise dos dados; fechando o capítulo, seguem as considerações finais.

A PERSPECTIVA TEXTUAL-INTERATIVA E O PROCESSO DE REPETIÇÃO

Como apontado no capítulo "A repetição em cartas de leitor catarinenses" e como exposto em detalhes na "Introdução" deste volume, a PTI constitui um quadro teórico-metodológico que assume o texto como objeto de estudo, dedicando-se à investigação de processos de construção textual, como a repetição. Trata-se de uma perspectiva resultante da integração de princípios das áreas da Pragmática, da Linguística Textual e da Análise da Conversação. A primeira sustenta a concepção de língua da abordagem, entendida como uma forma de interação social. A Linguística Textual fundamenta principalmente a definição de texto e a conceituação de seus processos de construção. Já a Análise da Conversação oferece bases para a análise do domínio da oralidade, tendo-se em vista situações diversas de intercâmbio verbal.

Nesse contexto, conforme estabelece Jubran (2007), a PTI considera o texto não como mero produto estanque da interação verbal, mas como processo dinâmico, intrinsecamente ligado às contingências interacionais. De acordo com a autora, o texto constitui uma *"atividade sociocomunicativa, que mobiliza um conjunto de conhecimentos não só de ordem linguístico-textual, como também interacional, a respeito do jogo de atuação comunicativa que se realiza pela linguagem"* (Jubran, 2007: 313).

A autora define um conjunto de princípios teórico-metodológicos que embasam a abordagem, baseados nas concepções de língua e de texto assumidas. O primeiro sustenta que os processos constitutivos do texto têm suas propriedades e funções definidas no uso, nas situações concretas de interlocução. Seria a visão de que a implementação dos processos está diretamente ligada ao contexto particular em que são usados. Outro pressuposto essencial da PTI é o de que os fatores interacionais são constitutivos do texto e inerentes à expressão linguística. Isso significa entender que as condições enunciativas do intercâmbio verbal se mostram na própria superfície textual, por meio de escolhas comunicativamente adequadas à situação interativa. Ou seja, o processamento do texto pelos interlocutores deixa marcas na superfície textual, as quais possibilitam ao analista, então, a depreensão de regularidades referentes à construção de textos. Um terceiro pressuposto, dentre os principais postulados pela autora, é o de que a PTI não dicotomiza, de forma excludente entre si, as funções textual e interativa dos processos de construção textual. Antes, concebe-se que cada processo assume, ao mesmo tempo, papel textual e interacional, normalmente instaurando-se, porém, a predominância de uma ou outra dessas dimensões na atuação do processo (Jubran, 2007).

Com base principalmente nesses pressupostos, a PTI focaliza o estudo de processos de construção textual, dentre os quais destacamos a repetição. Risso (1990: 75) entende esse processo como *"a retomada sem variação ou com alguma variação formal, em posição contígua ou não, de uma mesma palavra, conjunto de palavras, oração ou frase"*. Na mesma direção, Marcuschi (2006: 221) refere-se ao fenômeno como *"a produção de segmentos textuais idênticos ou semelhantes, duas ou mais vezes no âmbito de um mesmo evento comunicativo"*. Assim como em nosso capítulo anterior, seguiremos aqui essas concepções, adotando mais diretamente, como base, o trabalho do segundo autor. Consideraremos, como evento comunicativo, cada anúncio, buscando, no interior de cada um, as ocorrências de repetição.

Como um aspecto fundamental de sua abordagem, Marcuschi (2006) identifica um conjunto de diferentes formas linguísticas que podem ser repetidas, bem como de diferentes planos funcionais em que as repetições operam. Em linha com esse procedimento analítico, investigamos aqui, como mencionado, as formas e as funções das repetições, averiguando, em relação a esses dois parâmetros, traços que venham a se manter e a se modificar no funcionamento das repetições ao longo do período considerado. Dentre as formas linguísticas que, segundo o autor, podem ser repetidas, selecionamos, para análise dos anúncios, repetições de itens lexicais, construções suboracionais e construções oracionais, por serem formas mais condizentes com a modalidade escrita. Quanto às funções, a partir dos planos de atuação reconhecidos pelo autor, descrevemos as repetições nos âmbitos da coesividade, da topicalidade, da argumentatividade e da interatividade, os quais se mostraram mais relevantes para descrição do processo no material investigado.

O ANÚNCIO

Para Bakhtin (2003), os gêneros caracterizam-se por conteúdo temático, construção composicional e estilo. O conteúdo temático corresponde às diferentes atribuições de sentidos e recortes temáticos possíveis para um dado gênero. O estilo diz respeito à escolha de recursos linguísticos utilizados pelo falante para atingir um determinado ouvinte e obter uma reposta. A construção composicional refere-se à estruturação interna do enunciado, à forma como ele é organizado.[1]

De acordo com o autor, os gêneros são frutos de momentos históricos, sendo afetados pelos acontecimentos ao longo do tempo, o que explica seu caráter dinâmico e transitório, tanto em sua definição quanto em seus traços típicos. Nesse sentido, por recortar a amplitude dos gêneros e contemplar um deles, que se insere no suporte jornal, convém, neste trabalho, considerar alguns pontos da constituição da imprensa brasileira.

A esse respeito, Bastos (2016) explica que a imprensa oficial no Brasil se inicia a partir da transferência da Corte portuguesa para o país, em 1808. Muitos jornais publicaram em suas folhas impressas os acontecimentos históricos que faziam parte da constituição do Brasil como nação. Conforme o jornalismo impresso ganhava força como veículo de informação, iam-se constituindo vários gêneros, como o anúncio.

Para Melo (2005), a passagem do século XIX para o XX é significativa no mercado jornalístico por marcar a mudança dos jornais de estrutura simples, feitos em oficinas tipográficas, para as empresas jornalísticas dotadas de equipamentos gráficos mais avançados e mais voltadas para o comércio e os serviços, que se consolidavam. Começavam a desaparecer as iniciativas isoladas de jornais panfletários, mais voltados a manifestações individuais ou de grupos menores, até mesmo pelo encarecimento dos procedimentos para se ter um jornal. Como empresas, os jornais ficaram em número reduzido, pois os avanços tecnológicos tornaram mais difícil a fundação de um periódico (Melo, 2005).

Bastos (2016), em estudo sobre anúncios de escravos fugitivos no Brasil do século XIX, afirma que os anúncios fazem parte da tradição escrita impressa, havendo neles, porém, traços da oralidade ou semioralidade, já que eram aparentemente redigidos por pessoas de diferentes graus de instrução e classe social. Diferentes escreventes imprimiam nos jornais aspectos da língua falada vigente que, naturalmente, divergia da norma já estabelecida em gramáticas. Assim como a linguagem, o próprio formato do jornal era menos definido, pois

> [...] na primeira página do jornal havia certa organização, mas a partir da segunda e no decorrer das outras páginas inexistia a diagramação mais lógica e racional, já que o conteúdo aparece disposto, em geral, em quatro colunas, de forma bastante aleatória. Misturavam-se notícias relevantes com inúmeros anúncios que variavam de tamanhos e assuntos. (Bastos, 2016: 128)

De acordo com Marcuschi (2008), os anúncios transitam entre duas esferas: a jornalística e a publicitária. Como gênero em constituição nos séculos XIX e XX, os anúncios variavam em tamanho e outros aspectos formais, ficando soltos nos espaços do jornal e sendo compostos por informações diversas, desde reclamações de achados, perdidos e fugidos (no caso de escravos) até propagandas de produtos milagrosos, passando pela publicação de insultos entre políticos, pessoas comuns e jornalistas (Bastos, 2016).

A repetição em anúncios catarinenses

Em nosso material de análise, percebe-se que os anúncios, de fato, variam em diferentes aspectos. No mesmo século e no mesmo veículo de comunicação, é possível encontrar exemplares como em (1) e (2):

(1)   [19,1 A SC][2] *Vende-se por preço muito rasoavel hum | bom escravo, habil para o serviço do mar, | de machado e carpintaria; quem o qui- | zer comprar dirija-se a rua do principe | número 17. (O Novo Iris*, 5 de abril de 1850)

(2)   [19,1 A SC] *DOUTOR OLIVEIRA CORNWALL, | CIRURGIÃO DEN- TISTA || Rua Bella do Senado, número 6 || Participa a quem desejar ter uma den- | tadura bõa, evitar os males de dentes | arruinados, e os gastos de dentes pos- | tiços, que acha-se prompto a fazer as | operações necessarias a este fim com toda a | perfeição. || Os dentes quando principião a damni- | ficar-se não se curão de persi, nem | pela applicação de remedia algum, po- | rém pelo meio de operação de chumbal- | os, ou limal-os, e sendo esta feita com os | instrumentos proprios, e com perfeição, | faz para a molestia, ficando o dente são | e duravel. || A pedra que se acumula nos dentes, | causando mao hali- to e vista desagradavel, | e em fim os fez cahir, pode evitar so- | mente com a operação de os limpar e | polir com os instrumentos do den- tista. || Os dentes muito arruinados e doloridos | podem-se curar, e conservar por muito tempo || Offerece-se tambem para collocar den- | tes artificiaes de porcelana, os quaes não | se podem distinguir dos naturaes: cura | a dôr de dentes sem tiral-os, e os tira | sem dôr, pela applicação do choroformeo, | tudo por preços commodos. (O Novo Iris*, 5 de abril de 1850)

Os exemplares (1) e (2), publicados na mesma edição do jornal, mostram que o propósito específico, a extensão e o estilo de linguagem dos anúncios não eram estáveis no século XIX. O primeiro, com propósito muito definido, é curto e tem linguagem objetiva – traços que diferem do segundo, cujo ob- jetivo leva o autor a maior extensão do texto, grande detalhamento sobre o produto oferecido, linguagem mais apelativa e mais explicitamente voltada à persuasão. Tal perfil não se aplicaria normalmente aos anúncios dos jornais atuais, pois o espaço é altamente valorizado, vendido a preços altos. Esse

Història do Português Brasileiro

fator faz com que os anunciantes não expressem certos detalhes, evitando períodos longos como os vistos em (2), ancorados em vastas explicações. Além disso, preza-se, atualmente, pela rapidez da mensagem, aspecto que inviabiliza a produção de anúncios que obriguem o leitor a empregar tanto tempo para compreensão e desenvolvimento de interesse pelo objeto ou serviço divulgado.

No decorrer do século XX, a situação do gênero não muda, persistindo a variabilidade de construção dos anúncios. Os textos em (3), (4) e (5) mostram isso:

(3)   [20,1 A SC] *VENDE-SE || Por 700$000 || Umas terras virgens proprias para lavoura, situadas no logar denomina- | do fazenda de Massiambú, com | 178 metros de frente com 6.600 | no travessão que divide terrenos de | Simão Paiva, e fundos no sertão | extremando pelo norte com terras | dos herdeiros do finado Antonio | José da Costa e pelo sul com terras | da viuva Florencia Maria dos Santos || Quem as quiser comprar, dirija-se a esta redacção.* (O Dia, 3 de janeiro de 1901)

(4)   [20,1 A SC] *BOAS FESTAS || ANNO 1901 || SECULO XX || Por desejarmos muitas felicidades no correr do novo anno, | e boas festas a nossos freguezes e amigos, e tambem devido a gran- | de falta de dinheiro, resolvemos fazer uma grande reducção no | preço das mercadorias existentes em nossa casa, vendendo pelo cus- | to o grande stock de mercadorias Inglezas, Francezas, Portaguezas (sic) | e Allemães, que temos recebido por todos os vapores, isto tambem | por termos feito pagamento com bom cambio aproveitando des- | contos vantajosos. || Temos sempre grande sortimento de gêneros do Estado e do| Rio de Janeiro, donde recebemos mercadorias novas, por quasi [todos] | os vapores, e que vendemos á varejo e em grosso, a preços muito | vantajosos. || Em deposito: || Manteiga Demayny, em lata de 1 e 2 libras, leite condensa- | do, marca Moça, Farinha Lactea, superior alimento para crianças,| Phosphatina Falieres, em latas de 1 e meia libra, Agua mineral Bir- | resborner, em caixas de 2 duzias, Cerveja Guiness, propria para do- | entes, Cerveja Tenents e Estrella, em garrafas e meias garrafas, Azei- | te Plagniol, superior, em*

*garrafinhas, Ameixas secas, em latas, | Azeite doce, em latas grandes
e de litro, vinhos brancos, em deci- | mos e quintos, vinhos virgens e
do Rio Grande, em quintos engar- |rafados, vinho de Lisboa, engar-
rafado , vinagre nacional e de Lisboa, | Cevada, em caixas de 150
kilos, cimento, em barricas de 220 kilos, | arame farpado, em rolos,
gomma de arroz (Amidom) em caixas de | 200 e 100 em caixinhas, as-
sucar crystalisado, superior, assucar refi- | nado branco e amarello,
azeitonas portuguezas, superiores, sardi- | nhas em azeite e tomates,
Petit pois, superiores, em latas, tijollos de, | arêa, phosphoros de di-
versas marcas, papeis de embrulho, diversos |formatos, soda causti-
ca, em tamboretes e latas de 2 kilos, velas Ápol- | lo, Brazileira, cêra,
sebo, etc., sal grosso e refinado, em vidros, | agulhas e óleos para
machinas, vinhos do Porto, de muitas marcas, | Cogna[e]s, Vermouth,
licores, genebra, tintas e papeis para escrever, | louças, ferragens,
armarinhos, palhas portuguezas, fumos em pa- | cotes, doces, chás,
oleos e muitissimos outros artigos. || Rua Altino Corrêa 25 || OLIVEI-
RA CARVALHO.* (*O Dia*, 8 de janeiro de 1901)

(5)   [20,2 A SC] *PARTICIPAÇÃO || Gilwan, Gilwana, Gilberto e Gilson,
participam aos | parentes e pessôas da amizade dos seus pais Gilber-
to e | Wanda o nascimento de seu maninho || GILMAR || ocorrido dia
18, Domingo, na Maternidade Doutor Carlos | Corrêa.* (*O Estado*, 20
de setembro de 1960)

Os propósitos de cada anúncio fazem com que eles difiram em diversos
aspectos de sua construção. O título, por exemplo, em (3) é mais pontual,
com expressão exata do que se busca com o anúncio, enquanto em (4) e (5)
os títulos são mais genéricos, sobretudo no anúncio em (4). Este é, dentre
os três, o anúncio mais extenso e difuso, pois vários produtos são anuncia-
dos, ao mesmo tempo que se deseja aos leitores uma feliz entrada no novo
século. Há, nos exemplares de jornais do século XX, aliás, muitos anúncios
com essa extensão.

O caso em (5) também mostra pontos interessantes sobre o gênero no
período. A temática é da esfera íntima e a linguagem representa a liberdade
que se tinha na redação de anúncios, com a denominação, sem sobrenome, de pessoas de uma família e a utilização de palavras como "maninho".

Anúncios como esse constroem certa imagem sobre a capital catarinense e sobre o perfil da imprensa e do gênero. Aparentemente, a cidade permitia uma convivência estreita entre as famílias, que tinham no jornal um veículo de comunicação mais popular e mais pessoal. Os serviços da imprensa não se apresentavam tão profissionalizados, assim como o trabalho do jornalista não parecia sê-lo.

Enfim, no decorrer dos séculos XIX e XX, vê-se um contexto de constituição da imprensa jornalística no Brasil e de seus gêneros textuais, como o anúncio, o qual parece se mostrar bastante variável nesse período, em relação a diferentes aspectos de sua construção. É nesse cenário que se inserem os anúncios aqui considerados para análise da diacronia do processo de repetição.

FORMAS E FUNÇÕES DA REPETIÇÃO EM ANÚNCIOS CATARINENSES DOS SÉCULOS XIX E XX

Os três períodos estudados resultaram nos seguintes números: foram analisados 105 anúncios do século XIX, que geraram 135 casos de repetição; da primeira metade do século XX foram observados 215 anúncios, com um total de 450 ocorrências; já na segunda metade do mesmo século, foram estudados 102 anúncios, que apresentaram 275 casos de repetição.

Embora, conforme apontado na seção anterior, destaque-se, em aspectos gerais, a variabilidade de construção de anúncios no período em questão, nossas análises revelaram um comportamento relativamente estável do processo de repetição, em termos das formas e das funções. Puderam ser identificadas, nas três fases consideradas, repetições de itens lexicais, de segmentos suboracionais e de segmentos oracionais, com dominância, em todo o período, de repetições do primeiro tipo. Os casos encontrados no decorrer de todo o período também ilustram o papel da repetição nos quatro planos funcionais observados. No decorrer desta seção, apresentamos exemplos que ilustram essa estabilidade do processo.

No século XIX, dos 135 casos de repetição, 110 (81,5%) incidem sobre item lexical, como se vê no exemplo a seguir, que também pode ser tomado para observação da atuação do processo no plano da coesividade:

(6)   [19,1 A SC] *Antonio Claudino Rodrigues Coimbra par- | ticipa a esta Praça que a **sociedade** que tinha | com Miguel Joaquim de Souza na loja | de fazendas sita na rua do Principe canto | da rua da Palma debaixo da firma de | Coimbra e Souza se acha amigavelmente | des- solvida sendo portanto o anunciante | a única pessoa competente para cobrar | todas as dividas activas da dita **sociedade** | assim como he responsavel por todo apassi | vo.* (*O Novo Iris*, 14 de maio de 1850)

Nesse caso, a repetição recai sobre um vocábulo empregado mais de uma vez no evento comunicativo, o qual contribui para a garantia da tessitura do texto, conforme explicitado pela expressão "a dita", na construção "da dita sociedade". Já o caso em (2), retomado em (7), ilustra outra configuração formal e outra função do processo:

(7)   [19,1 A SC] *DOUTOR OLIVEIRA CORNWALL, | CIRURGIÃO DENTIS- TA || Rua Bella do Senado, número 6 || Participa a quem desejar ter uma den- | tadura bõa, evitar os males de dentes | arruinados, e os gastos de dentes pos- | tiços, que acha-se prompto a fazer as | operações necessa- rias a este fim **com toda a | perfeição**. || Os dentes quando principião a damni- | ficar-se não se curão de persi, nem | pela applicação de remedia algum, po- | rém pelo meio de operação de chumbal- | os, ou limal-os, e sendo esta feita com os | instrumentos proprios, e **com perfeição**, | faz para a molestia, ficando o dente são | e duravel. || A pedra que se acu- mula nos dentes, | causando mao halito e vista desagradavel, | e em fim os fez cahir, pode evitar so- | mente com a operação de os limpar e | polir com os instrumentos do dentista.* (*O Novo Iris*, 5 de abril de 1850)

Nesse caso, a repetição incide sobre segmento suboracional. O texto emprega o segmento "com toda a perfeição", ocorrência matriz, e, em seguida, a expressão "com perfeição", que se configura como uma repetição com variação. O caso é também ilustrativo do papel do processo no plano da argumentatividade. Pode-se ver que o ressurgimento da mesma ideia no discurso reforça a tentativa de convencimento do leitor, em particular pelo fato de a repetição envolver o substantivo "perfeição", que designa um atributo fortemente qualificativo no anúncio.

No material da primeira metade do século xx, verifica-se que os dados se apresentam da seguinte forma: dos 450 casos, 360 (80%) são de repetição de itens lexicais, distribuindo-se os demais entre repetições das outras duas formas de configuração analisadas. Novamente, as instâncias encontradas permitem também reconhecer a participação do processo nos quatro planos de atuação funcional. Seguem dois exemplos dessa sincronia:

(8)   [20,1 A SC] *Entre amigos || Quereis um bom |* **desinfectante?** *|| UZA E A CREOLINA ANCORA || ELYSEU & FILHO || Qual o preço do vidro? || APENAS 500* RS *|| Muito obrigado; vou já ob - | ter um frasco deste po- | deroso* **desinfectante** *na pharmacia. || ELYSEU & FILHO. || AS PILULAS | PURGATIVAS | Elyseu & Filho | São superiores, | a todos os purgativos e laxantes. | REMEDIO seguro | para as molesti- | as do figado. (O Dia,* 1º *de julho de 1903)*

(9)   [20,1 A SC] **2 letras de cambio** *|| Na* **carteira** *perdida, conforme annun- cio ha tempo publicado neste | jornal, contem* **2 letras de cambio** *e | mais contas de algumas familias des | ta Capital. || Pois das contas não faço questão. || Peço a quem achar a dita* **carteira** *me entregar* **as le- tras de cambio,** *| sendo uma dellas já protestadas. || Miguel Schneider, rua Conselheiro | Mafra numero 26. (O Dia,* 1º *de janeiro de 1917)*

Em (8), verifica-se a repetição do item "desinfectante" e, em (9), do item "carteira" e do segmento suboracional (com variação) "2 letras de cambio". Essas repetições, integrando cadeias referenciais que se estendem pelo texto, contribuem evidentemente para a construção coesiva desses anúncios.

As repetições seguintes, novamente de itens lexicais, servem para ilustrar também a atuação da repetição no plano da topicalidade:

(10)   [20,1 A SC] *MOLESTIAS | da | BEXIGA. || ESTA* **FRAQUEZA** *ATIN- GE | PESSOAS DE MAIS | DE 40 ANOS || Diz-se que o organismo muda completa- | mente de sete em sete anos. O certo é | que com o passar do tempo a saúde se | modifica e em muitas pessôas de mais de | 40 anos começam a aparecer disturbios, | muitas vezes de natureza séria. Entre estes o principal é o disturbio da bexiga, uma |* **fraqueza** *cujas exigencias, que se manisfes- | tam principalmente á noite quando*

se está | bem quente na cama, são muito irritantes. | Essa debilidade da bexiga é um resultado | de disturbios renais e si for desprezada, | poderá tornar-se perigosa, transformando- | se em calculos, pedras ou cistite (infla- | mação crônica da bexiga). || Compreendendo-se a causa da **fraqueza** *| da bexiga, poder-se-á saber porque (sic) pode- | mos prometer aos sofredores um remedio | eficaz. Essa* **fraqueza** *que o aborrece e | irrita, envergonhando-o muitas vezes | quando se acha fora de casa, é resultante | das substancias toxicas no sangue, que | atuam como irritantes sobre os nervos e | as membranas sensoriais. É por isso que | mesmo sem necessidade alguma, a bexiga | é constante- mente chamada a funcionar. | Liberte o seu sangue dessas substancias toxi- | cas e terá certeza de ficar curado. Não ha | meio mais rapido e eficaz de conseguir esse | resultado do que tomar uma série das afa- | madas Pilulas De Witt para os Rins e a | Bexiga, conhecidas em todo o mundo. || Pilulas De WITT || PARA OS RINS E A | BEXIGA || O vidro grande de Pilulas De Witt, contendo duas vezes e meia a quantidade do tamanho pequeno, custa proporcionalmente muito menos. (O Estado*, 8 de janeiro de 1945)

Em (10), o título do anúncio traz "fraqueza", item que será repetido três vezes. Cada ocorrência da palavra integra um processo contínuo de inserção de novas informações concernentes entre si, contribuindo para um processo de relevância e continuidade tópica, o que permite ilustrar a atuação da repetição no plano da topicalidade.

Nos casos em (11) e (12), há repetição de segmentos oracionais:

(11)   [20,1 A SC] *Pode-se comprar óleo | em GARRAFAS... em TAMBO- RES... em TANQUES || MAS |* **Essolube | só é vendido ao automo- bilista em latas hermeticamente fechadas** *|| UMA coisa é comprar oleo... | outra é comprar oleo com | garantia. Na primeira hipótese, qualquer método serve... | na segunda, o método é único: | compre Essolube em latas hermeticamente fechadas. Somente assim poderá estar certo: 1 º | de que obtém o melhor lubrificante para seu carro; 2 º) de que | é Essolube legítimo; 3 º) de que | seu conteúdo é exato; 4 º) de que | o oleo está livre de qualquer | contaminação ou impureza.*

História do Português Brasileiro

|| *Na proxima vez que renovar* | *o lubrificante de seu automovel, exija* *Essolube. Poderá estar certo de obter proteção para* | *o seu bolso e proteção para o seu* | *carro. E não se esqueça de que* | **Essolube só é vendido em latas hermeticamente fechadas.** | *Essolube* || *o oleo* | *de maior* | *duração* || *DEFENDA O SEU DINHEIRO* || *1. Verifique a marca;* | *veja se a lata é realmente de* | *Essolube.* || *2. Verifique a lata; certifique-* | *se de que é aberta em sua* | *presença.* || *3. Verifique o conteúdo;* | *observe se é totalmente esvasiado em seu carro.* (*O Estado*, 23 de novembro de 1940)

(12)   [20,1 A SC] *Revelações sobre o mistério da vida humana* || **Sabes quem eras?** || **Sabes quem és?** || **Sabes quem serás?** || *Ouve 15 minutos de maravilhosas revelações com a* | *conhecidíssima cientista Dona. AL-ZIRA. Professora em ocultismo e alta quiromancia e dos seus poderes fundamentais,* | *a qual atenderá aos interessados. Diariamente, das 8 às 21* | *horas, à Rua Rui Barbosa numero, 132, defronte do Abrigo de* | *Menores, nesta capital.* || *Consultas C$. 20,00.* (*O Estado*, 16 de março de 1950)

Em (11), uma das principais informações que sustentam o objetivo de convencimento do leitor é o fato de o óleo ser vendido em latas com fechamento hermético. Aparentemente, esse traço diferenciava tal óleo dos demais, o que sugere que o anúncio teria sido produzido para que isso fosse destacado. Possivelmente por esse motivo, o anúncio emprega estrategicamente a repetição de todo um segmento oracional para descrever essa qualidade do produto, o que permite ver a repetição operando no plano da argumentatividade.

Nesse exemplo em particular, pode-se notar que, para além da repetição destacada, há várias outras ocorrências de repetição, lexicais e suboracionais, que também são ilustrativas da função argumentativa do processo. Por exemplo, é frequente a repetição do item lexical que nomeia a marca do óleo, "Essolube", presente sete vezes no decorrer do anúncio, o que evidencia o papel do processo na argumentação em torno da marca, bem como na estruturação coesiva de todo o texto. Também é marcante o excerto final com repetição da forma verbal "Verifique", a qual, dentre outras funções, assume papel altamente argumentativo. Trata-se de trecho predominantemente injuntivo, no qual se instrui o consumidor a verificar a autenticidade do produto, o que é reforçado pelo emprego do verbo repetido no imperativo, manifestando também sua atuação no plano da interatividade.

Em (12), pode-se ver repetição de oração, com variação apenas na conjugação do verbo "ser". As indagações criam um rol de questionamentos existenciais que pode, assim, vir a despertar o interesse do leitor, criando certa expectativa para a continuidade da leitura do anúncio, pretendendo convencer o leitor para a marcação de uma consulta. Trata-se, pois, de caso exemplar do caráter argumentativo da repetição, visando ao envolvimento do leitor e à sua adesão à propaganda.

O último conjunto de dados, dos últimos cinquenta anos do século XX, apresenta-se da seguinte forma: houve 275 casos de repetição, dos quais 225 (81,8%) são de itens lexicais. Observe-se o exemplo a seguir:

(13) [20,2 A SC] ***AGRADECIMENTO*** || *NAGIB JABÔR e família, com o presente, vêm | externar, de público, **agradecimentos** ao Hospital Celso Ramos, na pessoa de seu diretor, doutor Celso Lopes, | desde ao mais humilde ao mais graduado servidor daquela Casa de Saúde, pelos cuidados, carinho e interesse com que se houveram durante o **tratamento** a | que se submeteu sua espôsa Rosilda Silva Jabôr, em | consequencia de delicada intervenção cirúrgica. Em | especial, êsse **agradecimento** ao doutor Luiz Carlos Gayot- | to, cirurgião, a cujos cuidados foi entregue todo o **tratamento**, em o qual se revelou, confirmando já as suas | qualidades de médico dedicado, atencioso, humanitá- | rio, verdadeiro seguidor do juramento de Hipócrates. || A todos, gratidão. || Florianópolis, em 16 junho de 1970 || NAGIB JA-BÔR || Presidente da Câmara Municipal de Florianópolis. (O Estado,* 17 de junho de 1970)

Em (13), dois itens repetidos foram destacados, "agradecimento" e "tratamento", que ilustram a repetição de itens lexicais. No caso, em termos funcionais, pode-se destacar também a participação do processo no domínio da topicalidade, já que os itens repetidos se referem a elementos centrais do tópico do anúncio, que trata de agradecimentos por determinado tratamento médico realizado.

Já o anúncio em (14) permite ver a repetição de segmento suboracional:

(14) [20,2 A SC] *Entre no* BESC. *Tá assim de **gente conhecida**. || Converse com os caixas, com o contador, com o | gerente. || Tudo **gente conheci-da**. || São pessoas da terra, vivem e trabalham aqui. || Por isso, quando você tem uma operação bancária a | realizar, tudo fica mais fácil. || Você vai tratar com pessoas que entendem os seus | problemas e tentam resolvê-los porque você é **gente | conhecida**. ||* BESC *|| Banco do Estado de Santa Catarina Secretaria Anônima ||* BESC, *O BANCO DA GENTE.* (*O Estado*, 6 de novembro de 1975)

A expressão suboracional "gente conhecida" tem grande relevância no anúncio em (14), pois, aparentemente, marca o que o BESC tem de diferente dos demais bancos ou um dado que os leitores poderiam desconhecer sobre ele: a relação de identidade entre a instituição financeira e o cliente. Esse efeito de sentido está ligado à presença de três ocorrências da expressão, que busca convencer o leitor, evidenciando o vínculo da repetição com o plano argumentativo. O exemplo exibe também a repetição do item "você", a qual estabelece uma relação de envolvimento com o leitor, o que evidencia a atuação do processo no plano da interatividade, como se vê também no exemplo a seguir:

(15) [20,2 A SC] *É FÁCIL ESTICAR O ORÇAMENTO || **Você** pode aprovei-tar melhor o dinheirinho do gasto diário. || Faça uma experiência. || Deposite os trocados na Caixa Econômica Estadual e pague tudo com cheque, mesmo as suas despesas miúdas. || **Você** verá como seu dinhei-rinho rende mais (e quando precisar de um emprés- | timo, **você** já será conhecido do pessoal | da Caixa). || Disponha da gente. Afinal, a Caixa | Econômica Estadual foi criada para servir a todos os catarinenses. || CAIXA ECONOMICA ESTADUAL DE SANTA CATARINA || Florianó-polis – SC.* (*O Estado*, 3 de junho de 1970)

Em (15), assim como no exemplo anterior, a repetição do pronome "você" confere ao anúncio um tom mais apelativo, como uma tentativa de maior aproximação do leitor, por marcá-lo materialmente no texto, eviden-ciando o papel da repetição não só no plano argumentativo, como também no interativo.

CONSIDERAÇÕES FINAIS

Neste capítulo, realizamos uma análise do percurso diacrônico do processo de repetição em anúncios de jornais catarinenses publicados no decorrer dos séculos XIX e XX. Nossos dados indicam um comportamento consideravelmente estável do processo, em termos de suas configurações formais e de suas funções. No material analisado, verificam-se repetições de itens lexicais, segmentos suboracionais e oracionais, sempre com predominância percentualmente alta e similar de repetições lexicais nos três períodos focalizados (81,5%, 80% e 81,8% dos casos, no século XIX e na primeira e segunda metades do século XX, respectivamente). O material também mostra que, em todo o período, o processo atua de forma igualmente relevante nos quatro planos funcionais verificados: coesividade, topicalidade, argumentatividade e interatividade.

A constatação de estabilidade no uso da repetição no material investigado pode parecer, a princípio, pouco indicativa de características da dinâmica diacrônica do processo de repetição. Porém, a averiguação sobre fatores dessa estabilidade – uma opção de trabalho prospectivo – pode, em si, proporcionar pistas relevantes sobre a diacronia da repetição (sendo a mesma possibilidade válida para os demais processos). A elaboração de hipóteses gerais sobre a diacronia dos processos textuais a partir do que se vê em cada pesquisa particular é justamente um dos elementos da abordagem diacrônica proposta neste volume.

Na mesma direção, conforme essa abordagem, a admissão de possíveis tendências gerais de evolução diacrônica dos processos textuais compreende a análise de cada processo em diferentes gêneros, para comparações posteriores que possam, então, revelar tais tendências. E, para esse cotejo, certamente é significativa a contraposição entre percursos diacrônicos da repetição em que se veem mudanças e outros marcados principalmente por estabilidade do processo. A reflexão sobre razões desses dois tipos de resultado, diante de descrições de variados gêneros, pode vir a propiciar revelações importantes.

Nesse sentido, mesmo com base em nossa descrição da repetição no gênero anúncio, em si, algumas reflexões podem já ser levantadas. A identificação de estabilidade quanto a formas e funções torna-se particularmente interessante quando se observa que o gênero parece se mostrar instável ao longo dos séculos XIX e XX, em relação a propósitos comunicativos específicos. A partir do trabalho de Bastos (2016), que expusemos antes, podem ser reconhecidas, nos anúncios do período, finalidades particulares variadas, como reclamações de achados e perdidos, propagandas de produtos e publicação de insultos entre pessoas. Assim, diante da estabilidade que apuramos, pode-se pensar que, por alguma razão, os aspectos analisados da repetição não seriam (tão) sensíveis a variações nos propósitos mais específicos dos anúncios. Por outro lado, os diferentes anúncios certamente compartilham algum propósito comum (mesmo que geral), mais ou menos estável, que contribuiria para reconhecê-los como membros de um mesmo gênero. A estabilidade que atestamos na repetição talvez possa indicar que o processo estaria, então, mais diretamente ligado a essa finalidade mais ampla do gênero, o que poderia ser uma especificidade da diacronia da repetição em anúncios ou um traço do próprio funcionamento do processo.

Confrontando os resultados deste capítulo com os do anterior, em que analisamos a repetição em cartas de leitor, também podem ser levantadas algumas reflexões. Nesse outro trabalho, apuramos que a repetição passa a se concentrar, cada vez mais, no decorrer do tempo, sobre itens lexicais, em detrimento de segmentos suboracionais e oracionais, o que relacionamos à progressiva diminuição na extensão dos textos, tendo em vista a menor quantidade de material linguístico envolvida nos itens lexicais. Já nos anúncios, não se vê mudança sistemática nem em direção a diminuição nem a aumento em padrões de extensão dos textos (havendo, em todo o período, anúncios de tamanhos variados), ao mesmo tempo em que também não se vê praticamente nenhuma alteração no índice de repetições lexicais, dados que poderiam significar a pertinência da hipótese de relação entre extensão dos textos e formas predominantes de segmentos repetidos.

Nas cartas de leitor, atestamos também uma diminuição, no decorrer do tempo, da incidência, no plano funcional da interatividade, de repetições de vocativos que ratificam o papel de leitor/destinatário, fato que correlacionamos a uma diminuição contínua do grau de pessoalidade manifestado no modo de expressão das cartas. Por outro lado, nos dados analisados no presente capítulo, não encontramos mudanças sistemáticas nas funções interativas das repetições, nem alterações no grau de pessoalidade dos anúncios, o que pode apontar, de fato, na direção da referida correlação entre a repetição e o estilo dos textos.

São, enfim, hipóteses como essas que podem ser levantadas e analisadas a partir do estudo diacrônico da repetição, em diferentes gêneros. Nesse sentido, esperamos que o presente trabalho possa contribuir como incentivo a pesquisas futuras.

NOTAS

[1] Embora, na tradição bakhtiniana, o gênero normalmente seja referido pelo rótulo *gênero discursivo* ou *gênero de discurso*, utilizamos aqui o termo *gênero textual*, mais comum em trabalhos da área de estudos do texto – conforme adotado, por exemplo, em Koch (2003) –, o que, porém, não implica diferenças significativas de conceituação, para os efeitos deste trabalho.

[2] Entre colchetes, estão abreviadas as seguintes informações: século/primeira ou segunda metade (19,1, 19,2, 20,1 ou 20,2), gênero textual anúncio (A) e estado em que ocorreu a publicação (SC).

A PARENTETIZAÇÃO EM EDITORIAIS PERNAMBUCANOS

Michel Gustavo Fontes

SUMÁRIO

APRESENTAÇÃO..240

POR UMA PERSPECTIVA
TEXTUAL-INTERATIVA DA PARENTETIZAÇÃO.......................................242

INSERÇÕES PARENTÉTICAS EM EDITORIAIS
PERNAMBUCANOS DOS SÉCULOS XIX E XX..244

    Configuração formal das inserções parentéticas
    em editoriais pernambucanos dos séculos XIX e XX............................244

    Funcionalidade das inserções parentéticas
    em editoriais pernambucanos dos séculos XIX e XX............................250

ABORDAGEM DIACRÔNICA DA PARENTETIZAÇÃO
EM EDITORIAIS PERNAMBUCANOS..257

CONSIDERAÇÕES FINAIS..266

APRESENTAÇÃO

Este capítulo oferece uma abordagem diacrônica da parentetização enquanto processo constitutivo do texto (Jubran, 2006d, 2007). Para tanto, acredita-se que seja necessário levar em conta a trajetória histórica da Tradição Discursiva (doravante TD) em que se insere esse processo. Por TD, compreende-se, nos termos de Kabatek (2006: 159), *"a repetição de um texto ou de uma forma textual ou de uma maneira particular de escrever ou de falar que adquire valor de signo próprio (e, portanto, é significável)"*.[1]

Ao assumir, junto a Kabatek (2012: 587), que *"todos os gêneros são tradições discursivas, mas nem todas as tradições discursivas são gêneros"*, este trabalho considera a TD materializada por meio de *gêneros textuais* e, assim, aborda diacronicamente a parentetização no âmbito de um gênero específico, o editorial.

Por outro lado, é importante recortar, também, um período diacrônico de análise e um espaço/região de circulação dos editoriais. Assim, focaliza-se o espaço temporal entre os séculos XIX e XX, período em que, conforme apontam Gomes (2007) e Zavam (2009), a imprensa e o jornal brasileiros passam por algumas mudanças, transitando de uma fase artesanal, em que predomina uma roupagem político-partidária bastante acentuada, para uma fase industrial, de caráter mais comercial-informativo e menos politizante. E se restringe a análise aos editoriais veiculados pelo jornal *Diario de Pernambuco*, que, por ser um dos jornais que mais fortemente guarda a história da província pernambucana, *"sempre movimentou polêmicas e tomou posições em seus editoriais, apesar do caráter moderado e conservador"* (Gomes, 2007: 80).

Este trabalho, portanto, descreve as inserções parentéticas presentes em editoriais pernambucanos publicados entre os séculos XIX e XX. Com base nos princípios da Perspectiva Textual-Interativa (Jubran, 2006b, 2007), o objetivo geral é mapear tendências de mudança (e/ou de permanência) que afetam esse processo constitutivo do texto, avaliando-as no contexto da trajetória histórica dos editoriais pernambucanos. Em consonância com a abordagem diacrônica formulada na "Introdução" deste volume, o pressuposto é o de que tais tendências acompanham a história da TD em que se insere o processo, ou melhor, julga-se que a diacronia da parentetização em editoriais pernambucanos confirma e acompanha a própria história dessa TD.

Tal propositura faz necessária uma descrição de propriedades formais e funcionais da parentetização nos editoriais pernambucanos, do que decorrem os seguintes objetivos específicos: (i) caracterizar o modo como se materializam os parênteses nos editoriais analisados e (ii) delimitar suas funções textual-interativas nessa TD. Assume-se que há uma correlação entre as características composicionais da TD editorial em circulação no estado de Pernambuco, nos séculos XIX e XX, e as formas e as funções dos parênteses, de modo que (i) a materialidade escrita do editorial determina fortemente a configuração formal de seus parênteses, e (ii) a funcionalidade sociocomunicativa dos editoriais acarreta a ocorrência predominante de alguns tipos e funções de parênteses.

Para a composição dos *corpora* de análise, toma-se o *corpus* impresso de editoriais pernambucanos coletados pela equipe de Pernambuco do Projeto para a História do Português Brasileiro (Gomes, 2010; Gomes e Silva, 2010).[2] Selecionam-se quinze editoriais de cada século, publicados, especificamente, entre 1840 e 1856 (o que forneceu 75 ocorrências de inserções parentéticas) e entre 1930 e 1972 (o que forneceu 44 ocorrências de inserções parentéticas).

O conjunto de 119 ocorrências de parênteses é analisado a partir de parâmetros definidos por Jubran (2006d).[3] Como se intenciona sistematizar o que é predominante e mais frequente na formalização e no funcionamento do processo de parentetização nesses editoriais, utiliza-se o programa estatístico do pacote Goldvarb, somente para auxiliar na apuração das frequências e dos percentuais, garantindo-se, assim, uma análise quantitativa em que todas as ocorrências são analisadas à luz dos mesmos critérios estabelecidos.

Este capítulo se estrutura em três seções. A primeira apresenta uma concepção de parentetização com base na Perspectiva Textual-Interativa. A segunda sistematiza os resultados da análise, caracterizando a configuração formal dos parênteses nos editoriais pernambucanos dos séculos XIX e XX e descrevendo as classes e funções parentéticas predominantes nesses editoriais. A terceira esboça a proposta de abordagem diacrônica da parentetização. As considerações finais encerram o texto.

POR UMA PERSPECTIVA TEXTUAL-INTERATIVA DA PARENTETIZAÇÃO

Conforme a Perspectiva Textual-Interativa (PTI), a parentetização deve ser compreendida tendo em vista três importantes questões: (i) trata-se de um processo (ou fato) que, integrado à atividade de formulação textual, reflete fatores pragmáticos próprios ao quadro sociocomunicativo em que se instaura o texto; (ii) constitui uma modalidade de inserção; e (iii) define-se tendo em vista a gradiência de sua propriedade definidora e de suas classes e funções.

Jubran (2006b), partindo da propriedade de *centração* tópica, estipula, como propriedade definidora da parentetização, o *desvio tópico*: trata-se da "*inserção, no segmento tópico, de informações paralelas ao assunto em relevância naquele momento do texto, promovendo um desvio do tópico discursivo no qual se encaixam*" (Jubran, 2006b: 35). Os parênteses constituem, então, modalidades de inserções que não chegam a instaurar uma nova centração tópica, isto é, eles não projetam e não constroem um novo tópico discursivo a partir do tópico que estava sendo desenvolvido. Os trechos em (1), de um mesmo editorial, publicado no *Diario de Pernambuco* em 30 de dezembro de 1840, ilustram tal propriedade.

(1) a. [19,1 E PE][4] *As Eleições tem | sido, quase em todas as freguesias desta, e | d'outras Provincias, de que temos noticias, | disturbadas,* **se não illegaes e mullas**; *che- | gando o poder da cababa a tanto, que se- | gundo nos consta a mesa d'uma das fregue- | zias desta provincia passou os dephomas ad | libitum por se ter roubado a urna.* (*Diario de Pernambuco*, 30 de dezembro de 1840)

b. [19,1 E PE] *Os nossos negocios politicos tem | conservado o mesmo aspecto;* **para dizermos | melhor**, *novos males nos tem aparecido, | sem que vejamos curado nenhum daquelles, | que então lamentavamos.* (*Diario de Pernambuco*, 30 de dezembro de 1840)

Em (1a), o tópico discursivo em desenvolvimento trata das eleições, e o segmento parentético "se não illegaes e mullas" ali encaixado traz uma observação a respeito da abrangência referencial de um elemento do enunciado, no caso "noticias disturbadas". Já em (1b), o tópico discursivo discorre sobre a situação política do Brasil ao fim do décimo nono ano de sua independência;

paralelamente ao seu desenvolvimento, o escrevente insere um breve segmento desviante desse tópico ("para dizermos melhor"), deslocando a atenção do tópico para a face do próprio escrevente.

Nota-se, com base nessas ocorrências, que a propriedade de desvio tópico é *gradiente*: uma inserção parentética como (1a), que ressalta aspectos do próprio conteúdo tópico, desvia-se muito pouco do segmento tópico; já uma inserção como (1b), que insere, no fluxo textual, instâncias da enunciação, desvia-se muito fortemente do tópico discursivo em curso.

Jubran (2006d) estabelece, então, quatro classes de parênteses, ordenadas de modo a refletir essa gradiência, isto é, o grau em que uma inserção parentética se aproxima do tópico discursivo e o grau em que se manifestam, no texto, elementos próprios à situação interativa em que o texto é produzido: (a) *parênteses focalizadores da elaboração tópica*, que podem focalizar ou o conteúdo tópico, ou a atividade formulativa do texto, ou a estruturação tópica; (b) *parênteses com foco no locutor/escrevente*, que materializam, no texto, a figura do locutor/escrevente; (c) *parênteses com foco no interlocutor/destinatário*, que trazem, para o texto, a presença do interlocutor/destinatário; (d) *parênteses focalizadores do ato comunicativo*, que focalizam algum traço do ato comunicativo que está em processamento.

Assim, enquanto a classe (a) apresenta menor grau de desvio tópico, caracterizado por um grau maior de proximidade ao tópico discursivo e menor explicitação verbal da pragmática do texto, a classe (d) apresenta maior grau de desvio tópico, tendo em vista seu afastamento tópico máximo e sua maior aproximação do ato interacional, isto é, maior explicitação das condições pragmáticas envolvidas na construção textual. A cada uma dessas classes, correspondem funções textual-interativas específicas. Por exemplo, o parêntese em (1a), da classe (a), funciona como *ressalva*, ao restringir a abrangência referencial de um enunciado; já o parêntese em (1b), da classe (b), corresponde a uma *manifestação atitudinal do escrevente em relação ao tópico*, já que impregna o texto com uma avaliação própria do escrevente.

Orientando-se, portanto, pela proposta de Jubran (2006d), este trabalho procura, na seção seguinte, caracterizar a configuração formal e as funções textual-interativas das inserções parentéticas predominantes nos editoriais pernambucanos dos séculos XIX e XX.

INSERÇÕES PARENTÉTICAS EM EDITORIAIS PERNAMBUCANOS DOS SÉCULOS XIX E XX

Configuração formal das inserções parentéticas em editoriais pernambucanos dos séculos XIX e XX

A descrição da configuração formal dos parênteses encontrados nos editoriais pernambucanos dos séculos XIX e XX se pauta por três aspectos de ordem textual: (i) as marcas formais de inserção parentética, (ii) as fronteiras de ocorrência dos parênteses, e (iii) a constituição formal dos segmentos parentéticos.

Com base em Jubran (2006d), e levando em conta a materialidade escrita dos textos aqui analisados, reconhecem-se dois tipos de marcas formais de inserção parentética: (a) presença/ausência de conectores lógico-semânticos prefaciando o segmento parentético, e (b) marcas gráficas que contribuem para a delimitação dos fatos parentéticos.

Em relação a (a), encontram-se, nos editoriais pernambucanos, segmentos parentéticos prefaciados por algum tipo de partícula conectiva, como (2a), ou sem qualquer tipo de conectivo, como (2b).[5]

(2)   a. [19,1 E PE] *Por toda a par- | te se estabelece um tiroteio dessas limas, or- | dinariamente arremeçadas com tanta força, e | de tal distancia que podem muito bem va- | zar um olho ou molestal-o gravemente,* **como por muitas vezes tem acontecido**. (*Diario de Pernambuco*, 4 de fevereiro de 1842)

     b. [19,1 E PE] *Possa este acontecimento publico servir | de annunciador de pensamento de igual | ordem da parte de Sua excelência:* **nós o cremos, | nós o esperamos**. || *Assim se passou ou antes occorreu a noite: | Deos nos queira trazer outras igaues a esta.* (*Diario de Pernambuco*, 22 de maio de 1850)

Em (2a), o segmento parentético traz um elemento factual (o fato de os eventos relatados já terem acontecido muitas vezes) para exemplificar o conteúdo tópico (no caso, "vazar um olho ou molestal-o gravemente"), e essa inserção é prefaciada pelo conector modal *como*. Já em (2b), o escrevente suspende o tópico para manifestar sua atitude de compromisso e crença com o conteúdo tópico, e o segmento parentético não é prefaciado por qualquer elemento de natureza conectiva.

244

Nos editoriais de ambos os séculos, há maior ocorrência de parênteses prefaciados por conectores lógico-semânticos. Nos editoriais do século XIX, por exemplo, 66,7% dos segmentos parentéticos são prefaciados por conectivos (50 ocorrências), enquanto 33,3% não o são (25 ocorrências). Já nos editoriais do século XX, essas proporções se equilibram: embora permaneça um leve predomínio de parênteses introduzidos por algum tipo de conectivo (52,3% dos dados, com 23 ocorrências), 47,7% dos parênteses ocorrem sem qualquer tipo de conectivo (21 ocorrências).

Jubran (2006d), ao analisar textos orais, considera que a ausência de conectores prefaciando os segmentos parentéticos evidencia a propriedade de desvio tópico. Os resultados quantitativos aqui apresentados contrariam, de certa forma, essa tendência. Nesse sentido, e com base em Fontes (2018), este trabalho adere aos seguintes posicionamentos: (i) a presença de conectivos prefaciando os parênteses não interfere na propriedade de desvio tópico, e, dessa forma, segmentos por eles introduzidos podem constituir parênteses; (ii) a alta recorrência de segmentos parentéticos prefaciados por conectivos nos editoriais analisados se deve à sua materialidade escrita, isto é, enquanto gênero escrito, sua circulação se dá num tipo de interação que, distante da conversação face a face, não se apoia nas circunstâncias contextuais imediatas do *aqui-e-agora*, de forma que o uso dos conectivos contribui fundamentalmente para a funcionalidade textual-interativa das inserções parentéticas.

Já em relação a (b), ajuda a delimitar as inserções parentéticas uma série de sinais gráficos, como vírgulas (3a), parênteses (3b) e travessões (3c).

(3)   a.   [19,1 E PE] *Mas, entre as diversas velleidades sus- | citadas contra a Constituine é por certo | a questão de ser ella ou não uma these: | e é em verdade com admiração, **senão | com enjôo**, que ouvimos e vemos á al- | guem dizer, que acceita a Constituinte | não como these, mas como uma necessidade indeclinavel, procurando tirar d'ahi | argumento contra a nossa sincera adhe- | são ao pensamento salvador.* (*Diario de Pernambuco*, 9 de setembro de 1852)

        b.   [19,1 E PE] *Deixem os nobres mi- | litares esse partidos, essas cabalas para o | povo, pois entre elle se não faz ella tão peri- | gosa, porque o povo lança mão de meios pa- | cificos, da amizade, da persuazão, das ro- | gativas, e tudo isto tem um resultado incer- |*

to; mas quem se não curvará ao aspecto da tropa armada **(como em algumas freguezias)** | ou ainda mesmo desarmada? (*Diario de Pernambuco*, 30 de dezembro de 1840)

c. [20,1 E PE] *Agindo de má fé como* | *sempre, atribuiu a esse parecer* – ***e isso da maneira mais es-*** | ***candalosa*** – *uma identidade ab-* | *solutamente inexistente com a* | *sumaria aprovação dada antes ás* | *contas pelo conselheiro* | *Luiz Cabral de Melo.* (*Diario de Pernambuco*, 1º de janeiro de 1947)

Nos dois séculos, predomina o uso de vírgulas para delimitar os parênteses: no século XIX, as vírgulas demarcam 84% dos segmentos parentéticos (63 ocorrências), enquanto, no século XX, são 75% dos parênteses com vírgulas (33 ocorrências). Por outro lado, o uso de travessão incide mais frequentemente nos editoriais do século XX: no século XIX, há um único caso de parêntese delimitado por travessão (1,3%), e, no século XX, conta-se com seis ocorrências (13,6%). Nos dois séculos, por fim, a incidência dos sinais de parênteses é muito baixa: há uma única ocorrência de segmento parentético delimitado por parênteses em cada século.

Além disso, encontram-se casos de combinação de sinais (4). Em (4a), observamos que a inserção do segmento parentético é acompanhada de duas marcas gráficas, uma vírgula e um ponto e vírgula; já em (4b), o parêntese, além das vírgulas, vem delimitado por um travessão ao seu final.

(4) a. [19,1 E PE] *Somos pequenos,* ***he verdade;*** *mas nem isso* | *he vergonha, nem impedirá que as grandes* | *nações nos respeitem se formos respeitaveis.* (*Diario de Pernambuco*, 4 de fevereiro de 1856)

b. [20,1 E PE] *A esses artigos,* ***que alcançaram os primeiros*** | ***lugares, destacando-se consideravelmente dos*** | ***outros,*** *– accrescenta-se a massa das pe-* | *quena parcellas que consegue, ás vezes, equi-* | *librá-los, ainda que, examinados de um e* | *um, nenhum consiga qualquer das formas da* | *actividade economica: em todas ellas, ap-* | *parecem sempre essas duas ordens de fac-* | *tores a que nos estamos referindo – de* | *um lado, os que mesmo isoladamente valem* | *muito e, do outro, os que só representam* | *muito quando reunidos.* (*Diario de Pernambuco*, 7 de janeiro de 1940)

A combinação de sinais se dá numa frequência equilibrada entre os editoriais do século XIX e os do século XX: são cinco casos no século XIX, o que representa 6,7% dos dados, e três casos no século XX, o que representa 6,8% dos dados. No século XIX, em particular, há dois casos bastante interessantes em relação ao uso de marcas gráficas: (i) a inserção parentética em (5a) vem delimitada por uma única vírgula, ao final do parêntese; (ii) já o segmento parentético em (5b) não apresenta qualquer marca gráfica. Esses casos são pouco frequentes, correspondendo a três dados no total (4% dos dados): um único caso de ausência de sinais gráficos (1,3% dos dados) e dois de uma única vírgula (2,7% dos dados).

(5)   a.   [19,1 E PE] *Tão pequenino, e com prospecto! Prospecto, sim | senhores, este periodico **assim mesmo pequenino como** | **he,** tem seu prospecto.* (*Diario de Pernambuco*, 10 de maio de 1845)

       b.   [19,2 E PE] *Quando menos se cuida, os cam- | peões que se suppunham inválidos se levantam | dessa espécie de vertigem convencional, son- | dam a situação dos espíritos, espreitam o mo- | mento opportuno, sòa o rebate, e ei-los, como | por encanto, de morrões accesos nas amcias do | castello, em nova attitude de combate. || O espírito humano é bem caprichosos **senão** | **incomprehensivel** nas diversas phases de suas | manifestações!* (*Diario de Pernambuco*, 4 de fevereiro de 1856)

Um segundo ponto a se avaliar é a fronteira de inserção dos parênteses. Com base em Jubran (2006d), observa-se que os parênteses dos editoriais pernambucanos analisados ocorrem ora na fronteira entre constituintes (6a), ora entre unidades frasais (6b), segmentando o tópico da seguinte maneira: E1 = segmento anterior ao parêntese, E2 = o parêntese, e E3 = segmento posterior ao parêntese.

(6)   a.   [19,2 E PE] *Tambem o governo francez, **como vós o** | **tendes feito**, distribuia com mão larga pre- | mios immerecidos.* (*Diario de Pernambuco*, 18 de janeiro de 1851)

       b.   [20,2 E PE] *Mas desde que as arrecadações de Esrado estão em ascensão | progressiva (**é possivel que atinjam este ano a cerca de 600 mil con-** | **tos**) parece que se poderia encaminhar o assunto*

> *para uma obra | de colaboração, em que a autarquia, o Estado e*
> *os particulares fi- | gurassem na medida de suas possibilidades.*
> (*Diario de Pernambuco*, 18 de agosto de 1951)

Em (6a), o parêntese se insere entre o SN sujeito ("o governo francez") e o SV ("distribuia com mão larga premios immerecidos") e, em (6b), aparece entre a oração condicional e a principal.

Em termos quantitativos, 65,3% (49 ocorrências) dos parênteses dos editoriais do século XIX ocorrem na adjacência entre constituintes, e 28% (21 ocorrências) ocorrem no limite entre duas unidades frasais. Já entre os editoriais do século XX, 70,4% (31 ocorrências) dos parênteses ocorrem na adjacência entre constituintes, e uma única ocorrência se dá no limite entre duas unidades frasais (2,3%). Os segmentos parentéticos podem ainda ocorrer ao final de uma unidade tópica (de uma frase ou de um parágrafo), como em (7), em que o segmento parentético "a gloria de uma empreza útil, e as bênços dos homens ilustrados" encerra um dos parágrafos que fazem parte do editorial. Casos como esses representam, no século XIX, 6,7% dos dados (cinco ocorrências) e, no século XX, 27,3% dos casos (12 ocorrências).

(7)   [19,1 E PE] *Em quanto, porém, todos os votos do Senhor José da | Maya não são satisfeitos, elle tem já colhido uma gran- | de recompensa,-* **a gloria de uma empreza útil, e as | bênços dos homens ilustrados**. (*Diario de Pernambuco*, 15 de outubro de 1845)

Nota-se que a maioria dos segmentos parentéticos encontrados nos editoriais pernambucanos se interpõe na fronteira entre unidades linguísticas, configurando a sequência E1-E2-E3. Outro ponto a se destacar é que, nesses casos de interpolação de parênteses na adjacência entre constituintes ou unidades frasais, os fatos parentéticos suspendem o tópico discursivo em andamento sem romper com a estrutura sintática do segmento-contexto.

Tal fato é sistemático na materialização da parentetização nos editoriais pernambucanos dos séculos XIX e XX, o que evidencia a influência do *modus operandi* da composição escrita desse gênero sobre a configuração formal das inserções parentéticas. Enquanto gênero de materialidade escrita, a produção mais planeada de um editorial, ao envolver uma dedicação do escrevente à sua elaboração e ao seu planejamento, permite que se controle o modo como se formalizam suas inserções parentéticas, aspecto bastante diferente em textos falados (Jubran, 2006d).

Por fim, resta tratar da constituição formal dos parênteses, que, nos dados analisados, podem constituir-se de sintagmas (8a-c) ou frases (8d). Quanto aos parênteses de estrutura sintagmática, Jubran (2006d) identifica somente parênteses constituídos por sintagmas nominais (8a); nos editoriais analisados, encontram-se também casos de sintagmas adjetivais (8b) e de sintagmas preposicionados (8c).

(8)   a.   [19,1 E PE] *A barca dos banhos salgados que hoje possue o Re- | cife sobre o rio, acha-se effectivamente aberta desde | 24 de junho do anno passado, depois de muitas diffi- | culdades que teve de vencer o seu proprietario, **o Senhor José da Maya**, para a pôr no estado de segurança e as- | seio em que ella se acha. (Diario de Pernambuco*, 15 de outubro de 1845)

       b.   [20,2 E PE] *É imperioso, po- | rém, que ao lado da reabilitação a ser fei- | ta na consciência popular da grandeza e | do valor dos símbolos pátrios e dos heróis | da nacionalidade, posuamos, justamente | uma visão adulta, amadurecida e objeti- | va. de amor á Pátria. Amor que exalta, **es- | pontâneo**, nas grandes datas históricas; | que vibra, nas comemorações cívicas, que | cultua a memória dos heróis. (Diario de Pernambuco*, 7 de setembro de 1965)

       c.   [19,2 E PE] *Assim foi que a tribuna | universal, **na phrase de Lamartine**, apo- | derando-se della, como do gladio invenci- | vel de um conquistador, hia successi- | vamente ganhando triumphos, até que a | idéa das reformas se achou rodeada de | sympathias em todos os pontos do Impe- | rio (Diario de Pernambuco*, 9 de agosto de 1854).

       d.   [19,2 E PE] *De feito, as nossas experiencias, **bem que | ainda fluctuem na esphera das tentativas, pois | que os grandes melhoramentos não se fundem | de um só jacto**, deixam-nos as mais gratas es- | peranças de que havemos de colher os fructos | que se nos antolharam. (Diario de Pernambuco*, 4 de fevereiro de 1856)

As análises quantitativas apontam as seguintes tendências: (i) nos editoriais do século XIX, predominam parênteses constituídos de frases simples, com 53,4% dos dados (40 ocorrências), enquanto casos de sintagmas correspondem a 37,3% dos dados (28 ocorrências), e os de frases complexas configuram 9,3% dos dados (sete ocorrências); (ii) já nos editoriais do século XX, o predomínio é de segmentos parentéticos constituídos de sintagmas, com 65,9% dos dados (29 ocorrências), enquanto casos de frases simples correspondem a 31,8% dos dados (14 ocorrências), e há um único caso de frase complexa (2,3%).

Em suma, pode-se considerar que, de modo geral, há uma influência da materialidade escrita do gênero editorial sobre a configuração formal do processo de parentetização nos editoriais pernambucanos dos séculos XIX e XX. Segundo Jubran (2006d), textos escritos prototípicos não abrigam as descontinuidades que os parênteses provocam nos segmentos tópicos de textos falados, nem mesmo as configurações formais verificadas em textos falados. Esta seção confirma, de certa forma, tais considerações da autora e, por outro lado, também deixa evidente uma gama mais variada de marcas de inserção parentética, como os sinais gráficos e a contribuição dos conectivos para a funcionalidade dos parênteses.

Funcionalidade das inserções parentéticas em editoriais pernambucanos dos séculos XIX e XX

O Quadro 1 mapeia as diferentes classes e funções textual-interativas dos parênteses predominantes nos editoriais pernambucanos dos séculos XIX e XX. Além disso, o quadro evidencia um primeiro resultado mais geral em relação à funcionalidade das inserções parentéticas no material analisado: os editoriais pernambucanos do século XIX abrigam uma gama muito mais variada de classes e de funções de parênteses do que os editoriais pernambucanos do século XX.

Quadro 1 – Classes e funções dos parênteses nos editoriais pernambucanos dos séculos XIX e XX

Editoriais pernambucanos do século XIX		Editoriais pernambucanos do século XX	
(A) Foco no conteúdo tópico	a) Exemplificação b) Esclarecimento c) Ressalva d) Acréscimo de informação	(A) Foco no conteúdo tópico	a) Exemplificação b) Esclarecimento c) Ressalva d) Retoque e) Acréscimo de informação
(A) Foco na formulação linguística	a) Verbalização da atividade formulativa b) Sinalização de busca de denominações	(B) Foco no escrevente	a) Manifestações atitudinais do escrevente em relação ao tópico b) Indicação da fonte enunciadora do discurso
(B) Foco no escrevente	a) Qualificação do escrevente para discorrer sobre o tópico b) Manifestações atitudinais do escrevente em relação ao tópico c) Indicação da fonte enunciadora do discurso		
(C) Foco no destinatário	Evocar conhecimento partilhado do tópico		

Em termos quantitativos, pode-se anunciar tal resultado da seguinte forma: (i) entre as 75 ocorrências de parênteses nos editoriais do século XIX, 63 são da classe (a), com foco na elaboração tópica do texto (84%), particularmente no conteúdo ou na formulação linguística, 11 da classe (b), com foco no escrevente (14,7%), e uma da classe (c), com foco no destinatário (1,3%); (ii) já as 44 ocorrências de fatos parentéticos encontrados nos editoriais do século XX restringem-se a duas classes – 41 da classe (a), com foco na elaboração tópica do texto, especificamente no conteúdo tópico (93,2%), e três da classe (b), com foco no escrevente (6,8%). É notório, nos editoriais de ambos os séculos, o predomínio de inserções parentéticas da classe (a).

Em (9), dispõem-se ocorrências de parênteses da classe (a), com foco na elaboração tópica. Em (9a-e), os fatos parentéticos focalizam, propriamente, o conteúdo tópico, cada um com uma função textual-interativa específica: exemplificação (9a), esclarecimento (9b), ressalva (9c), retoque (9d) e acréscimo de informação (9e). Em (9f-g), por outro lado, os parênteses focalizam a formulação linguística.

(9)   a. [19,1 E PE] *Deixem os nobres mi- | litares esse partidos, essas cabalas para o | povo, pois entre elle se não faz ella tão peri- | gosa, porque o povo lança mão de meios pa- | cificos, da amizade, da persuazão, das ro- | gativas, e tudo isto tem um resultado incer- | to; mas quem se não curvará ao aspecto da tropa armada **(como em algumas freguezias)** | ou ainda mesmo desarmada?* (*Diario de Pernambuco*, 30 de dezembro de 1840)

  b. [20,1 E PE] *Infelizmente, o que mais caracteriza o panorama das nossas | agitações político-partidarias é o veso do personalismo doentio, da | luta do homem contra o homem, **luta essa que nem sempre conse- | gue vencer a estreiteza do ambiente em que se processa**, para al- | cançar as largas avenidas das ideias.* (*Diario de Pernambuco*, 6 de julho de 1935)

  c. [19,2 E PE] *Mas, entre as diversas velleidades sus- | citadas contra a Constituine é por certo | a questão de ser ella ou não uma these: | e é em verdade com admiração, **senão | com enjôo**, que ouvimos e vemos á al- | guem dizer, que acceita a Constituin- | te | não como these, mas como uma necessidade indeclinavel,* *procurando tirar d'ahi | argumento contra a nossa sincera adhe- | são ao pensamento salvador.* (*Diario de Pernambuco*, 9 de setembro de 1852)

d. [20,2 E PE] *O <<Pátria amada>> passou a ser ex- | pressão de giria,* **senão chula**. *E o brasilei- | ro terminou, quase, tendo vergonha de | ser patriota...* (*Diario de Pernambuco*, 7 de setembro de 1965)

e. [20,2 E PE] *O Brasil | cresceu um pouco mais. O ano | velho levou consigo --* **ao toque | da despedida** *-- a lembrança | das horas decisivas, das esperan- | ças renovadas, que nem sempre | são perdidas.* (*Diario de Pernambuco*, 1º de janeiro de 1967)

f. [19,1 E PE] *Quando o anno passado encerramos, co- | mo hoje os nossos trabalhos typographicos, lisongeiras esperanças nos animavão de que | o decimo nono anno da nossa independencia | seria mais feliz do que o decimo oitavo, em | que então fallavamos; mas quanto nos en-|ganamos! Os nossos negocios politicos tem | conservado o mesmo aspecto;* **para dizermos | melhor**, *novos males nos tem aparecido, | sem que vejamos curado nenhum daquelles, | que então lamentavamos.* (*Diario de Pernambuco*, 30 de dezembro de 1840)

g. [19,1 E PE] *O exame da decoração prendeu a nossa | attenção por algum momento, e não pode- | mos recusarmo-nos a confessar que he ella | do mais bello effeito possivel; quando nos | achavamos nisto entretidos, fomos dis- | trahidos pela orchestra, que rompeu a che- | gada das primeiras autoridades. Felizmen- | te ao mestre della, do mesmo modo que ao pintor, agradecimentos redemos pelo | muito que se esmeraram, um na composi- | ção da tinta e sombra delicada dellas, e ou- | tro na escolha de artistas.* **Basta sobre este | ponto**. *|| Apenas soltou a orchestra a sua ultima | nota, levantou-se o panno do scenario, dei- | xando-nos ver o busto imperial, tendo por | guarda de honra duas linhas, em cuja com- | posição entravam doze cantores e duas | cantarinas com o Senhor Gemano Francisco | de Oliveira como contraponto á frente.* (*Diario de Pernambuco*, 22 de maio de 1850)

Os parênteses em (9a-e), ao focalizar algum conteúdo do tópico discursivo, cumprem funções mais textuais, no sentido de caracterizar um de seus referentes. Em (9a), o parêntese "como em algumas freguesias" introduz no texto um dado que comprova e exemplifica o que está sendo ali expresso. Por outro lado, em (9b), o segmento "luta essa que nem sempre consegue vencer a estreiteza do ambiente em que se processa" traz informação que esclarece ou clarifica um dos referentes (no caso "luta do homem contra o homem") do conteúdo do tópico em desenvolvimento. Já em (9c), o parêntese "señao com enjôo" insere uma observação acerca da abrangência referencial do enunciado ali expresso, no caso "com admiração", ajustando essa qualidade atribuída ao evento "ouvimos e vemos á alguem dizer". O parêntese "senão chula", em (9d), reformula a atribuição da qualidade de "giria" à expressão "pátria amada", retocando a referência evocada por essa expressão. Por fim, em (9e), o breve desvio do tópico discursivo ("ao toque da despedida") adiciona ao texto uma informação temporal relativa ao conteúdo que se está desenvolvendo ao longo do segmento-contexto, apenas agregando uma informação adicional ao conteúdo do tópico.

Já os parênteses em (9f-g) focalizam algum aspecto da atividade formulativa do texto: em (9f), o segmento parentético "para dizermos melhor" sinaliza a tentativa do escrevente em buscar uma melhor denominação para o tópico em desenvolvimento (trata-se de um parêntese sinalizador de busca de denominações); em (9g), o desvio ao tópico discursivo se dá para explicitar uma etapa da formulação de seu texto, no caso o encerramento de um dos eixos do editorial.

Em relação às 75 ocorrências de parênteses dos editoriais do século XIX, observam-se as seguintes taxas quantitativas, no que tange aos parênteses da classe (a) (63 ocorrências), cujo foco recai sobre a elaboração tópica:

(i) 81,4% são parênteses com foco no conteúdo tópico (61 ocorrências), e 2,6% são parênteses com foco na formulação linguística (duas ocorrências);

(ii) quanto aos parênteses com foco no conteúdo tópico, predominam os de esclarecimento, com 23 ocorrências (30,7% dos dados). Parênteses de exemplificação totalizam sete ocorrências (9,3% dos dados); são 14 ocorrências de parênteses de ressalva (18,7% dos dados), e 17 (22,7% dos dados) de parênteses de acréscimo de informação;

(iii) já entre os parênteses com foco na formulação linguística, há uma ocorrência de parêntese sinalizador de busca de denominação (1,3% dos dados), e uma de parêntese de verbalização da atividade formulativa (1,3% dos dados).

Em relação às 44 ocorrências de parênteses do século xx, também no que diz respeito à classe (a) (41 ocorrências), predominam os parênteses de esclarecimento, com 10 ocorrências (22,7%), e de ressalva, com 23 ocorrências (52,3%). Parênteses de exemplificação correspondem a 6,8% dos dados, num total de três ocorrências; parênteses de acréscimo de informação representam 9,1% dos dados, com quatro ocorrências no total; e há uma única ocorrência de parêntese de retoque (2,3% dos dados).

Os parênteses em (10) focalizam o escrevente do editorial e, assim, deixam introjetar no texto alguma informação que toca a representação acerca de seu papel discursivo, cumprindo, então, diferentes funções nesse sentido.

(10) a. [19,1 E PE] *Com estas occupações, com estes pensa-* | *mentos se entreteve durante o dia popula-* | *ção desta capital, e apenas desceu a noite* | *sobre a terra acudio ella presurosa ao theatro de Santa Isabel, por cuja abertura este-* | *ve anciosa. Também concorremos nós,* **não** | **na simples qualidade de amadores de sce-** | **na, sim como desejosos e enthusiastas de** | **testemunhar a inauguração do novo thea-** | **tro**, *desse padrão que serve a attentar o pro-* | *gresso de nossa civilisação, que serve a me-* | *morar o pensamento de nosso engrandeci-* | *mento, tentativa do patriotico barão da* | *Bôa-Vista, não menos nobre que feliz, que* | *pôde atravessando tantos tempos, vencendo* | *tantas vontades malevolas, superior aos* | *desatinos de alguns dos nossos presidentes,* | *chegar té á administração do Exceletíssimo Senhor con-* | *selheiro, que com louvavel e esforçado em-* | *penho completou esse pensamento util, creando-nos este beneficio, de que tanto* | *careciamos.* (*Diario de Pernambuco*, 22 de maio de 1850)

b. [20,2 E PE] *Ninguem, de certo, poderia censu-* | *rar tôda e qualquer medida para sanea-* | *mento do cooperativismo que,* **seria inge-** | **nuidade querer negá-lo**, *sofreu, nos úl-* | *timos tempos, e erosão da mais desbra-* | *gada corrução, mergulhando aqui e ali*

| *numa degradação aterradora, a exigir,* | *por isso mesmo, a ação corretiva do po-* | *der publico.* (*Diario de Pernambuco*, 16 de janeiro de 1967)

c. [19,2 E PE] *Assim foi que a tribuna* | *universal,* **na phrase de Lamartine**, *apo-* | *derando-se della, como do gladio invenci-* | *vel de um conquistador, hia successi-* | *vamente ganhando triunphos, até que a* | *idéa das reformas se achou rodeada de* | *sympathias em todos os pontos do Impe-* | *rio.* (*Diario de Pernambuco*, 9 de agosto de 1854)

Em (10a), há um caso de parêntese de qualificação do escrevente para discorrer sobre o tópico: a suspensão tópica ali operada insere uma avaliação a respeito da competência do escrevente para desenvolver o tópico discursivo; o parêntese, no caso, promove uma autoqualificação do escrevente na condução do tópico. A ocorrência em (10b) traz um exemplo de parêntese de manifestação atitudinal do escrevente: o segmento parentético "seria ingenuidade querer negá-lo" imprime no texto a face do escrevente, manifestando sua atitude subjetiva em relação ao tópico em desenvolvimento. Em (10c), por fim, tem-se um parêntese de indicação da fonte enunciadora do discurso: o segmento parentético "na phrase de Lamartine" identifica a fonte de enunciação a que se pode atribuir a perspectiva sobre o assunto expresso no editorial.

Entre os parênteses com foco no escrevente (11 ocorrências nos editoriais do século XIX e três casos no material do século XX), predominam, em ambos os séculos, os parênteses de manifestação atitudinal do escrevente em relação ao tópico: sete ocorrências (9,3%) nos editoriais do século XIX, e duas (4,5%) nos editoriais do século XX. Nos editoriais do século XIX, pode-se observar, ainda, uma ocorrência (1,3%) de parêntese de qualificação do escrevente para discorrer sobre o tópico e três ocorrências (4%) de parênteses de indicação da fonte enunciadora do discurso. Já nos editoriais do século XX, encontra-se um único caso de parêntese de indicação da fonte enunciadora do discurso (2,3%).

Por fim, entre os parênteses dos editoriais pernambucanos do século XIX, há um único caso de parêntese com foco no destinatário, especificamente com a função de evocar conhecimento partilhado do tópico (11).

(11) [19,1 E PE] *Não era possível, **e nós o dis-** | **semos**, que o Senhor Manoel de Souza podesse administrar | justiça; os seus actos o provarão!* (*Diario de Pernambuco*, 19 de agosto de 1845)

Em (11), o parêntese "e nós o dissemos" assinala que o conhecimento do tópico sobre o qual se escreve é consensual por parte dos envolvidos na interlocução, no caso escrevente e destinatários. O emprego da primeira pessoa do plural envolve escrevente e destinatários, demonstrando o consenso em relação à informação ali transmitida.

Tendo em vista, no tocante à parentetização, o arranjo de classes e funções predominantes nos editoriais dos dois séculos aqui analisados, procura-se, na próxima seção, mapear uma trajetória de mudança que acompanha a própria história de circulação dos editoriais pernambucanos nos séculos XIX e XX.

ABORDAGEM DIACRÔNICA DA PARENTETIZAÇÃO EM EDITORIAIS PERNAMBUCANOS

Para descrever as mudanças que afetam o processo de parentetização, este trabalho parte da ideia de que se deve considerá-las no escopo da história dos editoriais que se publicavam no estado de Pernambuco entre os séculos XIX e XX, atentando-se, especialmente, aos traços de mudança e de permanência que afetam sua composição.

Gomes (2007) caracteriza, de modo geral, a história da TD editorial, em circulação em Pernambucano entre os séculos XIX e XX, a partir de três diferentes tendências estilísticas:

(i)   *a tendência político-panfletária*: estilo predominante no início da imprensa (até meados do século XIX). Os editoriais partem da concepção de que a função do jornal é essencialmente opinativa. Caracterizam-se por discursos inflamados e pelo uso de uma linguagem veemente, sem preocupação do editor com imparcialidade ou equilíbrio. Sua linguagem, em suma, marca-se pelo uso excessivo de vocativos, de imperativos, de repetições, de interjeições, de subjetivismo, de adjetivação e de pontuação enfática;

(ii)   *a tendência literário-independente*: estilo predominante na segunda metade do século XIX. O editorial abriga temáticas mais voltadas à cultura e à ciência e uma linguagem mais poética, marcada por figuras de linguagem diversas e por detalhes descritivos;

(iii)   *a tendência telegráfico-informativa*: estilo predominante a partir do século XX, em meio à passagem de um estilo detalhista e literário para um estilo simplista, de um jornalismo de crônica para um jornalismo de reportagem e de uma imprensa romântica para uma imprensa mercadológica. Os editoriais, dessa forma, passam a ser mais sucintos e precisos, assumindo, logo em seu tópico introdutório, a opinião do jornal.

Por trás dessas três tendências, é visível, no tocante à produção da TD editorial, uma mudança central: o enxugamento de seu aspecto gráfico, em termos de disposição e de localização na página do jornal, e de sua composição e organização retórica interna. Pode-se, com base em Gomes (2007), visualizar três traços de mudança na tradição editorialística pernambucana: (a) a redução do tamanho e da dimensão dos editoriais, que passam a ocupar menos espaço na diagramação do jornal para, assim, dar lugar a outros gêneros (ou TDs); (b) a concisão e a objetividade dos editoriais, que começam a assumir uma linguagem menos exortativa/veemente e passam a focalizar um conteúdo tópico mais claramente especificado, sem estabelecer uma interlocução mais direta com o destinatário (a qual era bem comum nos editoriais do século XIX); e (c) o trânsito de um modo mais contundente de organização do editorial, predominante no século XIX, a uma organização retórica mais explícita, sistemática e padronizada, típica dos editoriais dos séculos XX e XXI.

Essas mudanças que atingem a configuração do editorial pernambucano afetam o processo de parentetização em três vias: (i) uma que diz respeito à ocorrência geral dos parênteses; (ii) outra relacionada ao modo como se materializam os parênteses nos editoriais pernambucanos; e, por fim, (iii) uma que toca as classes e as funções predominantes nos editoriais pernambucanos.

Em relação a (i), é suficiente comparar a quantidade total de segmentos parentéticos coletados nos editoriais de cada um dos séculos aqui analisados: enquanto, no século XIX, os editoriais abrigam um total de 75 ocorrências parentéticas, os editoriais do século XX abrigam uma quantia de 44 ocorrências. Trata-se de uma diminuição, do século XIX para o XX, em torno de 41% nas ocorrências de parênteses nos editoriais pernambucanos.

Se os parênteses, conforme define Jubran (2006d, 2007), abrigam informações paralelas ao tópico discursivo em curso e, desse modo, dão pistas, no texto, ou da própria elaboração tópica, ou das circunstâncias de enunciação de um ato comunicativo, é natural que sua frequência de ocorrência diminua a partir da redução da extensão dos editoriais e da sistematização de sua estrutura retórica, guiada pela condensabilidade em sua composição, o que afeta, inclusive, a incidência de adjetivação, a repetição enfática, o detalhamento informativo e descritivo, e a inserção de citações (Gomes, 2007).

Já em relação a (ii), as mudanças que atingem a configuração formal das inserções parentéticas acompanham um processo de reconhecimento, por parte do escrevente/editor/autor do editorial, da parentetização enquanto processo constitutivo do texto e enquanto modalidade de inserção. Acredita-se que, na passagem do século XIX para o século XX, o escrevente/editor/autor passa a ter uma concepção mais clara dos parênteses como modalidade de inserção, como desvios tópicos.

Um primeiro aspecto a se considerar, nesse sentido, diz respeito à materialização textual da propriedade de desvio tópico e, assim, toca dois traços de ordem textual que colaboram para a delimitação das inserções parentéticas: (i) a ausência, ou presença, de conectivos prefaciando-as; e (ii) o uso de sinais gráficos de pontuação.

Em relação à presença/ausência de conectivos nos segmentos parentéticos, embora os dados coletados apontem para o predomínio, nos dois séculos analisados, de parênteses prefaciados por conectivos, nota-se, ao contrastar os dados quantitativos dos séculos XIX e XX, uma tímida mudança: o número de parênteses sem elemento conectivo aumenta (de 33,3%, no século XIX, para 47,7%, no século XX) e se equilibra, de certa forma, com o número de parênteses com partícula conectiva introdutória (52,3% de parênteses introduzidos por conectivo no século XX).

Por outro lado, é possível observar uma maior regularização no uso de sinais gráficos para delimitar os parênteses: nos editoriais pernambucanos do século XX, não se encontram quaisquer inserções parentéticas sem marca gráfica ou delimitadas apenas por um único sinal gráfico, como ocorreu entre os parênteses dos editoriais pernambucanos do século XIX.

Tais questões relacionam-se à própria trajetória da pontuação e do emprego de seus sinais gráficos ao longo da história dos editoriais pernambucanos. Segundo Gomes (2007), pode-se observar, na passagem entre os séculos XIX e XX, uma crescente regularização e sistematização no emprego de sinais de pontuação nos editoriais pernambucanos. Conforme a autora, trechos de editoriais do século XIX evidenciam um emprego irregular e não convencional da pontuação e um uso arbitrário de seus sinais. Já na segunda metade do século XIX, a autora aponta algumas mudanças no emprego da pontuação: permanece a oscilação no emprego excessivo ou escasso dos sinais de pontuação e algumas trocas de função entre os sinais, mas há acenos de uma moderação no uso desses sinais e de uma incipiente sistematização. Por fim, na primeira metade do século XX, nota-se, de acordo com a autora, uma maior sistemática e definição no tocante ao emprego de sinais de pontuação. Nesse sentido, a autora conclui que

> [...] os editoriais passaram de uma orientação predominantemente prosódica e rítmica nas suas versões iniciais para uma orientação que englobasse os aspectos prosódicos, sintáticos, semânticos e pragmáticos nas suas versões atuais; o que, de certo modo, revela o desenvolvimento da cultura escrita e a sofisticação do sistema de pontuação ao longo do tempo. (Gomes, 2007: 173)

De acordo com Jubran (2006d, 2007), a ausência de conectivos prefaciando os parênteses é evidência de sua desvinculação tópica. Embora este trabalho relativize tal posicionamento, o gradativo aumento de inserções parentéticas sem conectivos (equilibrando-se ao número de parênteses com conectivos), junto à crescente regularização do emprego de sinais gráficos (pontuação), permite revelar uma mudança que afeta o processo de parentetização, em termos de configuração formal, no interior da história dos editoriais pernambucanos: o reconhecimento, por parte do escrevente/autor/editor desses editoriais, dos parênteses enquanto inserções desviantes da centração tópica de um segmento-contexto, isto é, é possível cogitar que, na passagem do século XIX para o XX, escrevente/autor/editor passe a conceber mais claramente a parentetização como processo constitutivo do texto e como modalidade de inserção, o que, de certa forma, opera sobre a sistematização de sua delimitação, balanceando o uso e o não uso de conectivos para prefaciar os parênteses e regularizando os sinais gráficos na sua demarcação.

Corrobora essa questão a observação em torno à constituição formal das inserções parentéticas: no século XIX, predominam, nos editoriais, parênteses constituídos de frases simples (53,4% dos dados), sendo que parênteses sintagmáticos correspondem a 37,3% dos dados, e parênteses de frases complexas, a 9,3% dos dados; já no século XX, o predomínio nos editoriais é de parênteses de estrutura sintagmática (65,9% dos dados), sendo possível notar uma elevação na frequência desse tipo de constituição formal e uma redução na ocorrência de inserções parentéticas constituídas de frases simples (31,8%) e frases complexas (2,3%).

Gomes (2007) aponta que, na segunda metade do século XIX, os editoriais começam a abrigar períodos de tamanho mais reduzido e reformulações na articulação textual. Na passagem do século XIX para o XX, a autora ressalta ainda uma mudança na composição do editorial, que passa por reduções em sua extensão e, assim, torna-se gradativamente mais enxuto e objetivo. Por outro lado, com base em Jubran (2006d), pode-se dizer que os parênteses, prototipicamente, são de extensão mais curta. Frente a essas duas considerações, é possível dizer que a mudança na composição formal dos parênteses alia-se, por um lado, à própria mudança composicional dos editoriais e, por outro lado, diz respeito ao gradativo reconhecimento do parêntese enquanto processo constitutivo do texto e modalidade de inserção à medida que, na passagem entre os séculos, sua composição preferencial tende a uma estruturação sintagmática, composição que lhe é mais prototípica.

Por fim, em relação a (iii), as mudanças na composição e no modo de circulação e de veiculação do editorial afetam a ocorrência de determinadas classes e funções dos parênteses. Nesse sentido, deve-se destacar o leque mais variado de classes e funções que constitui os editoriais do século XIX, e o leque bem mais enxuto que compõe os editoriais do século XX, conforme demonstra o Quadro 1 anterior.

Isso, de certa forma, revela a própria trajetória do editorial pernambucano entre os séculos XIX e XX: diante da redução em extensão por que passa o editorial e da sistematização de sua estrutura retórica, é natural que diminua a incidência de inserções parentéticas em sua composição e que, quando essas inserções ocorram, as classes e funções mais frequentes se voltem predominantemente para o próprio conteúdo tópico.

Tanto no século XIX quanto no século XX, predominam, nos editoriais, parênteses com foco no conteúdo tópico, o que evidencia um dos atributos fundamentais do editorial: a condensabilidade, que diz respeito ao fato de o editorial tratar apenas de uma única ideia (Beltrão, 1980). Enquanto parênteses que se voltam mais explicitamente para o conteúdo do tópico discursivo em desenvolvimento, fica reduzida a explicitação das circunstâncias situacionais da interlocução, o que, de certa forma, garante ao editorial enfoque apenas no conteúdo a ser abordado.

Entre os séculos XIX e XX, observa-se, nos editoriais pernambucanos, aumento de 14,5% na frequência de ocorrência de segmentos parentéticos focalizadores do conteúdo tópico. Esse incremento nessa modalidade de parêntese acompanha, de certa forma, um dos traços de mudança na composição do editorial pernambucano: a adoção de uma estrutura retórica cada vez mais sistemática e concisa. Ou seja, a predominância dos parênteses com foco no conteúdo tópico, além de acarretar a baixa incidência de parênteses que trazem para o texto elementos ou da própria atividade formulativa, ou da interlocução, auxilia na mudança, em termos de trajetória histórica da tradição editorialística, de uma tendência político-literária para uma tendência mais informativa, marcada pela composicionalidade e plasticidade dos editoriais.

Um ponto que reforça tal traço de mudança é a inexistência, nos editoriais do século XX, de parênteses com foco na formulação linguística e com foco no destinatário. Tal fato também se relaciona ao gradativo enxugamento da composição retórico-estrutural do editorial pernambucano entre os séculos XIX e XX, já que, assim, não há espaço para a inserção, no texto, de informação adicional a respeito do processamento on-line do texto e de sua atividade formulativa, como é o caso dos parênteses com foco na formulação linguística, e nem para estabelecer canal interlocutivo com os interlocutores, como é o caso dos parênteses com foco no destinatário. A esta última questão, liga-se também outro traço de mudança nos editoriais pernambucanos, que é, conforme aponta Gomes (2007), o gradativo percurso desse gênero em se constituir como material verdadeiramente escrito e, assim, atenuar os traços de proximidade comunicativa: segundo a autora, editoriais pernambucanos do início do século XIX adotavam, como estratégia argumentativa, a simulação de diálogos, fazendo uso excessivo de estratégias de envolvimento com o público leitor, como as perguntas retóricas; a partir da segunda metade desse século, a incidência desse recurso textual diminui e, assim, os editoriais perdem o teor de uma interlocução mais direta com o leitor.

Por outro lado, um traço comum entre os editoriais dos dois séculos é a predominância, entre os parênteses focalizadores do conteúdo tópico, de parênteses de esclarecimento, ressalva e acréscimo de informação. Conforme expõe Jubran (2006d), tais funções parentéticas asseguram a inteligibilidade e a aceitabilidade do texto e contribuem para a caracterização de um referente ou de algum elemento informacional do conteúdo tópico. Dessa forma, sua predominância nos editoriais pernambucanos está ligada, conforme aponta Zavam (2009), ao propósito comunicativo mais geral dessa tradição: a defesa de um posicionamento crítico do jornal.

O editorial, segundo Zavam (2009: 182), *"ocupa um lugar discursivo assegurado para a manifestação axiológica da empresa jornalística"*. A esse propósito mais geral, está, então, articulado um conteúdo mais geral: manifestar opiniões acerca de um tema, sobre o qual o editorial firma seu posicionamento (Zavam, 2009). Para Gomes (2007), o cerne argumentativo, o teor opinativo e a veiculação de um ponto de vista são traços de permanência na trajetória histórica dos editoriais pernambucanos; assim, de certa forma, a predominância dessas três funções de parênteses focalizadores do conteúdo tópico mais uma vez é reveladora da própria história dessa TD.

A condensabilidade também se reflete nos parênteses com foco no escrevente, já que, ao manifestar predominantemente as atitudes do escrevente em relação ao tópico, essas inserções parentéticas, desviantes do conteúdo tópico para inserir nos textos elementos do processo de enunciação (como a imagem de seu escrevente), não deixam de relacionar-se ao conteúdo tópico, já que, em alguma medida, manifestam a avaliação do escrevente em relação a esse conteúdo.

No século XIX, os editoriais abrigam três funções dos parênteses focalizadores do escrevente: (i) qualificação do escrevente para discorrer sobre o tópico (com uma ocorrência; 1,3% dos dados); (ii) manifestação atitudinal do escrevente em relação ao tópico (com sete ocorrências; 9,3% dos dados); e (iii) indicação da fonte enunciativa do discurso (com três ocorrências; 4% dos dados). No século XX, observamos um leque mais enxuto de funções desses parênteses, já que ocorrem somente (i) parênteses de manifestação atitudinal do escrevente em relação ao tópico (com duas ocorrências; 4,5% dos dados) e (ii) parênteses de indicação da fonte enunciativa do discurso (com uma ocorrência; 2,3% dos dados).

Em relação à ocorrência dessa classe de parênteses, observa-se, primeiramente, que há uma diminuição na faixa de 53,4% em sua incidência nos editoriais pernambucanos do século XX, o que também está relacionado ao enxugamento e à sistematização da estrutura retórica da TD editorial.

Em segundo lugar, a única ocorrência de parêntese de qualificação do escrevente para discorrer sobre o tópico nos editoriais do século XIX manifesta, na verdade, uma autoqualificação do escrevente para discorrer sobre o tópico em curso, o que aponta traços da autoria dos editoriais pernambucanos do século XIX.

Segundo Zavam (2009), a autoria de editoriais cearenses nos séculos XIX e XX é altamente institucionalizada, já que se atribui a responsabilidade discursiva à instância empresarial ou política que dirige o jornal e responde por ele. O uso da primeira pessoa do plural, por exemplo, é, segundo a autora, um mecanismo de impessoalização típico dos editoriais cearenses do século XIX, o que, com o passar do tempo, passou a concorrer com o uso da terceira pessoa do singular. Tal regularidade é apontada por Gomes (2007) em relação aos editoriais pernambucanos. Segundo a autora: (i) os editoriais pernambucanos, tanto no século XX como no século XIX, expressam o ponto de vista assumido pelo jornal em relação aos mais diversos assuntos; (ii) um traço de mudança está na passagem do uso predominante da primeira pessoa nos editoriais do século XIX para o predomínio da terceira pessoa nos editoriais mais atuais, o que reduz a contundência do texto, tornando-o mais imparcial e objetivo, mas garante a sua autoria.

Assim, a autoqualificação expressa pelo único segmento parentético encontrado entre os editoriais pernambucanos do século XIX, somada ao uso da primeira pessoa do plural, revela uma autoria institucional, em que "*o editorialista, que não responde diretamente às intervenções dos leitores e é contratado para manifestar opiniões que a empresa espera que sejam manifestadas, goza de prestígio*" (Zavam, 2009: 192). Nos editoriais pernambucanos do século XX, marcados por uma maior impessoalização, não há espaço para a ocorrência de tal função dos parênteses focalizadores do escrevente.

Mais uma vez, indicia-se o paralelo existente entre a história de um processo constitutivo do texto como a parentetização e a história da TD em que esse processo se insere.

Por fim, os parênteses de manifestações atitudinais do escrevente em relação ao tópico exprimem "*o modo pelo qual o significado dos enunciados tópicos é qualificado, de forma a refletir o julgamento do falante sobre a probabilidade de serem verdadeiras as proposições expressas por ele*" (Jubran, 2006d: 343), e seu predomínio, nos editoriais dos dois séculos, compatibiliza-se à parcialidade e subjetividade características do editorial, uma vez que esse tipo de gênero não informa a partir de uma perspectiva imparcial e objetiva, mas deseja incutir a opinião e o posicionamento do jornal em relação ao assunto abordado.

Segundo Zavam (2009), os jornais cearenses do século XIX e do início do século XX eram majoritariamente movidos por questões político-partidárias, e seus editoriais serviam para que redatores atacassem adversários políticos ou deles se defendessem. Isso não é diferente entre os editoriais pernambucanos, e, dessa forma, não é à toa que, do século XIX para o século XX, haja uma redução na faixa de 51,6% na incidência dessa função dos parênteses nos editoriais pernambucanos, o que acompanha a trajetória dessa tradição de um estilo político-panfletário a um estilo mais informativo.

Entretanto, parênteses de manifestações atitudinais do escrevente em relação ao tópico permanecem nos editoriais dos dois séculos, o que revela um traço de permanência na trajetória histórico-social dessa TD: conforme Gomes (2007), a modalização é um dos recursos linguísticos que tecem, no editorial, os argumentos que fomentam as opiniões e, além disso, representa um elemento de permanência dessa TD. Nos editoriais do século XIX e também nos mais atuais, há inúmeros mecanismos linguísticos para revelar o jogo argumentativo e o posicionamento do jornal por meio dos modalizadores, entre eles os parênteses de manifestação atitudinal do escrevente em relação ao tópico.

Em síntese, com base em Gomes (2007), reconhece-se, como mudança central na concepção e construção dos editoriais pernambucanos na passagem do século XIX para o XX, o processo de enxugamento de sua extensão e de sistematização de sua estrutura composicional. A diacronia da parentetização alia-se a isto: (i) sua ocorrência é reduzida; (ii) o escrevente passa a reconhecer mais a propriedade de desvio tópico que lhe define e, assim, sistematiza sua configuração formal; (iii) a gama de classes e funções abrigadas pelos editoriais reduz, de modo a predominar as classes e funções mais voltadas para o próprio conteúdo tópico.

CONSIDERAÇÕES FINAIS

Este trabalho, no geral, reconstrói a história de um processo constitutivo do texto, no caso a parentetização, aliando-a à trajetória de uma TD específica, no caso editoriais pernambucanos em circulação entre os séculos XIX e XX.

Num primeiro momento, este trabalho se pauta pela descrição da configuração formal e das classes e funções das inserções parentéticas ocorrentes nos editoriais analisados. Conclui, por um lado, que a materialidade escrita do tipo de gênero analisado influi na formalização do processo de parentetização: além da ausência de rupturas ou descontinuidades sintáticas, o uso de conectivos e de marcas gráficas na delimitação dos parênteses aponta para um traço que parece ser típico de modalidades textuais mais próximas ao polo da escrita, o que se relaciona intrinsecamente à atividade de planejamento envolvida na formulação e na construção de um texto escrito prototípico. Por outro lado, as funções dos segmentos parentéticos predominantes nos editoriais se mostram significativas para a caracterização dessa TD na medida em que contribuem com seu propósito comunicativo central: informar sem a preocupação de ser imparcial e objetivo, mas, ao contrário, ao trazer a informação, marcar o posicionamento do jornal em relação ao que se está informando.

Em um segundo momento, a intenção foi a de mostrar que os traços de mudança e de permanência no tocante à parentetização, tanto em termos de sua formalização como de sua funcionalidade, misturam-se à própria trajetória histórica da TD editorialística, acompanhando o que muda e o que permanece na concepção e na construção desse gênero. Dessa forma, o enxugamento e a sistematização da estrutura composicional do editorial pernambucano afeta a parentetização em três vias: (i) reduzindo sua incidência nesse gênero; (ii) alterando sua configuração formal; (iii) restringindo a ocorrência de uma gama mais variada de funções e classes parentéticas.

Por fim, este trabalho, em meio aos demais que buscam conjugar a abordagem textual-interativa do texto e uma abordagem diacrônica, mostra fundamentalmente que a diacronia de um processo textual como a parentetização revela, confirma e acompanha a trajetória histórica de desenvolvimento da TD em que se insere.

NOTAS

[1] Do original: "la repetición de un texto o de una forma textual o de una manera particular de escribir o hablar que adquiere valor de signo propio (por lo tanto es significable)" (Kabatek, 2005: 159).

[2] Esse material está disponível no site: <https://sites.google.com/site/corporaphpb/>. Acesso em: 4 abr. 2022.

[3] Tratamos mais detalhadamente de cada parâmetro na seção de análise.

[4] Neste capítulo, os colchetes no início de cada exemplo abreviam informações conforme segue: "19,1", "19,2", "20,1" e "20,2" indicam o período (século/primeira ou segunda metade) em que foi publicado o texto do qual procede o exemplo; "E" significa que o exemplo provém de editorial; "PE" indica que a publicação ocorreu no estado de Pernambuco.

[5] Compreendemos, neste trabalho, conectivos/conectores como qualquer elemento linguístico que articule duas unidades linguísticas, como preposições (simples ou complexas), conjunções (simples ou complexas) e marcadores discursivos.

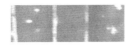

A PARENTETIZAÇÃO EM CARTAS DE LEITOR PERNAMBUCANAS

Joceli Catarina Stassi-Sé

SUMÁRIO

APRESENTAÇÃO 270

CONCEITOS TEÓRICO-METODOLÓGICOS
E CARACTERÍSTICAS DO GÊNERO CARTA DE LEITOR 271

A PARENTETIZAÇÃO COMO PROCESSO CONSTITUTIVO DO TEXTO 273

ANÁLISE DA PARENTETIZAÇÃO EM CARTAS
DE LEITOR DOS SÉCULOS XIX E XX 276

    Constituição formal das inserções parentéticas 276

    Funções das inserções parentéticas 281

CONSIDERAÇÕES FINAIS 285

APRESENTAÇÃO

Este capítulo busca descrever, segundo um ponto de vista diacrônico, o processo de parentetização em cartas de leitor pernambucanas dos séculos XIX e XX. Adota-se a abordagem formulada na "Introdução" deste volume, que faz uma articulação entre a Perspectiva Textual-Interativa – PTI (Jubran e Koch, 2006; Jubran, 2007) e os estudos sobre a noção de Tradição Discursiva – TD (Kabatek, 2006, 2012).

A abordagem assume a visão de que os desenvolvimentos diacrônicos dos processos de construção de textos estariam associados às TDs dos gêneros textuais. Nesse sentido, analisa-se aqui o percurso da parentetização, situando-o no contexto da TD carta de leitor, conforme a trajetória dessa TD em jornais pernambucanos. Também com base na referida abordagem, o percurso da parentetização é investigado, assim como no capítulo "A parentetização em editoriais pernambucanos", com foco nas configurações formais e nas funções assumidas pelo processo no decorrer do tempo. Parte-se do entendimento de que os parênteses operam um desvio tópico e introduzem dados situacionais (pragmáticos) no texto em diferentes graus (Jubran, 2002a, 2002b, 2006d), o que pode ser localizado e mapeado objetivamente em textos de diferentes épocas, revelando mudanças e repetições na evolução do processo.

O universo de investigação é composto de cartas de leitor pernambucanas integrantes do *corpus* do Projeto para a História do Português Brasileiro, organizadas em Barbosa e Lopes (2006) e Silva e Silva (2010).[1] Especificamente, nosso material de análise foi composto por 14 cartas de leitor do século XIX, publicadas entre 1851 e 1880, e 14 cartas do século XX, publicadas entre 1952 e 1972. A análise de inserções parentéticas nesses dois *corpora* resulta na distribuição de 79 inserções parentéticas no século XIX e 67 no século XX, contando com um conjunto de 146 inserções no total.

A organização deste capítulo se dá como segue: primeiramente são sintetizados alguns princípios da PTI, os conceitos de gênero e de TD, assim como elementos característicos do gênero carta de leitor; na sequência, são resumidas as propriedades básicas do processo de parentetização; a seção posterior expõe a análise do processo nas cartas dos séculos XIX e XX; a seção final formula considerações sobre a relação dos fatos parentéticos apurados com traços de mudança e de permanência percebidos na história das cartas de leitor.

270

CONCEITOS TEÓRICO-METODOLÓGICOS E CARACTERÍSTICAS DO GÊNERO CARTA DE LEITOR

A PTI tem como proposta abordar o plano textual segundo a concepção que trata a linguagem como *"uma forma de ação, uma atividade verbal exercida entre, pelo menos, dois interlocutores, dentro de uma localização contextual, em que um se situa reciprocamente em relação ao outro"* (Jubran, 2006b: 28). Dessa forma, os textos são concebidos como unidades que resultam da ação verbal, entidades comunicativas verbalmente realizadas, devendo ser estudados dentro de suas condições de efetivação.

Nesse sentido, a PTI assume, como princípios teórico-metodológicos, que: (i) os fatos textuais têm suas propriedades e funções definidas no uso, coenvolvendo as circunstâncias enunciativas; (ii) os fatores interacionais são inerentes à expressão linguística, pela introjeção natural da atividade discursiva no texto, ou seja, são observadas marcas do processamento formulativo-interacional na materialidade linguística do texto; e (iii) são estabelecidas classes não discretas de elementos, baseadas no reconhecimento da fluidez de limites entre elas, em virtude do equilíbrio instável das configurações discursivas, ou seja, uma mesma forma pode prestar-se a diferentes funções e ter enquadramentos em diferentes classes de elementos, levando-se em conta sua proximidade ou distanciamento no desempenho de funções textuais e interativas (Jubran, 2006b, 2007).

Considerando o texto como unidade globalizadora, sociocomunicativa, que ganha existência dentro de um processo interacional, a PTI tem visão integrativa entre estruturas e processamento de estruturas textuais, o que significa reconhecer a existência de regras que caracterizam a organização do texto e a atividade discursiva. O caráter sistemático dos procedimentos de formulação textual é dado pela recorrência desses procedimentos em contextos definidos, pelas marcas formais que os caracterizam e pelo preenchimento de funções que lhe são específicas, aspectos que aqui serão levados em conta no gênero carta de leitor, TD que se estrutura dentro do domínio do jornalismo impresso.

A depreensão de regularidades particularizadoras das estratégias de construção textual parte da categoria analítica do tópico discursivo, pela qual se identificam segmentos textuais organizados mediante as propriedades de *centração* e *organicidade*, ou seja, convergência para um assunto proeminente e organização dos tópicos do texto em termos de hierarquização e de continuidade e descontinuidade lineares. Nesse sentido, o modelo inclui o tratamento de mecanismos de organização textual, especificamente dos marcadores discursivos, e o estudo de atividades formulativas, tais como repetição, correção, parafraseamento, parentetização e referenciação. Dentre esse rol de atividades formulativas, apresentadas pela PTI para a análise textual, este capítulo centra-se no processo de parentetização, analisado no contexto do gênero carta de leitor.

A noção de gênero aqui considerada, como estabelecido também na "Introdução" do volume, é a assumida em autores da Linguística Textual como Koch (2003) e Marcuschi (2008), com base em Bakhtin (2003), segundo a qual os gêneros constituem enunciados relativamente estáveis, que refletem condições e finalidades comunicativas de diversas esferas de práticas sociais humanas. Trata-se de conceito que se relaciona, mas não se confunde, com o de TD. A concepção de TD, que emerge entre os romanistas alemães, referindo-se a formas tradicionais de dizer e escrever, remete a um domínio mais abrangente que o de gênero, incluindo-o.

No que tange à carta de leitor especificamente, diferentes autores a entendem como parte dos desenvolvimentos históricos do gênero carta, em sentido geral, a qual pode trazer temáticas e funcionamentos diversos, como apontado por Andrade (2008b), permitindo uma variedade de tipos de comunicação (pedido, agradecimento, conselho, congratulações, desculpas, informações, intimação, prestação de contas, notícias familiares etc.) e, por consequência, diversos tipos de classificação quanto à sua forma de realização e suas intenções (carta pedido, carta resposta, carta pessoal, carta programa, carta circular, carta de leitor, carta ao leitor, carta de redator, carta de editor etc.).

O gênero carta de leitor constitui uma atividade interpessoal a distância e pode ser conceituado como segue:

> [...] é um texto que circula no contexto jornalístico em seção fixa de jornais e revistas, denominada comumente de cartas, cartas à redação, carta do leitor, painel do leitor, destinada à correspondência dos leitores. Em outras palavras, a carta é utilizada em situação de ausência de contato imediato entre remetente e destinatário, que não se conhecem (o leitor e a equipe editorial do jornal ou da revista) visando a atender vários propósitos comunicativos: opinar, agradecer, reclamar, solicitar, elogiar, criticar, entre outros. É um gênero de domínio público, de caráter aberto, com o objetivo de divulgar seu conteúdo e possibilitando a sua leitura ao público em geral. (Andrade, 2008b: 6)

De maneira geral, as cartas de leitor são escritas em registro formal ou semiformal do português e podem ser encontradas em revistas ou jornais de grande circulação, tratando tanto de notícias ou reportagens de temas de interesse nacional, que tenham sido publicadas nesses veículos, quanto de "*solicitações feitas pelos leitores, pois é de fácil acesso, revela um contato, por parte deles, com os fatos importantes e recentes da sociedade*" (Andrade, 2008b: 6).

É sabido que, atualmente, nem todas as cartas de leitor enviadas aos veículos de circulação são publicadas. Melo (1999) aponta que são realizadas triagens para seleção de cartas e que o texto pode, inclusive, sofrer edição, o que o tornaria uma "*carta com coautoria: o leitor, de quem partiu o texto original, e o jornalista, que o reformulou*" (Bezerra, 2002: 211).

Contudo, Andrade (2008b: 7) afirma que nem sempre foi assim. A autora verificou em seu estudo que, nos jornais paulistas do final do século XIX, "*as cartas são apresentadas integralmente e versam sobre os mais variados e distintos assuntos: pedidos, reclamações, comentários, busca de contato com parentes ou amigos, entre outros*". Essas mudanças constatadas pela autora nas cartas de leitor paulistas sinalizam um panorama que pode ser, também, o das cartas de leitor pernambucanas.

Nessa lógica, busca-se unir a investigação de padrões formais e funcionais na descrição de inserções parentéticas para verificar a evolução desse processo, o que também deve contribuir para o entendimento da história do próprio gênero no português brasileiro.

A PARENTETIZAÇÃO COMO PROCESSO CONSTITUTIVO DO TEXTO

Conforme Jubran (2006d), no discurso falado, de caráter não previamente planejável, que apresenta rupturas de estruturas canônicas e em que a sintaxe não prevalece sobre a pragmática, é preciso reconsiderar o conceito de parentetização, extrapolando o limite frasal pela observação de dados de parentetização no contexto do segmento tópico, recortado com base na categoria de análise do tópico discursivo.

Para redefinir parênteses nesse contexto, leva-se em conta uma das propriedades básicas do tópico discursivo, a centração, que funciona como parâmetro para o reconhecimento de inserções dentro dos segmentos tópicos, as quais têm a natureza de desvio tópico. O elemento inserido provoca uma breve suspensão do tópico no qual se encaixa, há interrupção momentânea e retomada imediata do tópico no qual se insere: tópico A, suspensão momentânea do tópico A, continuidade do tópico A (Jubran, 2006d).[2]

Nessa conceituação, os parênteses definem-se como breves desvios tópicos que não afetam a coesão do segmento tópico dentro do qual ocorrem, como se vê na ocorrência em (1), em que há um tópico em desenvolvimento, relativo às qualidades de um indivíduo, e uma inserção parentética, em negrito, que faz um esclarecimento acerca da qualidade de o indivíduo ser esperançoso, suspendendo temporariamente o tópico discursivo:

(1) [19,2 CL PE][3] *Oh! ditosa sorte daquella que após os suo- | res e fadigas deste muado, eivado de espinhos | e tribulaçòes, avivando a sua fé, e renovando | a firme esperança, **que sempre afagou na vida | mortal**, cocn | entrando na fonte do puro e di- | vino amor a caridade em que ardeu [...].* (*Diario de Pernambuco*, 17 de novembro de 1880)

Seguindo essa análise, assume-se que a parentetização pode ser investigada também em textos escritos, como na ocorrência em (1), extraída de uma carta de leitor do jornal *Diario de Pernambuco* de 1880, que pode ser analisada independentemente do grau de planejamento do texto, haja vista *"serem variáveis os graus de desvio tópico e os de manifestação de fatores pragmáticos, bem como a correlação entre eles"* (Jubran, 2006d: 326). Observa-se, assim, a possibilidade de analisar, em gêneros escritos, certas tendências de uso de funções parentéticas, que podem (ou não) ser menos atinentes a fatores pragmáticos, reforçando (ou contradizendo) as expectativas para esses gêneros, que têm maior grau de planejamento e previsibilidade.

Como se observa, os parênteses compartilham propriedades identificadoras, e, entre elas, o desvio tópico é a mais proeminente. Por essa razão, sua definição é relacional, ou seja, sua caracterização ocorre mediante contraposição ao contexto no qual se insere: inter-relação entre desvio e contexto. Entretanto, é importante ressaltar que não há desvinculação entre o parêntese e o contexto em que ocorre, pelo contrário, as inserções estabelecem significação de base informacional sobre a qual se funda a centração do segmento-contexto, como se vê em (1).

Conforme Jubran (2006d), os parênteses promovem avaliações, comentários laterais sobre o que está sendo dito, ou sobre como se diz, sobre a situação interativa ou ainda sobre o evento comunicativo. Em virtude disso, não podem ser descartados porque a contextualização interacional do que está sendo comunicado orienta a própria compreensão, constituindo pistas sinalizadoras do quadro sociocomunicativo, tendo uma dimensão pragmática, constituindo-se como um dos recursos pelos quais a atividade discursiva se projeta concretamente na materialidade linguística do texto.

Jubran (2006d), ao descrever as propriedades parentéticas, identifica: (i) marcas formais prototípicas do *elemento inserido*, tais como: (a) ausência de conectores que estabeleçam relações lógico-semânticas entre os parênteses e os segmentos que os abarcam; (b) fatos prosódicos como pausas e alterações na pronúncia dos parênteses; (ii) marcas formais prototípicas do *segmento-contexto*, tais como: (a) marcas de interrupção do tópico discursivo – pausas não preenchidas ou preenchidas por expressões hesitativas nas fronteiras inicial e final do parêntese, suspensão, sem corte sintático, de segmentos em processamento antes do parêntese, e interrupção de segmentos com corte sintático; (b) marcas de reintrodução do tópico discursivo – pausas não preenchidas ou ainda preenchidas por hesitações, continuidade sintática da frase interrompida antes do parêntese, uso de marcadores discursivos sequenciadores de tópico, repetição de itens lexicais ou de sintagmas do segmento-contexto que se encontram próximos ao início do parêntese, parafraseamento de trechos precedentes ao parêntese e realização do segundo elemento de um par adjacente rompido pelo parêntese.

Para detalhar as fronteiras entre o parêntese e o contexto, observa-se o trecho tópico em que são registrados fatos de parentetização, segmentando esse trecho em três partes: E1 (segmento anterior ao parêntese), E2 (o parêntese) e E3 (segmento posterior ao parêntese).

A partir disso, são identificadas quatro fronteiras em que se interpolam fatos parentéticos: (i) entre constituintes de frase; (ii) no limite entre duas unidades frasais; (iii) entre a primeira e a segunda parte de pares adjacentes; e (iv) entre segmentos textuais com estruturas anacolúticas.

Para depreender dados ainda mais esclarecedores do estatuto da parentetização, é importante que se observe como se processam as relações anafóricas entre o parêntese e o seu contexto, o que pode acontecer de duas formas: (i) por meio da presença de anáfora em E3, quando há referência a alguma informação em E1, e nunca em E2; e quando há anáfora em E2, em que há referência metadiscursiva a E1.

Os parênteses dispõem de certas configurações formais. As identificadas até agora pela teoria consistem em: (i) marcadores discursivos; (ii) sintagmas nominais; (iii) frases simples; (iv) frases complexas; (v) pares adjacentes.

Jubran (2006d) propõe a identificação de quatro classes parentéticas: (i) parênteses com foco na elaboração tópica do texto, incluindo foco no conteúdo do tópico, na formulação linguística e na estrutura tópica; (ii) com foco no locutor (neste caso, escrevente); (iii) com foco no interlocutor (neste caso, leitor); e (iv) com foco no ato comunicativo. Nessa ordem, as quatro classes refletem graus sucessivos, em um *continuum* de manifestações parentéticas com menor explicitação verbal do interacional no texto e maior aproximação ao tópico, passando por duas classes intermediárias, em que é acrescida a presentificação do escrevente e do leitor na materialidade textual, até chegarem ao afastamento máximo do tópico e aproximação maior ao ato interacional. A cada uma dessas classes e subclasses correspondem funções textual-interativas específicas (que serão introduzidas nas seções seguintes, no decorrer da análise de dados).

Neste capítulo, serão controlados qualitativa e quantitativamente os parâmetros referentes à configuração formal e às classes/funções dos segmentos inseridos, sendo os outros fatores (relações anafóricas, fronteiras parentéticas, marcas formais do elemento inserido e do segmento-contexto) discutidos e investigados qualitativamente, conforme particularidades das ocorrências analisadas.

ANÁLISE DA PARENTETIZAÇÃO EM CARTAS DE LEITOR DOS SÉCULOS XIX E XX

Constituição formal das inserções parentéticas

Nesta subseção, busca-se descrever a constituição formal das inserções parentéticas de cartas de leitor pernambucanas dos séculos XIX e XX. Caracterizadas como segmentos, em geral, de curta extensão, as inserções, conforme mencionado, podem constituir-se como marcador discursivo, sintagma, frase simples, frase complexa ou par adjacente, configurações que, analisadas, podem oferecer pistas da composição estrutural dos parênteses na diacronia investigada.

Como resultado da análise do *corpus*, observa-se que, no século XIX, das 79 inserções parentéticas encontradas, 39% (31 ocorrências) são constituídas por frases simples, 38% (30 casos), por sintagma nominal, e 23% (18 casos), por frases complexas, configurações que podem ser vistas, respectivamente, em (2), (3) e (4), sendo que não houve ocorrência de parêntese constituído de marcador discursivo e par adjacente.

(2)   [19,2 CL PE] *Acabo de ser informado por pessoa de | minha intima e sincera amisade, que Senhor | Doutor Pedro Autran da Malta e Albuquerque | acha-se sentido e queixoso contra mim, por | lhe haverem dito, que uma asquerosa e im- | moral correspondencia, **que em avulso espa- | lharam contra Sua Senhoria**, Fôra impressa na mi- | nha typographia.* (*Diario de Pernambuco*, 4 de janeiro de 1851)

(3)   [19,2 CL PE] *O Illustríssimo Senhor Doutor Pitanga, **mui distincto medico | desta casa**, com assistência dos Illustríssimos Senhores Doutores | Sarmento e Seve, lhe extrahiram uma pedra da | bexiga com mais de oito onças, como foi vista em | cima da mesa que estava em seu quarto, dia do | anniversario.* (*Diario de Pernambuco*, 2 de outubro de 1873)

(4)   [19,2 CL PE] *Já em seus ultimos dias, **abatida por longos | e graves enfermidades, perturbada pelas des- | favoraveis emergencias em que se acha comprometido em consequencia de uma | duradoura secca que devastou as fazen- | das, solicita no emprego de meios de salva- | ção**, fez um appello á assembléa geral, e ainda | chegou á ter a consolação de ver passar em | 2ª discussão um projeto de lei, concedendo | uma loteria do Rio de Janeiro, em beneficio do recolhimento.* (*Diario de Pernambuco*, 17 de novembro de 1880)

Os dados demonstram uma tendência de se buscar estruturas simples para os parênteses, que somam 77% de ocorrências constituídas por sintagma nominal ou frase simples, contrapondo-se a apenas 23% de inserções constituídas por segmentos mais complexos, no caso, frases complexas.

No século XX, é observada uma redução no total de inserções, 67 ocorrências, mas uma manutenção na distribuição proporcional das configurações formais, com 42% de inserções constituídas por frase simples (28 casos), 42% (28 exemplares), por sintagma nominal, e 16% (11 ocorrências), por frase complexa, tipos exemplificados em (5), (6) e (7), respectivamente – também, nessa sincronia, não se verificam parênteses formados por marcador discursivo e par adjacente.

História do Português Brasileiro

(5)   [20,2 CL PE] *[...] onde se achava o Helio, em | frente a casa nº 2.319, arran- | cando-o e jogando-o a uma dis- | tancia de 50 metros,* **onde foi de | encontro a uma carroça,** *matan- | do, incontinenti, o animal.* (*Diario de Pernambuco*, 26 de janeiro de 1952)

(6)   [20,2 CL PE] *O resultado | final foi que, após a gratificação | aos sa- fadores do veiculo* **(quinze | cruzeiros)** *a gasolina gasta* **(qua- | tro cruzeiros)** *sem entrar em | conta o desgaste, o lucro liquido | ficou resumido em apenas um | cruzeiro!* (*Jornal do Commercio*, 29 de ja- neiro de 1952)

(7)   [20,2 CL PE] *Não opinei sobre a legalidade do empréstimo. Inter- | pe- lado por um dos deputados presentes, declarei que,* **como | advogado da Cia. Indústrias Brasileiras Portela, interessada | no empréstimo que se destinaria parcialmente a atender ao | seu reequipamento**, *me escusava de emitir parecer sobre o | assunto.* (*Diario de Pernambuco*, 26 de janeiro de 1962)

Há, assim como no século XIX, uso menos incisivo de parênteses com configuração formal mais complexa, apenas 16%, enquanto há 84% de ocor- rências com estruturas mais simples (frase simples e sintagma nominal), o que se justificaria pela própria natureza formal do parêntese, caracterizado por ser tipicamente um segmento de curta extensão, com marcas formais prototípicas do elemento inserido (fatos prosódicos e ausência de nexos lógico-semânticos), que funcionam, inclusive, como critério de reconhecimento e determinação de segmentos parentéticos.

Essas marcas podem ser reconhecidas nas ocorrências em (5), (6) e (7), já que há ausência de conector do tipo lógico-semântico que estabeleça relação entre o parêntese e o segmento anterior, e há marca de pausas nas fronteiras do elemento inserido, observáveis no texto escrito na presença da pontuação, como em (5) e (7), que apresentam vírgulas para delimitar o elemento inserido, e no próprio emprego dos sinais gráficos de parêntese, como em (6).

No século XIX, comumente também não há conector lógico-semântico entre o parêntese e o segmento dentro do qual se encarta, o que ocorre em parênteses formados por frases simples, como em (8), e sintagmas nominais, caso em (9), assim como em inserções constituídas por frases complexas, como ilustrado em (10).

278

(8)   [19,2 CL PE] *Oxalá que estas poucas palavras, tracadas muito | á pres-sa, **como o caso exige**, sejam devidamente at- | tendidas por tão respei-taveis pessoas, é por todos | os bons catholicos em Pernambuco [...].* (Diario de Pernambuco, 3 de outubro de 1863)

(9)   [19,2 CL PE] *[...] é | uma d'essas composições excêntricas, que podem | apparecer copiadas em todos os actos da indaga- | cão criminal, como um supremo esforço das com- | binações do genio inspirando um juizo em deli- | gencia, **e tão phantastico**, que divagando na região | dos mortos evoca a voz de um tumulo para con- | vencer os vivos.* (Diario de Pernambuco, 10 de outubro de 1871)

(10)   [19,2 CL PE] *[...] fóra dita petição por despacho de Vossa | Excelência mandada informar pelo Doutor Juiz | municipal a 25 do passado, **e como | até a presenta data não consta outro | despacho de Vossa Ex-celência mandado en- | caminhar a referida petição de graça**, | vem o abaixo assignado pedir a Vossa Excelência | providencia, afim de que não seja prote- | lada sua petição em prejuiso de meus interesses.* (Diario de Pernambuco, 6 de novembro de 1877)

Dentre as inserções, observa-se, como apontado por Jubran (2006d: 308), o fato de que a presença de partículas introdutórias de parênteses é reduzida e, quando surgem, assumem o estatuto de marcador discursivo, como o item *e* em (9) e em (10). Ademais, observa-se um tipo de ocorrência, o caso em (8), que acontece com a partícula introdutória *como*, que também não tem por função nesse contexto estabelecer nexos entre a inserção e a porção anterior, mas tra-zer uma informação paralela ao tópico, caracterizando o segmento como uma oração independente com função interacional (Stassi-Sé, 2012) ou como uma oração desgarrada, nos termos de Decat (2011).

Por esse prisma, os segmentos parentéticos assumem caracterização seme-lhante ao que Decat (1999, 2011) defende para as orações desgarradas, que, segundo a autora, são, formalmente, orações subordinadas sem a matriz e, pragmaticamente, opções organizacionais para o falante. Inserções com essa característica formal também ocorrem em parênteses do século XX, como o que é apresentado anteriormente em (7). Percebe-se, nesse caso, a falta do nexo semântico das inserções também pela observação das fronteiras de ocorrência do parêntese, que, no caso, encarta-se entre constituintes frasais: E1: "declarei que" / E3: "me escusava de emitir parecer sobre o assunto".

Quanto à distribuição das inserções do *corpus* do século XIX com relação aos tipos de fronteiras de ocorrência, há dois tipos observáveis: ocorrências entre constituintes de frase e entre unidades frasais. O parêntese em (11) se encaixa entre constituintes de frase (E1: sujeito "Aquella" / E3: sintagma verbal "foi"), e a inserção em (12) ocorre entre unidades frasais (E1: oração "Demettido... do Limoreiro" / E3: oração "sem que tivesse..."). Não foram encontradas inserções entre pares adjacentes e entre segmentos textuais com estruturas anacolúticas no *corpus* do século XIX. Uma explicação para isso pode ser o fato de estarmos no contexto de um gênero escrito, do domínio jornalístico, condições de produção que tenderiam a desfavorecer elementos mais atinentes ao contexto falado.

(11)   [19,2 CL PE] *Aquella,* **que descendente de illustres fami-** | **lias pernambucanas, privada de seus pais aos** | **15 annos de idade, na aurora dos enlevos e** | **fagueiras esperanças da vida,** *foi, á porta d'a-* | *quelle asylo de virtudes, procurar na devoção* | *a virgem por antonomasia os cuidados e ter-* | *nuras maternais* [...]. (*Diario de Pernambuco,* 17 de novembro de 1880)

(12)   [19,2 CL PE] *Senhores redactores. – Demettido com geral sorpre-* | *za, do cargo de sodelegado do districto de Ma-* | *lhadinha da comarca do Limoeiro,* **para o qual** | **havia sido nomeado logo que subio ao poder o** | **partido conservador,** *sem que tivesse sciencia da* | *causa, que autorisou a minha demissão, e nem* | *consciencia de haver merecido, senti offendida a* | *minha reputação de funccionario publico.* (*Diario de Pernambuco,* 6 de outubro de 1869)

Quanto ao *corpus* do século XX, os casos de parêntese também se delimitam a ocorrências entre constituintes frasais e entre unidades frasais. O exemplo em (13) ilustra a primeira situação (E1: sujeito "Este condutor" / E3: sintagma verbal "conseguiu diminuir"), e o exemplo em (14), a segunda (E1: oração "o veiculo desenvolvia... com um poste da Tramways" / E3: oração "onde se achava o Helio..."). Nessa sincronia, também não se verificam outros tipos de fronteiras, reforçando a ideia de que, em gêneros escritos, como a carta de leitor, haveria a tendência de não se utilizar fronteiras com pares adjacentes e estruturas anacolúticas.

(13)   [20,2 CL PE] *Este condu-* | *tor* **ao divisar o onibus, que vi-** | **nha completamente desgoverna-** | *do, conseguiu diminuir o mais* | *possivel a*

marcha do bonde e oni- | bus frente a frente, distanto 8 | a 10 metros. (*Diario de Pernambuco*, 26 de janeiro de 1952)

(14)   [20,2 CL PE] [...] *afirmo | sob palavra de honra, que o | veiculo desen-volvia excessiva | velocidade, ao ponto de chocar- | se com um poste da Tramways | (Ponto de parada de veículos) | onde se achava o Helio, em | frente a casa nº 2.319, arran- | cando-o e jogando-o a uma dis- | tancia de 50 metros* [...]. (*Jornal do Commercio*, 26 de janeiro de 1952)

Em suma, nota-se diferença entre a quantidade de parênteses em nosso material do século XIX (79 inserções) e a quantidade nas amostras do século XX (67 inserções), o que pode indicar que as cartas de leitor pernambucanas passariam a fazer menos uso desse mecanismo. Porém, em termos de configuração formal, considerando os traços aqui analisados, observa-se que o emprego de parênteses permanece bastante estável. Em ambos os séculos, é possível notar a ocorrência majoritária de inserções constituídas por estruturas simples (sintagmas e frases simples, em oposição a frases complexas), o predomínio da ausência de nexos lógico-semânticos entre os parênteses e os segmentos em que se encaixam, bem como o uso exclusivo de parênteses entre constituintes frasais e entre unidades frasais.

Funções das inserções parentéticas

Nesta subseção, busca-se descrever quais as funções das inserções parentéticas utilizadas nas cartas de leitor pernambucanas nos séculos XIX e XX. Para tal, recorre-se à classificação estabelecida por Jubran (2006d), em que as funções parentéticas são determinadas em razão do foco a que se dedica a inserção: (i) foco na elaboração tópica, subdividindo-se em foco no conteúdo tópico, na formulação linguística e na estrutura tópica; (ii) foco no escrevente; (iii) foco no leitor; (iv) foco no ato comunicativo.

Com relação ao século XIX, as 79 funções parentéticas encontradas se restringem a parênteses focalizadores da elaboração tópica, 78,5% dos casos (62 ocorrências), e parênteses com foco no escrevente, 21,5% dos exemplares (17 ocorrências).

As inserções com foco na elaboração tópica distribuem-se, entre seus tipos, conforme os seguintes percentuais: (i) 77% das ocorrências (61 casos do total de 79 parênteses do período) têm foco no conteúdo tópico, subdividin-do-se em 57% de ocorrências (45/79) com função de esclarecimento, 15% (12/79) com função de ressalva, 3,5% (3/79) com função de exemplificação, 1,5% (1/79) com a função de retoque; (ii) 1,5% das ocorrências (1/79 casos) com foco na estrutura tópica, com a função de marcar o estatuto discursivo de um fragmento do texto. Não se verificam, no *corpus* do século XIX, inserções com foco na formulação linguística. Os exemplos em (15) e (16) ilustram parênteses com foco no conteúdo tópico, particularmente com as funções de esclarecimento e ressalva, e o exemplo em (17) mostra o caso de parêntese com foco na estrutura tópica.

(15)   [19,2 CL PE] [...] *para elle | despontou no céo o dia de suas nupcias com | o cordeiro immaculado, **a quem sempre amou,** | no qual continua-mente confiado ateiou sem- | pre o primor de suas crenças!* (*Diario de Pernambuco*, 17 de novembro de 1880)

(16)   [19,2 CL PE] [...] *o miseravel | plano que concebeu e tem começado a pôr em | pratica, de aniquilar o partido consevador nesta | comarca, em cujo seio tem aberto tão profundas | chagas, que deficil, **senão im-possivel**, será a cura.* (*Diario de Pernambuco*, 6 de outubro de 1869)

(17)   [19,2 CL PE] *Não ha um só homem nessa capital, que | não clame contra esse attentado. Para que, pois, | essas delongas e restrições de formas, exigidas | tão tarde pelo promotor? **Respondem-nos**: - Para justificar a victima, e | evitar que em qualquer tempo possa reviver esse | proce-dimento official.* (*Diario de Pernambuco*, 10 de outubro de 1871)

No que diz respeito às ocorrências com foco no conteúdo tópico, observa-se que, por exemplo, parênteses com a função de esclarecimento, atendendo a um princípio de clareza, detalham informações que estão nos enunciados topica-mente relevantes, o que se observa na especificação da referência "o cordeiro immaculado", na inserção em (15).

Já inserções com a função de ressalva inserem *"uma observação sobre a abrangência referencial de um enunciado, que pode ser ampliado ou reduzido, tendo em vista um ajuste do âmbito significativo desse enunciado"* (Jubran, 2006d: 329), o que acontece em (16), quando há o ajuste no âmbito da ação da cura da doença partidária que vem sendo comentada no trecho em questão, com o acréscimo da inserção "senão impossivel".

Com relação ao parêntese com foco na estrutura tópica, observa-se a função de marcação do estatuto discursivo de um fragmento de texto, que consiste em sinalizar, metadiscursivamente, que um determinado trecho tem certo estatuto discursivo dentro do esquema de composição do texto (Jubran, 2006d). É o que ocorre em (17), quando o segmento "Respondem-nos" assinala que o trecho seguinte constitui uma resposta.

Quanto às inserções com foco no escrevente, as ocorrências se distribuem entre: (i) indicações da fonte enunciadora do discurso, como em (18), com 9% das ocorrências (7/79); (ii) manifestações atitudinais do escrevente em relação ao tópico, tipo ilustrado em (19), com 12,5% dos casos (10/79).

(18) [19,2 cl pe] *Tendo sido recolhido a casa | de detenção no dia 2 do corrente, **por ordem do | Illustríssimo Senhor Doutor Chefe de policia**, e posto em liverda- | de hontem, isto é 24 horas depois: é de meu de- | ver levar ao conhecimento do publico o facto que | motivou a minha prisão.* (*Diario de Pernambuco*, 5 de outubro de 1865)

(19) [19,2 cl pe] *Oxalá que estas poucas palavras, tracadas muito | á pressa, **como o caso exige**, sejam devidamente at- | tendidas por tão respeitaveis pessoas, é por todos | os bons catholicos em Pernambuco, em honra e | brio delles* [...] (*Diario de Pernambuco*, 3 de outubro de 1863)

Com relação à função de indicar a fonte enunciadora do discurso, a ocorrência em (18) mostra a atribuição do assunto a outra fonte de enunciação que não o próprio escrevente, já que traz a figura do chefe de polícia para referendar o responsável por sua detenção.

Já a função de manifestar atitudes do escrevente em relação ao tópico atribui uma qualificação ao enunciado tópico, de forma a refletir o julgamento do falante sobre a veracidade da proposição expressa (Jubran, 2006d). No caso em (19), o escrevente afirma ser verdadeiro o fato de que está escrevendo muito rapidamente, devido à necessidade e urgência de se levar o assunto ao conhecimento do público.

Quanto às inserções nas cartas do século xx, a distribuição das funções mantém basicamente as mesmas proporções do que se vê no século xix e também se restringe a ocorrências com foco na elaboração tópica do texto, somando 80,5% das inserções (54/67 casos), e a ocorrências com foco no escrevente, totalizando 19,5% das ocorrências (13/67).

No domínio da elaboração tópica, a distribuição se dá da seguinte forma: (i) 77,5% de ocorrências (52/67) com foco no conteúdo tópico, subdividindo-se em 49% de ocorrências (33/67) com função de esclarecimento, 12% (8/67) com função de ressalva, 10,5% (7/67) com função de retoque e 6% (4/67) com função de exemplificação; (ii) 3% de casos (2/67) com foco na formulação linguística, com função de sinalização de busca de denominação. Não se observa, no material do século xx, parêntese com foco na estrutura tópica. A título de ilustração, os exemplos em (20) e (21) trazem parênteses com foco no conteúdo tópico, respectivamente com as funções de retoque e exemplificação. Em (22) segue o tipo encontrado com foco na formulação linguística.

(20)   [20,2 CL PE] *O mundo do tempo | perdido,* **ou do paraíso perdido de |** **Milton,** *é a doce utopia dos cida- | dãos do "Admirável Mundo Novo".* (*Jornal do Commercio,* 1º de janeiro de 1972)

(21)   [20,2 CL PE] *[...] Recife que pode gabar-se de | ser a cidade que pos- | sui os | mais bonitos parques e jar- | dins do Brasil muito em- | bora sempre maltratados,* **| como é o caso da Praça | Adolfo Cirne** *digna em tu- | do por tudo de muito me- | lhor sorte.* (*Jornal do Commercio,* 6 de janeiro de 1972)

(22)   [20,2 CL PE] *Ainda bem, que a maior parte | dos descendentes do homo sapiens, e o logos não | é uma dádiva tão comum aos mor- | tais e (i) mortais da civilização tec- | nocrata, ou da afluência; pós- civili- | za- ção,* **como queiram adjetivar os | teóricos do progresso das sociedades | humanas.** (*Jornal do Commercio,* 1º de janeiro de 1972)

Parênteses de retoque reformulam uma informação tópica antecedente, precisando-a, como faz, em (20), a inserção "ou do paraíso perdido de Milton", em relação ao segmento "o mundo do tempo perdido". Parênteses com função de exemplificação introduzem informações que evidenciam o que está sendo explicitado, gerando confiabilidade e aceitação ao que é veiculado, já que comprovam os dados do texto com uso de exemplos, como acontece em (21), quando é citada uma praça específica para ilustrar o péssimo estado de conservação em que se encontram os parques e jardins da cidade. Já parênteses de formulação linguística exercem funções como a explicitação do significado de palavras, a verbalização da atividade formulativa e a sinalização de busca de denominações, como na inserção em (22), que problematiza o modo de adjetivação de entidade referida no segmento precedente.

Quanto às ocorrências com foco no escrevente, a distribuição se dá como segue: 16,5% de casos (11/67) com função de indicação da fonte enunciadora, 1,5% (1/67) com função de manifestação atitudinal do escrevente em relação ao tópico e 1,5% (1/67) com função de qualificação do escrevente para discorrer sobre o tópico, função não atestada no material do século XIX e que se refere à expressão de um comentário avaliativo da competência do escrevente para desenvolver determinado tópico, isto é, uma autoqualificação. O excerto em (7), retomado em (23) a seguir, contém inserção focalizadora do escrevente, no caso, com a última dessas subfunções.

(23)   [20,2 CL PE] *Não opinei sobre a legalidade do empréstimo. Inter- | pelado por um dos deputados presentes, declarei que, **como | advogado da Cia. Indústrias Brasileiras Portela**, interessada | no empréstimo que se destinaria parcialmente a atender ao | seu reequipamento, me escusava de emitir parecer sobre o | assunto.* (Jornal do Commercio, 26 de janeiro de 1962)

Como se observa, os parênteses, em ambas as sincronias, apresentam suas funções concentradas na classe da elaboração tópica (reunindo a maioria das ocorrências sob o escopo dessa função) e na classe de foco no escrevente, sendo que as mudanças ocorridas (presença de foco na estrutura tópica e ausência de foco na formulação linguística no século XIX e situação inversa no século XX, além do acréscimo da função de qualificação do escrevente, no século XX) não são expressivas para delimitar um funcionamento próprio para cada sincronia.

CONSIDERAÇÕES FINAIS

Neste capítulo, descreveu-se o funcionamento da parentetização em cartas de leitor de jornais pernambucanos dos séculos XIX e XX, enfocando a análise das configurações formais e das funções textual-interativas dos parênteses. Apurou-se, em relação a ambos os aspectos, um comportamento essencialmente estável do processo.

Quanto à constituição formal, na amostra de ambos os séculos, verificou-se ocorrência dominante de parênteses constituídos por estruturas simples (sintagmas e frases simples, em detrimento de frases complexas), ausência, na maioria dos casos, de nexos lógico-semânticos entre o parêntese e o segmento em que se insere, e encaixamento dos parênteses exclusivamente entre constituintes frasais ou entre unidades frasais. No que tange às funções, foram encontrados, nas duas sincronias, parênteses com foco na elaboração tópica (tipo predominante, com prevalência do subtipo que focaliza o conteúdo tópico) e parênteses com foco no escrevente.

É possível que essa estabilidade diacrônica da parentetização acompanhe um comportamento, em geral, estável das cartas de leitor pernambucanas, ou pelo menos de determinados aspectos do gênero. Considerando-se o propósito desses textos em ambos os séculos, observa-se que exibem importantes traços de permanência, mantendo a função de lugar de reivindicações de direitos, de expressão de insatisfações individuais e coletivas, o que converge com os apontamentos de Barbosa e Lopes (2006) para a finalidade desse gênero. A carta de leitor tem sido, conforme aponta Andrade (2008b), uma forma de fazer pedidos, reclamações, comentários, que são atitudes encontradas, de fato, nas cartas de leitor analisadas das duas sincronias. Ou seja, a estabilidade dos parênteses encontra um paralelo em outro aspecto do gênero, no caso, num funcionamento constante de elementos de seu propósito comunicativo.

Devem ser ressaltados, é verdade, dois pontos importantes sobre a finalidade das cartas: o papel de agradecimento, assumido em alguns exemplares do século XIX, e o papel de correção ou comentário de seções do jornal em que se publica o texto, encontrado em cartas do século XX. Esses já seriam traços de mudança na finalidade do gênero, já que, nas cartas do século XIX, não se revela comum a prática de o escrevente corrigir ou comentar o que era publicado no jornal, e, nas cartas do século XX, não foram encontrados textos que registrassem agradecimento.

Quanto à tendência de comentar o que é publicado no jornal, Costa (2005: 28) avalia que "*as cartas de leitores transformaram-se no termômetro que afere o grau de sucesso dos artigos publicados nos jornais, pois os leitores escrevem reagindo, positiva ou negativamente, ao que leram*". É possível que esse papel tenha se fortalecido ao passar dos anos, enquanto o papel de lugar de agradecimentos de cunho individual tenha se esvaziado, fato que poderia estar associado a um maior interesse do jornal em dar espaço a cartas que evidenciassem as expectativas dos leitores em relação à linha editorial.

Uma mudança na história da carta de leitor, similar à aqui reconhecida, é apontada em outros capítulos que tratam do gênero neste volume, como o trabalho dedicado à diacronia da organização tópica em cartas de leitor paulistas e o que estuda a diacronia da repetição em cartas catarinenses. Ambos indicam que a finalidade do gênero teria caminhado de um caráter mais interacional, de solicitação de resolução de problemas, para um teor menos interativo, de expressão de opinião sobre problemas, o que teria, inclusive, acarretado alterações no comportamento dos processos estudados. O material averiguado para o presente capítulo parece sugerir também tal tipo de tendência na história da finalidade do gênero, embora o fato pareça não ter produzido mudanças no caso do comportamento da parentetização.

Convém salientar o que se pode ver como certa alteração diacrônica da parentetização no material observado. Conforme apresentado anteriormente, no material do século XIX foram identificadas 79 ocorrências de inserções parentéticas e, na amostra do século XX, 67 casos, o que sugere certa redução na incidência do processo de um período a outro. Trata-se de um fato que poderia ser associado à redução que se vê na extensão das cartas, geralmente maiores no *corpus* oitocentista, havendo aí, inclusive, textos bastante extensos, e geralmente menores no *corpus* novecentista. Embora o dado não deva ser descartado, trata-se de uma redução pouco expressiva, da ordem de 15%, de modo que a principal constatação do capítulo remete, de fato, à estabilidade no funcionamento dos parênteses. Esse achado se destaca especialmente quando confrontado aos resultados do capítulo anterior, que, também voltado à parentetização, observando-a, no caso, em editoriais pernambucanos, encontra variações consideráveis na diacronia do processo.

Nesse sentido, este trabalho evidencia a importância de discussões sobre possíveis justificativas para o comportamento estável da parentetização, levantado no presente estudo, as quais possam indicar em que medida a estabilidade descrita estaria ligada à história das cartas investigadas e em que medida decorreria de algum princípio da natureza diacrônica da parentetização.

NOTAS

[1] O *corpus* utilizado neste trabalho pode ser acessado em: <https://sites.google.com/site/corporaphpb>. Acesso em: 5 abr. 2022.

[2] Definições mais detalhadas da noção de *segmento tópico* e exemplos dessa unidade textual podem ser encontrados nos capítulos sobre o processo de organização tópica, neste volume.

[3] Entre colchetes, estão abreviadas as seguintes informações: século/primeira ou segunda metade (19,1, 19,2, 20,1 ou 20,2), gênero textual carta de leitor (CL) e estado em que ocorreu a publicação (PE).

REFERÊNCIAS BIBLIOGRÁFICAS

Critérios de indexação:

(1)   As entradas vêm pelo sobrenome, em sequência alfabética e cronológica, do texto mais antigo para o texto mais recente.

(2)   Em caso de mais de um autor, um ponto e vírgula separa os nomes.

(3)   A data de publicação aparece no final do verbete. Sempre que possível, indica-se entre colchetes a data da primeira edição.

(4)   Nos textos publicados em coletâneas, remete-se apenas aos organizadores, data e páginas, entre parênteses. Para a obtenção dos dados bibliográficos completos, procure pelo sobrenome do organizador e data da publicação.

ABAURRE, Maria Bernadete Marques; RODRIGUES, Angela Cecília de Souza (Orgs.). *Gramática do português falado*. Novos estudos descritivos. v. 8. Campinas: Editora da Universidade Estadual de Campinas, 2002 [1. ed. 1998].

ANDRADE, Débora Cristina Longo. *Pistas de contextualização nos avisos em AVA*: uma contribuição para o ensino de língua portuguesa na modalidade a distância. São Paulo, Dissertação de Mestrado, Pontifícia Universidade Católica de São Paulo, 2015.

ANDRADE, Maria Lúcia C. V. O. O gênero carta: estratégias linguísticas e interação social. In: Tania Lobo et al. (Orgs. 2006: 547-572).

ANDRADE, Maria Lúcia C. V. O. Cartas do leitor: a interatividade na correspondência publicada em jornais. *Revista da ANPOLL*, 1.25: 138-164, 2008a.

ANDRADE, Maria Lúcia C. V. O. Tradições discursivas em cartas de leitores na imprensa paulista: estudos dos papéis sociais e formas de tratamento numa perspectiva diacrônica. In: *Anais do I Simpósio mundial de estudos de língua portuguesa*, São Paulo, 1: 1-27, 2008b. Disponível em <https://simelp.fflch.USP.br/slp5>. Acesso em: 2 jul. 2019.

ANDRADE, Maria Lúcia C. V. O.; GOMES, Valéria Severina. Tradições discursivas: reflexões conceituais. In: Maria Lúcia C. V. O. Andrade e Valéria Severina Gomes (Orgs. 2018b: 23-43), 2018a.

ANDRADE, Maria Lúcia C. V. O.; GOMES, Valéria Severina (Orgs.). *História do português brasileiro*. Tradições discursivas do português brasileiro: constituição e mudança dos gêneros discursivos. v. 7. São Paulo: Contexto, 2018b.

APOTHÉLOZ, Denis. *Rôle et fonctionnement de l'anaphore dans la dynamique textuelle*. Genève: Librairie Droz, 1995.

APOTHÉLOZ, Denis. Papel e funcionamento da anáfora na dinâmica textual. Trad. Mônica Magalhães Cavalcante, rev. Alena Ciulla. In: Mônica Magalhães Cavalcante, Bernadete Biasi Rodrigues e Alena Ciulla (Orgs. 2003: 53-84).

APOTHÉLOZ, Denis; CHANET, Catherine. Definido e demonstrativo nas nomeações. Trad. Mônica Magalhães Cavalcante e Camile Maria Botelho Regadas, rev. Alena Ciulla. In: Mônica Magalhães Cavalcante, Bernadete Biasi Rodrigues e Alena Ciulla (Orgs. 2003: 131-176).

APOTHÉLOZ, Denis; REICHLER-BÉGUELIN, Marie-José. Construction de la référence et stratégies de designation. In: Alain Berrendonner; Marie-José Reichler-Béguelin (Eds. 1995: 227-271).

ARAÚJO, Valmir. O jornal impresso no contexto digital: considerações sobre redação, mercado publicitário e circulação dos veículos. In: Liana Vidigal Rocha e Sérgio Ricardo Soares (Orgs. 2019: 9-17).

ARDEN, Mathias; MÄRZHÄUSER, Christina; MEISNITZER, Benjamin (Orgs.). *Linguistica do português*. Munique: Martin Meidenbauer Verlagsbuchhandlung, 2011.

BAHIA, Juarez. *Jornal, história e técnica*. São Paulo: Ática, 1990.

BAKHTIN, Mikhail. *Estética da criação verbal*. 4. ed. Trad. Paulo Bezerra. São Paulo: Martins Fontes, 2003 [1. ed. 1979].

BANGE, Pierre (Ed.). *L'analyse des interactions verbales*. Bern: Lang, 1987.

BARBOSA, Afranio Gonçalves; LOPES, Célia Regina dos Santos (Orgs.). *Críticas, queixumes e bajulações na imprensa brasileira do século XIX*: cartas de leitores e cartas de redatores. Rio de Janeiro: Universidade Federal do Rio de Janeiro, 2002. Disponível em: <http://phpp.fflch.usp.br/corpus>.

BARBOSA, Afranio Gonçalves; LOPES, Célia Regina dos Santos (Orgs.). *Críticas, queixumes e bajulações na imprensa brasileira do século XIX*: cartas de leitores. Rio de Janeiro: Universidade Federal do Rio de Janeiro; FAPERJ, 2006.

BASTOS, Ana Karine Pereira de Holanda. *Anúncios de escravos*: traços de mudanças e permanências de tradições discursivas nos jornais do Recife. Recife, Tese de Doutorado, Universidade Federal de Pernambuco, 2016.

BELTRÃO, Luiz. *Jornalismo opinativo*. Porto Alegre: Sulina, 1980.

BENTES, Anna Christina; LEITE, Marli Quadros (Orgs.). *Linguística de texto e Análise da conversação*: panorama das pesquisas no Brasil. São Paulo: Cortez, 2010.

BERRENDONNER, Alain; REICHLER-BÉGUELIN, Marie-José (Eds.). *Du syntagme nominal aux objets-de-discours*: SN complexes, nominalisations, anaphors. Institute de Linguistique, Université de Neuchâtel, 1995.

BEZERRA, Maria Auxiliadora. Por que cartas do leitor na sala de aula. In: Angela Paiva Dionisio, Anna Rachel Machado e Maria Auxiliadora Bezerra (Orgs. 2002: 208-216).

CARNEIRO, Zenaide de Oliveira Novais; OLIVEIRA, Mariana Fagundes de (Org.). *Publica-se em Feira de Santana*. Feira de Santana: Universidade Estadual de Feira de Santana, 2012.

CASTILHO, Ataliba Teixeira de. História do português de São Paulo. *Filologia e Linguística Portuguesa*, São Paulo, 13.1: 57-61, 2011.

CASTILHO, Ataliba Teixeira de (Org.). *História do português brasileiro*. O português brasileiro em seu contexto histórico. v. 1. São Paulo: Contexto, 2018.

CASTILHO, Ataliba Teixeira de. Síntese dos achados do "Projeto para a História do Português Brasileiro". In: Clarinda de Azevedo Maia e Isabel Almeida Santos (Orgs. 2019: 53-88).

Castilho, Ataliba Teixeira de; Basílio, Margarida (Orgs.). *Gramática do português falado*. Estudos descritivos. v. 4. 2. ed. rev. Campinas: Editora da Universidade Estadual de Campinas, 2002 [1. ed. 1996].

Castilho, Ataliba Teixeira de et al. (Orgs.). *Descrição, história e aquisição do português brasileiro*. Campinas: Pontes, 2007.

Castilho da Costa, Alessandra. Cartas de leitor em jornais paulistas dos séculos xix e xx: evolução de uma tradição discursiva. In: Mathias Arden, Christina Märzhäuser e Benjamin Meisnitzer (Orgs. 2011: 359-376).

Castilho da Costa, Alessandra. *Corpus de jornais paulistas dos séculos xix e xx*: contribuição para o Projeto de História do Português Paulista. São Paulo: Projeto de História do Português Paulista, 2012. Disponível em <https://phpp.fflch.usp.br/corpus>. Acesso em: 16 mar. 2020.

Cavalcante, Mônica Magalhães. *Referenciação*: sobre coisas ditas e não ditas. Fortaleza: Universidade Federal do Ceará, 2011.

Cavalcante, Mônica Magalhães et al. Dimensões textuais nas perspectivas sociocognitiva e interacional. In: Anna Christina Bentes e Marli Quadros Leite (Orgs. 2010: 225-261).

Cavalcante, Mônica Magalhães; Rodrigues, Bernardete Biasi; Ciulla, Alena (Orgs.). *Referenciação*. São Paulo: Contexto, 2003.

Chaves, Elaine. (Im)prensa e mudança linguística: periódicos de Ouro Preto (1850-1900). In: Jânia Martins Ramos e Marilza de Oliveira (Orgs. 2021: 256-279).

Cintra, Marcos Rogério. *A expressão verbal da futuridade no gênero notícia radiojornalística*. Campinas, Tese de Doutorado, Universidade Estadual de Campinas, 2011.

Cintra, Marcos Rogério. *Estudo do processo de referenciação em diferentes gêneros textuais na história do português paulista*. In: Manoel Mourivaldo Santiago Almeida (Org. 2017: 417-420).

Combettes, Bernand. Linquistique textuelle et diachronie. In: *Anais do Congrès Mondial de Linguistique Française*, Lyon/Paris, 2012. Disponível em: <http://dx.doi.org/10.1051/shsconf/20120100344>. Acesso em 21 maio 2019.

Coseriu, Eugenio. *Competencia lingüística*: elementos de la teoría del hablar. Madrid: Gredos, 1992.

Coseriu, Eugenio. *Lingüística del texto*: Introducción a la hermenéutica del sentido. Madrid: Arco/Libros, 2007.

Costa, Sérgio Roberto. *Dicionário de gêneros textuais*. 3. ed. rev. ampl. Belo Horizonte: Autêntica Editora, 2012.

Costa, Solange Garrido da. Cartas de leitores: gênero discursivo porta-voz de queixa, crítica e denúncia no jornal *O dia*. *Soletras*, São Gonçalo, 5.10: 28-41, 2005.

Decat, Maria Beatriz Nascimento. Por uma abordagem da (in)dependência de cláusulas à luz da noção de unidade informacional. *Scripta*, Belo Horizonte, 2.4: 23-38, 1999.

Decat, Maria Beatriz Nascimento. *Estruturas desgarradas em língua portuguesa*. Campinas: Pontes, 2011.

Dionisio, Angela Paiva; Machado, Anna Rachel; Bezerra, Maria Auxiliadora (Orgs.). *Gêneros textuais e ensino*. Rio de Janeiro: Lucerna, 2002.

Duarte, Maria Eugenia Lamoglia; Callou, Dinah (Orgs.). *Para a história do português brasileiro*. Notícias de *corpora* e outros estudos. v. 4. Rio de Janeiro: Universidade Federal do Rio de Janeiro, 2002.

Fiorin, José Luiz. *Introdução ao pensamento de Bakhtin*. São Paulo: Ática, 2006.

Fontes, Michel Gustavo. *As interrogativas de conteúdo na história do português brasileiro*: uma abordagem discursivo-funcional. São José do Rio Preto, Dissertação de Mestrado, Universidade Estadual Paulista, 2012.

Fontes, Michel Gustavo. *A distinção léxico-gramática na gramática discursivo-funcional*: uma proposta de implementação. São José do Rio Preto, Tese de Doutorado, Universidade Estadual Paulista, 2016.

Fontes, Michel Gustavo. Inserções parentéticas em editoriais paulistas do século xix. *Revista de Estudos da Linguagem*, Belo Horizonte, 26.1: 389-420, 2018.

FORTILLI, Solange de Carvalho. *Predicados matrizes adjetivais de orações subjetivas no português brasileiro*: gramaticalização e dessentencialização. São José do Rio Preto, Tese de Doutorado, Universidade Estadual Paulista, 2013.

FRAGA, Rose Mary. O envolvimento na linguagem jornalística do século XIX: cartas de leitores. In: Marlos de Barros Pessoa (Org. 2005: 63-86).

FUCHS, Catherine. *Paraphrase et énonciation*. Paris: Ophrys, 1994.

GALEMBECK, Paulo de Tarso. Marcas da subjetividade e intersubjetividade em textos conversacionais. In: Dino Preti (Org. 2003: 67-88).

GARCIA, Aline Gomes. *Estudo do processo de organização tópica em editoriais de jornais paulistas do século XXI*. São José do Rio Preto, Dissertação de Mestrado, Universidade Estadual Paulista, 2018.

GLESSGEN, Martin-Dietrich. *Linguistique romane*. Paris: Armand Colin, 2007.

GOMES, Valéria Severina. *Traços de mudanças e permanência em editoriais de jornais pernambucanos*: da forma ao sentido. Recife, Tese de Doutorado, Universidade Federal de Pernambuco, 2007.

GOMES, Valéria Severina. *Editoriais*: Pernambuco. Recife: Projeto para a História do Português Brasileiro, 2010, CD-rom.

GOMES, Valéria Severina; SILVA, Jéssica Pereira. *Editoriais*: Pernambuco. Recife: Projeto para a História do Português Brasileiro, 2010, CD-rom.

GOMES, Valéria Severina; ZAVAM, Aurea. O editorial de jornal: revisitando a trajetória de um gênero. In: Maria Lúcia C. V. O. Andrade e Valéria Severina Gomes (Orgs. 2018b: 44-81), 2018.

GREIMAS, Algirdas Julien; COURTÉS, Joseph. *Dicionário de Semiótica*. São Paulo: Contexto, 2008.

GUERRA, Alessandra Regina. *Funções textual-interativas dos marcadores discursivos*. São José do Rio Preto, Dissertação de Mestrado, Universidade Estadual Paulista, 2007.

GUERRA, Alessandra Regina *Unidades textuais em cartas de leitores de jornais paulistas do século XIX*. São José do Rio Preto, Qualificação Especial de Doutorado, Universidade Estadual Paulista, 2016.

GUERRA, Alessandra Regina. Unidades linguístico-textuais e finalidades sociocomunicativas em cartas de leitores de jornais paulistas do século XIX. *Revista Veredas*, 2.23: 106-125, 2019.

GUERRA, Alessandra Regina; PENHAVEL, Eduardo. O processo de estruturação interna de segmentos tópicos mínimos em cartas de leitores de jornais paulistas do século XIX. *Confluência*, Rio de Janeiro, 37-38: 137-161, 2010.

GUIMARÃES, Elisa. Figuras de retórica e argumentação. In: Lineide do Lago Salvador Mosca (Org. 2001: 145-160).

GÜLICH, Elisabeth; KOTSCHI, Thomas. Les actes de reformulation dans une interaction de consultation. In: Pierre Bange (Ed. 1987: 8-74).

HANISCH, Cleide Vilanova. *O processo de organização tópica em artigos de opinião de alunos da Universidade Federal do Acre – Câmpus Floresta*. São José do Rio Preto, Tese de Doutorado, Universidade Estadual Paulista, 2019.

HERMONT, Arabie Bezri; BARROS, Ev'Angela Batista Rodrigues; OLIVEIRA, Marco Antônio. Entrevista com o professor Ataliba de Castilho. *Scripta*, Belo Horizonte, 20.38: 409-424, 2016.

HILGERT, José Gaston. Procedimentos de reformulação: a paráfrase. In: Dino Preti (Org. 1999: 103-127).

HILGERT, José Gaston. Parafraseamento. In: Clélia Cândida Abreu Spinardi Jubran e Ingedore Grunfeld Villaça Koch (Orgs. 2006: 275-299).

HILGERT, José Gaston. Parafraseamento. In: Clélia Cândida Abreu Spinardi Jubran (Org. 2015: 257-278).

HORA, Dermeval da; Silva, Camilo Rosa da (Orgs.). *Para a história do português brasileiro*. Abordagens e perspectivas. v. 8. João Pessoa: Ideia/Editora Universitária, 2010.

JACOB, Daniel; KABATEK, Johannes (Eds.). *Lengua medieval y tradiciones discursivas en la Península Ibérica*. Frankfurt am Main: Iberoamericana Vervuert, 2001.

JUBRAN, Clélia Cândida Abreu Spinardi. Parênteses: propriedades identificadoras. In: Ataliba Teixeira de Castilho e Margarida Basílio (Orgs. 2002: 411-421), 2002a.

JUBRAN, Clélia Cândida Abreu Spinardi. Funções textuais-interativas dos parênteses. In: Maria Helena de Moura Neves (Org. 2002: 131-158), 2002b.

JUBRAN, Clélia Cândida Abreu Spinardi. Revisitando a noção de tópico discursivo. *Cadernos de Estudos Linguísticos*, Campinas, 48.1: 33-41, 2006a.

JUBRAN, Clélia Cândida Abreu Spinardi. A perspectiva textual-interativa. In: Clélia Cândida Abreu Spinardi Jubran e Ingedore Grunfeld Villaça Koch (Orgs. 2006: 27-36), 2006b.

JUBRAN, Clélia Cândida Abreu Spinardi. Tópico discursivo. In: Clélia Cândida Abreu Spinardi Jubran e Ingedore Grunfeld Villaça Koch (Orgs. 2006: 89-132), 2006c.

JUBRAN, Clélia Cândida Abreu Spinardi. Parentetização. In: Clélia Cândida Abreu Spinardi Jubran e Ingedore Grunfeld Villaça Koch (Orgs. 2006: 301-357), 2006d.

JUBRAN, Clélia Cândida Abreu Spinardi. Uma gramática textual de orientação interacional. In: Ataliba Teixeira de Castilho et al. (Orgs. 2007: 313-327).

JUBRAN, Clélia Cândida Abreu Spinardi. Diacronia dos processos constitutivos do texto. In: Dermeval da Hora e Camilo Rosa da Silva (Orgs. 2010: 204-239).

JUBRAN, Clélia Cândida Abreu Spinardi (Org.). *Gramática do português culto falado no Brasil*. A construção do texto falado. v. 1. São Paulo: Contexto, 2015a.

JUBRAN, Clélia Cândida Abreu Spinardi. Introdução. In: Clélia Cândida Abreu Spinardi Jubran (Org. 2015a: 27-36), 2015b.

JUBRAN, Clélia Cândida Abreu Spinardi; KOCH, Ingedore Grunfeld Villaça (Orgs.). *Gramática do português culto falado no Brasil*. Construção do texto falado. v. 1. Campinas: Editora da Universidade Estadual de Campinas, 2006.

KABATEK, Johannes. Cómo investigar las tradiciones discursivas medievales? El ejemplo de los textos jurídicos castellanos. In: Daniel Jakob e Johannes Kabatek (Eds. 2001: 97-132).

KABATEK, Johannes. Sobre a historicidade de textos. Trad. José da Silva Simões. *Língua d'Água*, São Paulo, 17: 160-167, 2004.

KABATEK, Johannes. A propos de l'historicité des textes. In: Adolfo Murguía (Ed. 2005: 149-157).

KABATEK, Johannes. Tradições discursivas e mudança linguística. In: Tânia Lobo et al. (Orgs. 2006: 505-527).

KABATEK, Johannes. Las tradiciones discursivas entre conservación y innovación. *Rivista di filologia e letterature ispaniche*, 10: 331-345, 2007.

KABATEK, Johannes. Introducción. In: Johannes Kabatek (Ed. 2008b: 7-16), 2008a.

KABATEK, Johannes. (Ed.). *Sintaxis histórica del español y cambio lingüístico*: nuevas perspectivas desde de las Tradiciones Discursivas. Madrid: Iberoamericana-Vervuert, 2008b.

KABATEK, Johannes. Tradição discursiva e gênero. In: Tânia Lobo et al. (Orgs. 2012: 579-588).

KOCH, Ingedore Grunfeld Villaça. *A coesão textual*. São Paulo: Contexto, 1990.

KOCH, Ingedore Grunfeld Villaça. *Desvendando os segredos do texto*. 2. ed. São Paulo: Cortez, 2003 [1. ed. 2002].

KOCH, Ingedore Grunfeld Villaça. *Introdução à linguística textual*: trajetória e grandes temas. São Paulo: Martins Fontes, 2004.

KOCH, Ingedore Grunfeld Villaça. *Desvendando os segredos do texto*. 5. ed. São Paulo: Cortez, 2006 [1. ed. 2002].

KOCH, Ingedore Grunfeld Villaça; BARROS, Kazue Saito Monteiro de. *Tópicos em linguística do texto e análise da conversação*. Natal: Editora da Universidade Federal do Rio Grande do Norte, 1997.

KOCH, Ingedore Grunfeld Villaça; FÁVERO, Leonor Lopes. Contribuição a uma tipologia textual. *Letras & Letras*, Uberlândia, 3.1: 3-10, 1987.

KOCH, Ingedore Grunfeld Villaça; MARCUSCHI, Luiz Antônio. Processos de referenciação na produção discursiva. *D.E.L.T.A.*, 14: 169-190, 1998.

KOCH, Ingedore Grunfeld Villaça; MARCUSCHI, Luiz Antônio. Referenciação. In: Clélia Cândida Abreu Spinardi e Ingedore Grunfeld Villaça Koch (Orgs. 2006: 381-399).

KOCH, Peter. Tradições discursivas: de seu *status* linguístico-teórico e sua dinâmica. Trad. Alessandra Castilho da Costa. *Pandaemonium*, São Paulo, 24.42: 360-401, 2021.

KÖCHE, Vanilda Salton; BOFF, Odete Maria Benetti; MARINELLO, Adiane Fogali. *Leitura e produção textual*: gêneros textuais do argumentar e expor. Petrópolis: Vozes, 2010.

LAMAS, Óscar Loureda. Presentación del editor: Textlinguistik de Eugenio Coseriu. In: Eugenio Coseriu (2007: 19-74).

LIMA, Fábio Fernando. *Os valores textuais e interativos do conectivo "mas"*. São José do Rio Preto, Dissertação de Mestrado, Universidade Estadual Paulista, 2004.

LIMA, Fábio Fernando. *Metadiscursividade e persuasão em entrevistas com candidatos à prefeitura de São Paulo*. São Paulo, Tese de Doutorado, Universidade de São Paulo, 2009.

LOBO, Tânia et al. (Orgs.). *Para a história do português brasileiro.* Novos dados, novas análises. v. 6. 2 t. Salvador: Editora da Universidade Federal da Bahia, 2006.

LOBO, Tânia et al. (Orgs.). *Rosae*: linguística histórica, história das línguas e outras histórias. Salvador: Editora da Universidade Federal da Bahia, 2012.

LOISEAU, Sylvain. La notion de tradition discursive: une perspective diachronique sur les genres textuels et sur les phénomènes de fréquence textuelle. *Pratiques*, 157/158: 91-104, 2013.

LONGHIN, Sanderléia Roberta. *Tradições discursivas*: conceito, história e aquisição. São Paulo: Cortez, 2014.

LOPES-DAMASIO, Lúcia Regiane. *A emergência do marcador discursivo "assim" sob a ótica da gramaticalização*: um caso de multifuncionalidade e (inter)subjetivização. São José do Rio Preto, Dissertação de Mestrado, Universidade Estadual Paulista, 2008.

LOPES-DAMASIO, Lúcia Regiane. *Diacronia dos processos constitutivos do texto relativos a "assim"*: um novo enfoque da gramaticalização. São José do Rio Preto, Tese de Doutorado, Universidade Estadual Paulista, 2011.

LOPES-DAMASIO, Lúcia Regiane; JUBRAN, Clélia Cândida Abreu Spinardi (Orgs.). *A província de São Paulo/O Estado de São Paulo*: Editoriais. Assis: Universidade Estadual Paulista, 2015.

MAIA, Clarinda de Azevedo; SANTOS, Isabel Almeida (Orgs.). *Estudos de linguística histórica*: mudança e estandardização. Coimbra: Imprensa da Universidade de Coimbra, 2019.

MARCUSCHI, Luiz Antônio. Gêneros textuais: definição e funcionalidade. In: Angela Paiva Dionisio, Anna Rachel Machado e Maria Auxiliadora Bezerra (Orgs. 2002: 19-36).

MARCUSCHI, Luiz Antônio. Repetição. In: Clélia Cândida Abreu Spinardi Jubran e Ingedore Grunfeld Villaça Koch (Orgs. 2006: 219-254).

MARCUSCHI, Luiz Antônio. *Produção textual, análise de gêneros e compreensão*. São Paulo: Parábola, 2008.

MARCUSCHI, Luiz Antonio. *Da fala para a escrita*: atividades de retextualizaçao. 10. ed. São Paulo: Cortez, 2010 [1. ed. 2000].

MARCUSCHI, Luiz Antônio; KOCH, Ingedore Grunfeld Villaça. *Estratégias de referenciação e progressão referencial na língua falada*. In: Maria Bernadete M. Abaurre e Angela C. S. Rodrigues (Orgs. 2002: 31-56).

MARIANO, Rafaela Defendi. *Marcadores discursivos e sequências textuais*: uma análise das ações de textualização em programas midiáticos. Campinas, Dissertação de Mestrado, Universidade Estadual de Campinas, 2014.

MARQUES DE MELO, José; ASSIS, Francisco de. A natureza dos gêneros e dos formatos jornalísticos. In: Lia Seixas e Najara Ferrari Pinheiro (Orgs. 2013: 19-38).

MARTINI, Cristine Oliveira Pisani. *Regule-se, exercite-se, embeleze-se*: pedagogias para o corpo feminino pelo discurso da revista Alterosa (1939-1964). 2017. Belo Horizonte, Tese de Doutorado, Universidade Federal de Minas Gerais, 2017.

Referências bibliográficas

MATIAS, Thiago Trindade. História da carta de leitor: sobre aspectos composicionais, conservação e dinamismo. In: Maria Lúcia C. V. O. Andrade e Valéria Severina Gomes (Orgs. 2018b: 196-233), 2018.

MATTHEIER, Klaus J. Aspectos de uma teoria da mudança linguística. Tradução de Hans Peter Wieser. *Revista de Letras*, Fortaleza, 30.1: 171-183, 2011.

MEDEIROS, Maria Joyce Paiva; MOTA, Inês Alves da; FABIANO, Sulemi. Movimentos argumentativos em cartas de leitores do século XIX. *Anais eletrônicos da XIX Semana de Humanidades*, Natal, 2011. Disponível em: <https://silo.tips/download/movimentos-argumentativos-em-cartas-de-leitores-do-seculo-XIX>. Acesso em: 13 set. 2016.

MELO, Cristina Teixeira Vieira de. *Cartas à redação*: uma abordagem discursiva. Campinas, Tese de Doutorado, Universidade Estadual de Campinas, 1999.

MELO, Patrícia Bandeira de. Um passeio pela história da imprensa: o espaço público dos grunhidos ao ciberespaço. *Comunicação e Informação*, Goiânia, 8.1: 26-38, 2005.

MONDADA, Lorenza. *Verbalisation de l'espace et fabrication du savoir*: Approche linguistique de la construction des objets de discours. Lausanne, Tese de Doutorado, Université de Lausanne, 1994.

MONDADA, Lorenza. Gestion du topic et organization de la converston. *Cadernos de Estudos Linguísticos*, Campinas, 41: 7-35, 2001.

MONDADA, Lorenza; DUBOIS, Danièle. Construção dos objetos de discurso e categorização: uma abordagem dos processos de referenciação. Trad. Mônica Magalhães Cavalcante, rev. Francisco Roterdan F. Damasceno e Alena Ciulla. In: Mônica Magalhães Cavalcante, Bernadete Biasi Rodrigues e Alena Ciulla (Orgs. 2003: 17-52).

MOSCA, Lineide do Lago Salvador (Org.) *Retóricas de ontem e de hoje*. São Paulo: Humanitas, 2001.

MURGUÍA, Adolfo. *Sens et références*: mélanges Georges Kleiber. Tübingen: Narr, 2005.

NEVES, Maria Helena de Moura (Org.). *Gramática do português falado*. Novos estudos. v. 7, 2. ed. Campinas: Editora da Universidade Estadual de Campinas, 2002 [1. ed. 1999].

NEVES, Maria Helena de Moura. *A gramática do português revelada em textos*. São Paulo: Editora Unesp, 2018.

OLIVEIRA, Gabriela Andrade de. *Estudo do processo de estruturação interna de segmentos tópicos mínimos em cartas de leitores de jornais paulistas do século XXI*. São José do Rio Preto, Dissertação de Mestrado, Universidade Estadual Paulista, 2016.

PAREDES SILVA, Vera Lúcia. Variações tipológicas no gênero textual carta. In: Ingedore Grunfeld Villaça Koch e Kazue Saito Monteiro de Barros (Orgs. 1997: 118-124).

PARRET, Herman. Enunciação e pragmática. Trad. Eni Pulcinelli Orlandi et al. Campinas: Editora da Universidade Estadual de Campinas, 1988.

PENHAVEL, Eduardo. *Multifuncionalidade de níveis de análise*: o papel do conectivo "e" na organização do discurso. São José do Rio Preto, Dissertação de Mestrado, Universidade Estadual Paulista, 2005.

PENHAVEL, Eduardo. *Marcadores discursivos e articulação tópica*. Campinas, Tese de Doutorado, Universidade Estadual de Campinas, 2010.

PENHAVEL, Eduardo. *Processos de construção textual*: uma abordagem diacrônica. In: Manoel Mourivaldo Santiago Almeida (Org. 2017: 401-440).

PENHAVEL, Eduardo. O processo de organização intratópica em editoriais do jornal "O Estado de S. Paulo" publicados na primeira metade do século XX. *Uniletras*, Ponta Grossa, 42: 1-27, 2020a.

PENHAVEL, Eduardo. O processo de organização intertópica em editoriais do jornal "O Estado de S. Paulo" publicados na primeira metade do século XX. *Cadernos da Fucamp*, 19.42: 1-21, 2020b.

PENHAVEL, Eduardo. O processo de organização tópica em editoriais do jornal "O Estado de S. Paulo" publicados na segunda metade do século XX. *Intertexto*, 13.2: 377-407, 2020c.

PENHAVEL, Eduardo. O processo de organização intratópica em narrativas de experiência. *Diálogo e Interação*, 14.1: 119-145, 2020d.

PENHAVEL, Eduardo; GUERRA, Alessandra Regina. O processo de organização tópica em editoriais oitocentistas do jornal "O Estado de S. Paulo". *Acta Semiótica et Lingvistica*, 21.2: 14-28, 2016.

PENHAVEL, Eduardo; OLIVEIRA, Gabriela Andrade de. O processo de organização intratópica em cartas de leitor de jornais paulistas do século XXI. *(Con)Textos Linguisticos*, Vitória, 14.29: 443-463, 2020.

PENHAVEL, Eduardo; ZANIN, Isa Caroline Aguiar. O processo de organização intratópica em cartas de redator de jornais paulistas do século XIX. *Cadernos da Fucamp*, 19.39: 77-96, 2020.

PERELMAN, Chaïm.; OLBRECHTS-TYTECA, Lucie. *O tratado da argumentação*: a nova retórica. São Paulo: Martins Fontes, 1996.

PESSOA, Marlos de Barros. Da carta a outros gêneros textuais. In: Maria Eugenia Lamoglia Duarte; Dinah Callou (Orgs. 2002: 197-205).

PESSOA, Marlos de Barros (Org.). *Língua, texto e história*: manuscritos e impressos na história do português brasileiro. Recife: Universidade Federal de Pernambuco, 2005.

PILAGALLO, Oscar. *História da imprensa paulista*: jornalismo e poder de D. Pedro I a Dilma. São Paulo: Três Estrelas, 2012.

PINHEIRO, Clemilton Lopes. *Integração de fatos formulativos e interacionais na construção do texto*: um estudo a partir da topicalidade. Assis, Tese de Doutorado, Universidade Estadual Paulista, 2003.

PINHEIRO, Clemilton Lopes. Objeto de discurso e tópico discursivo: sistematizando relações. *Linguagem em (Dis)curso*, Tubarão, 12. 3: 793-812, 2012.

PRETI, Dino (Org.). *Análise de textos orais*. São Paulo: Humanitas, 1999.

PRETI, Dino (Org.). *Interação na fala e na escrita*. 2. ed., v. 5. São Paulo: Humanitas, 2003.

RAMOS, Jânia Martins; OLIVEIRA, Marilza de. *História do português brasileiro*. Dialetação e povoamento: da história linguística à histórica social. v. 10. São Paulo: Contexto, 2021.

RISSO, Mercedes Sanfelice. A recorrência da informação como fator de coesão no diálogo. *Alfa*, São Paulo, 34: 75-84, 1990.

ROCHA, Liana Vidigal; SOARES, Sérgio Ricardo (Orgs.). *Comunicação, jornalismo e transformações convergentes*. Palmas: Eduft, 2019.

RODRIGUES, Anita de Lima Simões. *Marcadores discursivos no processo de retextualizaçao de entrevistas*. São José do Rio Preto, Dissertação de Mestrado, Universidade Estadual Paulista, 2009.

RUBIO, Cássio Florêncio. *Padrões de concordância verbal e de alternância pronominal no português brasileiro e no português europeu*: estudo sociolinguístico comparativo. São Paulo: Cultura Acadêmica, 2012.

SALES, Suelen. *O percurso sócio-histórico de uma tradição discursiva*: da carta ao editorial. Rio de Janeiro, Tese de Doutorado, Universidade Federal do Rio de Janeiro, 2011.

SANTIAGO-ALMEIDA, Manoel Mourivaldo (Org.). *Projeto de história do português paulista*. São Paulo, Relatório Final de Pesquisa apresentado à Fapesp. Universidade de São Paulo, 2017.

SCHIFFRIN, Deborah. *Discourse markers.* Cambridge: Cambridge University Press, 1987.

SEARLE, John Rogers. *Expressão e significado*: estudos da teoria dos atos de fala. Trad. Ana Cecília G. A. de Camargo e Ana Luiza Marcondes Garcia. 2. ed., São Paulo: Martins Fontes, 2002 [1. ed. 1995].

SEIXAS, Lia; PINHEIRO, Najara Ferrari (Orgs.). *Gêneros*: um diálogo entre comunicação e linguística. Florianópolis: Insular, 2013.

SILVA, Andréa Souza e; SILVA, Mauricio Vieira da. *Cartas de leitores*: Pernambuco. Recife: Projeto para a História do Português Brasileiro, 2010, CD-rom.

SILVA, Jane Quintiliano Guimarães. *Um estudo sobre o gênero carta pessoal*: das práticas comunicativas aos indícios de interatividade na escrita dos textos. Belo Horizonte, Tese de Doutorado, Universidade Federal de Minas Gerais, 2002.

SODRÉ, Nelson Werneck. *História da imprensa no Brasil*. 4. ed. Rio de Janeiro: Mauad, 1999 [1. ed. 1977].

SOUZA, Andréia Dias de. *Estudo da organização intratópica e das relações retóricas em minissagas*. São José do Rio Preto, Tese de Doutorado, Universidade Estadual Paulista, 2020.

STASSI-SÉ, Joceli Catarina. *Subordinação discursiva no português à luz da gramática discursivo-funcional*. São José do Rio Preto, Tese de Doutorado, Universidade Estadual Paulista, 2012.

VALLI, Mariana Veronezi. *O processo de organização tópica em dissertações escolares*: da análise à emergência de uma abordagem para o ensino do gênero. São José do Rio Preto, Dissertação de Mestrado, Universidade Estadual Paulista, 2017.

VIGNOLI, Jacqueline Costa Santos. *"Os alunos não sabem escrever"*: a (des)organização tópica de redações escolares. São José do Rio Preto, Dissertação de Mestrado, Universidade Estadual Paulista, 2007.

ZANIN, Isa Caroline Aguiar. *O processo de organização tópica em cartas de redatores de jornais paulistas do século XIX*. São José do Rio Preto, Dissertação de Mestrado, Universidade Estadual Paulista, 2018.

ZAVAM, Aurea Suely. *Por uma abordagem diacrônica dos gêneros do discurso à luz da concepção de tradição discursiva*: um estudo com editoriais de jornal. Fortaleza, Tese de Doutorado, Universidade Federal do Ceará, 2009.

OS AUTORES

Alessandra Regina Guerra possui graduação em Licenciatura em Letras (Português/Italiano) e mestrado e doutorado em Estudos Linguísticos pela Universidade Estadual Paulista (Unesp). Sua formação e atuação em Linguística focalizam o campo da análise funcional de língua falada e escrita, abrangendo o estudo de fenômenos gramaticais e textuais, tanto em perspectiva sincrônica, quanto diacrônica. Sua dissertação de mestrado situa-se na interface entre Gramática Funcional e Linguística Textual, tratando do funcionamento de marcadores discursivos e do processo de organização tópica. Sua tese de doutorado promove uma articulação entre a Gramática Discursivo-Funcional e a Linguística Histórica, ao descrever diacronicamente a propriedade da transparência linguística no português, analisando sua manifestação no processo de expressão do sujeito gramatical. Tem experiência na área de Linguística, atuando principalmente nos seguintes temas: organização tópica, marcadores discursivos, descrição funcional do português, sujeito gramatical, variação e mudança linguística.

Clemilton Lopes Pinheiro possui graduação em Letras/Português (licenciatura) pela Universidade Federal do Ceará (UFC). Por essa universidade, obteve também o título de mestre em Linguística, com dissertação na área de Variação Linguística. É doutor em Letras, área de Filologia e Linguística Portuguesa, pela Universidade Estadual Júlio de Mesquita Filho (Unesp), *campus* de Assis, com tese na área de Linguística Textual. Realizou estágios de pós-doutorado na Universidade Nova de Lisboa (Portugal), na Universidade Sorbonne Nouvelle – Paris 3 (França) e na Universidade de Tübingen (Alemanha). Atualmente, é professor da Universidade Federal do Rio Grande do Norte (UFRN) e bolsista de Produtividade em Pesquisa 2 – CNPq. Tem experiência na área de Linguística e se interessa, de forma particular, por temas ligados aos estudos linguísticos do texto/discurso e à história das ideias linguísticas.

Débora Longo Andrade possui graduação em Licenciatura em Letras (Português/Inglês) e também é licenciada em Pedagogia. Pela Pontifícia Universidade Católica de São Paulo (PUC-SP), obteve o título de mestra em Língua Portuguesa, desenvolvendo sua dissertação na área de Linguística Textual e Sociolinguística Interacional. É doutora em Letras pela Universidade Presbiteriana Mackenzie (PPGL-UPM), com tese defendida na área de Análise da Conversação e Linguística Interacional. Tem experiência na área de Linguística, Análise da Conversação e Língua Portuguesa, atuando principalmente nos seguintes temas: ensino e aprendizagem de língua portuguesa a partir de gêneros discursivos, metodologias ativas, práticas linguístico-discursivas mediadas pela tecnologia digital, estudo dos problemas de compreensão e processos de construção de sentido do texto.

Eduardo Penhavel possui graduação em licenciatura em Letras (Português/Francês) pela Universidade Estadual Paulista (Unesp), *campus* de São José do Rio Preto. Por essa universidade, obteve também o título de mestre em Estudos Linguísticos, desenvolvendo sua dissertação na área de Gramática Funcional. É doutor em Linguística pela Universidade Estadual de Campinas (Unicamp), com tese defendida na área de Linguística Textual, tendo desenvolvido parte da pesquisa na Universidade de Boston, Estados Unidos. Atualmente, é professor da Unesp, *campus* de São José do Rio Preto. Tem experiência na área de Linguística, com ênfase em Linguística Textual e Gramática Funcional, atuando principalmente nos seguintes temas: organização tópica, marcadores discursivos, diacronia de processos de construção de textos, Perspectiva Textual-Interativa e atos discursivos interativos.

Fábio Fernando Lima possui graduação em Licenciatura e Bacharelado em Letras (Português) pela Universidade de São Paulo (USP). Pela Universidade Estadual Paulista (Unesp), *campus* de São José do Rio Preto, obteve o título de mestre em Estudos Linguísticos, desenvolvendo sua dissertação na área de Gramática Funcional. É doutor em Filologia e Língua Portuguesa pela USP, com tese defendida na área de Linguística Textual e Análise Crítica do Discurso. Realizou pós-doutoramento na mesma Universidade, com pesquisa na área de Análise Crítica do Discurso. Atualmente, é bolsista do Programa Nacional de Pós-Doutorado da Capes na Pontifícia Universidade Católica do Rio de Janeiro (PUC-Rio). Tem experiência na área de Linguística, com ênfase em Linguística Textual, Análise Crítica do Discurso e Análise da Narrativa, atuando principalmente nos seguintes temas: retórica, argumentação, análise discursiva de narrativas advindas de grupos subalternizados e diacronia de processos de construção de textos.

Joceli Catarina Stassi-Sé é licenciada em Letras (Português/Inglês) pela Universidade Estadual Paulista (Unesp), *campus* de São José do Rio Preto. Por essa universidade, obteve também o título de mestra e doutora em Estudos Linguísticos, tendo desenvolvido parte de sua pesquisa de doutoramento na Universiteit van Amsterdam (Holanda). Atualmente, é docente da Universidade Federal de São Carlos (UFSCar), com atuação na Graduação e na Pós-Graduação. Tem experiência na área de Linguística e Ensino de Língua Portuguesa, com ênfase em Teoria e Análise Linguística e em Linguística Aplicada, investigando principalmente os seguintes temas: Gramática Discursivo-Funcional, Perspectiva Textual-Interativa, ensino de línguas e formação inicial do professor.

José Gaston Hilgert é licenciado em Letras (Português/Inglês) pela Universidade de Passo Fundo (UPF). Obteve o título de mestre em Linguística pela Universidade de São Paulo (USP), na qual também se doutorou, com tese defendida na área de Filologia e Língua Portuguesa, tendo desenvolvido parte da pesquisa na Albert-Ludwigs-Universität, de Freiburg, Alemanha. Posteriormente, também realizou um estágio de pós-doutoramento nesta Universidade e outro no Institut für Deutsche Sprache (IDS), de Mannheim, Alemanha. Atualmente é professor na Universidade Presbiteriana Mackenzie (UPM) de São Paulo. Tem experiência nas áreas de Linguística e Língua Portuguesa, com ênfase em Linguística Interacional, estudos da enunciação, descrição do português falado no Brasil e ensino da língua portuguesa.

Marcos Rogério Cintra é licenciado em Letras (Português/Inglês) pela Universidade Estadual Paulista (Unesp), *campus* de São José do Rio Preto. Por essa universidade, obteve também o título de mestre em Estudos Linguísticos, desenvolvendo sua dissertação na área de Gramática Funcional. É doutor em Linguística pela Universidade Estadual de Campinas (Unicamp), com tese defendida na área de Linguística Textual, tendo desenvolvido parte da pesquisa na *University of Louisville* (UofL), Estados Unidos. Realizou estágio de pós-doutoramento no Centro de Linguística da Universidade de Lisboa (CLUL),

Portugal. Atualmente, é professor da Universidade Federal dos Vales do Jequitinhonha e Mucuri (UFVJM), *campus* de Diamantina-MG. Tem experiência na área de Linguística e Língua Portuguesa, com ênfase em Linguística Textual e Ensino de Língua Materna, atuando principalmente nos seguintes temas: gênero textual e futuridade verbal, diacronia de processos de construção de textos, Perspectiva Textual-Interativa, leitura e processamento cognitivo, variação linguística e ensino.

Michel Gustavo Fontes é licenciado em Letras (Português/Espanhol), mestre e doutor em Estudos Linguísticos pela Universidade Estadual Paulista (Unesp), *campus* de São José do Rio Preto. É professor adjunto da Universidade Federal de Mato Grosso do Sul (UFMS), *campus* de Três Lagoas (CPTL), onde atua, na graduação, junto às disciplinas da área de Língua Espanhola e, na pósgraduação, junto à linha de pesquisa de Análise e Descrição de Línguas. Tem experiência na área de Teoria e Análise Linguística, especialmente na linha de Descrição Funcional de Línguas, trabalhando com temas como: distinção léxico/gramática, mudança linguística, ordenação de constituintes e articulação de orações. É membro dos seguintes grupos de pesquisa: Grupo de Estudos Sociofuncionalistas (UFMS) e Grupo de Pesquisa em Gramática Funcional (Unesp).

Solange de Carvalho Fortilli tem graduação em Letras (Português/Francês) pela Universidade Estadual Paulista (Unesp), *campus* de São José do Rio Preto. Na mesma instituição, fez mestrado em Estudos Linguísticos, com dissertação relacionada à Gramática Funcional, e doutorado, com tese relativa à mudança linguística. Atualmente, é professora adjunta da Universidade Federal de Mato Grosso do Sul (UFMS), no *campus* de Três Lagoas (CPTL), onde atua no ensino de morfologia e sintaxe da língua portuguesa. Na pós-graduação, integra o mestrado profissional em Letras (Profletras), sendo responsável por disciplinas referentes à gramática e à variação linguística e pela orientação de dissertações com essas temáticas. Integra também o Programa de Pós-Graduação em Letras e o Grupo de Estudos Sociofuncionalistas (Gesf), nos quais desenvolve, principalmente, os temas: mudança linguística, construcionalização e gramaticalização.

GRÁFICA PAYM
Tel. [11] 4392-3344
paym@graficapaym.com.br